D1669334

Schriftenreihe

Schriften zur medizinischen Psychologie

Band 29

ISSN 1618-8012

Verlag Dr. Kovač

Dr. Hanna Raven
Am alten Stellwerk 52
50733 Köln

Hanna Raven

Wirksamkeitsüberprüfung eines behavioralen Gruppentrainings für Erwachsene mit Aufmerksamkeitsdefizit-/ Hyperaktivitätsstörung (ADHS)

Analysen auf Einzel- und Gruppenebene

Verlag Dr. Kovač

Hamburg
2012

VERLAG DR. KOVAČ GMBH

FACHVERLAG FÜR WISSENSCHAFTLICHE LITERATUR

Leverkusenstr. 13 · 22761 Hamburg · Tel. 040 - 39 88 80-0 · Fax 040 - 39 88 80-55

E-Mail info@verlagdrkovac.de · Internet www.verlagdrkovac.de

Diese Dissertation wurde von der Humanwissenschaftlichen Fakultät der Universität zu Köln im Februar 2012 angenommen.

Bibliografische Information der Deutschen Nationalbibliothek
Die Deutsche Nationalbibliothek verzeichnet diese Publikation
in der Deutschen Nationalbibliografie;
detaillierte bibliografische Daten sind im Internet
über http://dnb.d-nb.de abrufbar.

ISSN: 1618-8012
ISBN: 978-3-8300-6380-3

Zugl.: Dissertation, Universität zu Köln, 2012

© VERLAG DR. KOVAČ GmbH, Hamburg 2012

Umschlagillustration: Lotte Raven

Printed in Germany
Alle Rechte vorbehalten. Nachdruck, fotomechanische Wiedergabe, Aufnahme in Online-Dienste und Internet sowie Vervielfältigung auf Datenträgern wie CD-ROM etc. nur nach schriftlicher Zustimmung des Verlages.

Gedruckt auf holz-, chlor- und säurefreiem, alterungsbeständigem Papier. Archivbeständig nach ANSI 3948 und ISO 9706.

Inhaltsverzeichnis

Zusammenfassung

In den letzten Jahren wurde das Fortbestehen von Symptomen der Aufmerksamkeitsdefizit-/ Hyperaktivitätsstörung (ADHS) vom Kindes- und Jugendalter bis in das Erwachsenenalter zunehmend untersucht. Epidemiologische Untersuchungen belegen eine Prävalenz zwischen drei und vier Prozent von ADHS Betroffenen in der erwachsenen Gesamtbevölkerung. Hieraus ergibt sich eine verhältnismäßig neue und bedeutende Herausforderung für das psychosoziale Versorgungssystem. Nach sorgfältiger Evaluation sollten adäquate psychologische Interventionen vermehrt angeboten werden, um die bestehende Versorgungslücke zu schließen.

Ausgehend von einem biopsychosozialen Bedingungsmodell der ADHS wurde von der Arbeitsgruppe um Prof. Dr. Lauth und Prof. Dr. Minsel von der Universität zu Köln ein behaviorales Gruppentraining für Erwachsene mit ADHS entwickelt. Die Wirksamkeit dieses Gruppentrainings wird in der vorliegenden Arbeit durch zwei methodisch unterschiedliche Herangehensweisen überprüft: In Studie 1 werden anhand von kontrollierten Einzelfallanalysen, repliziert über acht Personen, relevante Alltagsanforderungen im Hinblick auf ihre subjektiv erlebte Belastung im Verlauf des Trainings evaluiert. In Studie 2 werden zusätzlich Mittelwertvergleiche zwischen fünf Messzeitpunkten im Warte-Kontroll-Design zur Überprüfung der ADHS-Symptomatik und der subjektiv erlebten Belastung im Alltag herangezogen.

Die Ergebnisse der ersten Studie stellen vier der acht untersuchten Teilnehmer als Responder dar, die von der Teilnahme am behavioralen Gruppentraining profitieren konnten sowie vier Non-Responder. Sie unterscheiden sich nicht hinsichtlich demografischer Variablen, auch begleitende Psychotherapie oder medikamentöse Behandlung kommen nicht gehäuft in einer der Gruppen vor. Jedoch erreichen die Non-Responder vor Beginn der Intervention höhere Werte auf der Subskala „Unaufmerksamkeit", wenn sich dieser Unterschied auch nur als nicht-signifikanter Trend niederschlägt. Zudem erreichen die Non-Responder höhere Werte auf der Subskala „ängstlich-depressives Verhalten", während sich bei den Respondern höhere Werte im „aufdringlichen Verhalten" zeigen. Inwieweit die Wirksamkeit der Intervention beim Einzelnen von diesen Parametern abhängt, bleibt zu diskutieren.

Studie 2 zeigt an einer Stichprobe von $N = 77$ Teilnehmern (48 Männer und 29 Frauen zwischen 20 und 54 Jahren, $M = 29.9$, $SD = 6.60$), dass die ADHS-Symptomatik vor allem im Bereich der Unaufmerksamkeit im Verlauf des Gruppentrainings abnimmt und nach Trainingsende weitest gehend stabil bleibt. Dieser Effekt kann auch für die subjektiv wahrgenommene Alltagsbelastung nachgewiesen werden. Allerdings muss bei der Interpretation der Ergebnisse die vergleichsweise hohe Drop-Out-Quote von über 31% mit berücksichtigt werden.

Zusammenfassend können beide Studien die Wirksamkeit des behavioralen Gruppentrainings für Erwachsene mit ADHS im Hinblick auf eine Symptomminderung und die Verringerung der Alltagsbelastung in weiten Teilen belegen. Wie die differentielle Wirksamkeit der Intervention künftig weiter untersucht werden könnte, wird abschließend diskutiert.

Abstract

In recent years the continuity of attention deficit hyperactivity disorder (ADHD) from childhood and adolescence into adulthood has become the subject of increasing amounts of research. Epidemiological studies demonstrate a prevalence of ADHD of 3 up to 4 percent of the total adult population. From this follows a new and considerable challenge for the psycho-social and medical care systems. More adequate psychological intervention should be offered after careful evaluation to close the current shortfalls in care and treatment. The behavioral group training for adults with ADHD was based on the bio-psycho-social aetiological model, and was developed by the working group of Professors Lauth and Minsel of the University of Cologne. In this paper the effectiveness of the behavioral group training is proved by two different methodiological approaches:

In Study 1 using single case studies, particular challenges from everyday life were evaluated with respect to how much of a burden they were perceived to be; this was repeated for 8 individuals.

Study 2 uses mean comparisons between five different measuring times in a wait-control-group design to test ADHD symptoms and how much of a burden particular challenges from everyday life were perceived to be before, during and after the intervention.

Study 1 results in four of the eight investigated participants as responders who benefit from behavioral group training, and four non-responders. These two groups differ neither in demographical factors nor in concurrent psychological or medicinal therapy. However non-responders reach higher levels on the subscale "inattention" before the intervention, even though this difference is indicated as a statistical non-significant trend. Additionally, non-responders reach higher values on the subscale "anxious/ depressive", whereas responders show higher values on the subscale "intrusive behavior". It has yet to be discussed to what extent the effectiveness of the intervention of one single person depends on these parameters.

Study 2 demonstrates on $N = 77$ participants (48 male and 29 female, age between 20 and 54 years, $M = 29.9$, $SD = 6.6$) that the ADHD symptoms decrease most notably in the field of inattention during behavioral group training and remains mostly stable upon completion of the intervention. This effect can also be proved for the subjective burdens of everyday life. However the comparatively high drop-out rate of 31% should be taken into account when interpreting these results.

In summary both studies demonstrate the effectiveness of the behavioral group training for adults with ADHD in most instances in terms of decreasing ADHD symptoms and reducing the perceived burdens from everyday life. In conclusion this paper discusses potential future investigations for the differential effectiveness of intervention.

1 Einleitung

Epidemiologischen Studien zufolge leidet etwa drei bis vier Prozent der erwachsenen Gesamtbevölkerung unter der Aufmerksamkeitsdefizit/- Hyperaktivitätsstörung (Kessler et al., 2006; Bundesärztekammer, 2005). Bei durchschnittlich 50 Prozent der als Kind von ADHS betroffenen Menschen bleiben die Symptome der Unaufmerksamkeit, Hyperaktivität und Impulsivität in klinisch bedeutsamem Ausmaß bis in das Erwachsenenalter bestehen (Lara et al., 2009). ADHS unter Erwachsenen stellt eine verhältnismäßig neue und bedeutende Herausforderung für das psychosoziale Versorgungssystem dar. In ihrer „Stellungnahme zur Aufmerksamkeitsdefizit-/ Hyperaktivitätsstörung" ruft der Vorstand der Bundesärztekammer (2005) dazu auf, die differentielle Wirksamkeit und Indikation psychotherapeutischer Interventionen zu untersuchen. Daraus können künftig spezifische Behandlungsempfehlungen abgeleitet werden.

Die vorliegende Arbeit soll einen Beitrag zur Verringerung der momentan bestehenden Versorgungslücke bei der Behandlung von Erwachsenen mit ADHS leisten. Sie hat zum Ziel, ein kognitiv-verhaltenstherapeutisch orientiertes Gruppentraining für Erwachsene mit ADHS auf seine Wirksamkeit zu überprüfen. Standardisierte Wirksamkeitsüberprüfungen sind im Sinne einer notwendigen Qualitätssicherung sowohl bei neu entwickelten als auch bei länger bestehenden psychologischen Interventionsmaßnahmen unerlässlich (Brezing, 2000). Patry und Perrez (2000) nennen folgende Gütekriterien für psychologische Interventionen, die sie als allgemeine Forderungen formulieren:

- Die Ziele und die Methoden müssen ethisch legitimiert sein.

- Die theoretischen Grundlagen des Programmes dürfen mit dem bestehenden rationalen Korpus der sozialwissenschaftlichen Forschung nicht inkompatibel sein.

- Die Wirksamkeit eines Programmes, d.h. seine Erfolgswahrscheinlichkeit, muss bekannt oder einschätzbar sein.

- Die Kosten-Nutzen-Relation (unter Berücksichtigung von möglichen Nebenwirkungen) muss insgesamt positiv sein.

(Patry & Perrez, 2000, S. 38)

Bei der Planung der vorliegenden Arbeit wurde stets Wert darauf gelegt, diese Gütekriterien bestmöglich zu erfüllen. Ziele und Methoden werden in den Methodenteilen der beiden eigenen empirischen Untersuchungen, in den Kapiteln 3.4.1 und 3.5.1 beschrieben. Theoretisch basiert das hier auf seine Wirksamkeit überprüfte behaviorale Gruppentraining für Erwachsene mit ADHS auf dem biopsychosozialen Bedingungsmodell der ADHS (Lauth & Minsel, 2009; Lauth & Raven, 2009), welches in Kapitel 2.5.4 dargestellt wird. Schließlich soll das Ergebnis der beiden empirischen Untersuchungen eine Aussage über die differentielle Wirksamkeit und damit auch über die Erfolgswahrscheinlichkeit der Intervention sein, so dass vor diesem empirisch gesicherten Hintergrund auch Aussagen über die Kosten-Nutzen-Relation möglich werden.

Die American Psychological Association (APA) fordert vier Kriterien für eine gut belegte Wirksamkeit von Therapieformen: „I. Mindestens zwei Gruppenuntersuchungen, die von verschiedenen Forschern bzw. Forschergruppen durchgeführt wurden und die die Wirksamkeit der Therapie durch mindestens einen der folgenden Nachweise belegen: A Die Therapie ist einer anderen Behandlung oder Placebo-Behandlung überlegen. B In Studien mit adäquater statistischer Teststärke [...] wird die Vergleichbarkeit mit einer bereits als gesichert geltenden Therapieform nachgewiesen." Als Alternative nennt die APA die Möglichkeit, die Wirksamkeit einer psychologischen Intervention einzelfallanalytisch zu überprüfen: „II. Eine große Anzahl von Einzelfallstudien (n > 9), welche die Wirksamkeit der Therapie belegen. Die Studien müssen A einen experimentellen Versuchsplan haben und B die Wirksamkeit der fraglichen Interventionsmethode mit einer anderen Behandlungsform vergleichen." Zudem wird die Einhaltung drei weiterer Kriterien gefordert, die sowohl für die Einzel- als auch für die Gruppenvergleiche gelten sollen: „III. Die untersuchten Therapien müssen auf Behandlungsmanualen basieren; IV. die Charakteristika der jeweiligen Stichproben müssen klar spezifiziert werden." (Buchkremer & Klingberg, 2001; Hager & Hasselhorn, 2000).

Die vorliegende Arbeit verbindet die Forderungen von Punkt I und II der APA, in dem sowohl Gruppen- als auch Einzelfallanalysen zur Überprüfung der Wirksamkeit der Intervention durchgeführt werden, wenn sie auch von derselben Autorin stammen. Das Gruppentraining basiert auf dem Manual von Lauth und Minsel „ADHS bei Erwachsenen – Diagnostik und Behandlung von Aufmerksamkeits-/ Hyperaktivitätsstörungen", erschienen 2009 im Hogrefe-Verlag, womit die dritte Forderung erfüllt ist. Die Stichproben werden zu Beginn jeder

Untersuchung klar charakterisiert, wenn es sich auch um quasiexperimentelle Versuchspläne handelt, was Forderung vier entspricht.

Nach Mittag und Hager (2000) werden bei der Evaluation psychologischer Interventionsmaßnahmen fünf Stufen unterschieden. Nach der Evaluation der Konzeption einer Intervention (Stufe 1) findet demnach eine formative Evaluation statt (Stufe 2), in der die Intervention auf ihre Durchführbarkeit und Akzeptanz auf Seiten der Trainer und der Teilnehmer hin überprüft wird und in der Zielsetzung und Effizienz einer ersten Bewertung unterliegen. Der dritte Schritt besteht aus der Evaluation der Durchführung der Intervention, in dem die Kontrolle der Ausführung sowie die Reichweite des Programms geprüft werden. Die formative Evaluation des hier untersuchten behavioralen Gruppentrainings für ADHS wurde bereits überprüft und kam zu zufriedenstellenden Ergebnissen (Lauth, Breuer & Minsel, 2010; Heinen, 2008, unveröffentlichte Diplomarbeit). Im vierten Schritt sollte dann die Wirksamkeit der Intervention an sich evaluiert werden. Mittag und Hager (2000) betonen, dass es in dieser Phase vor allem drauf ankommt, Veränderungen festzustellen, die allein auf die Intervention und nicht auf andere externe oder interne Einflüsse zurückzuführen sind. Dies setzt ein Untersuchungsdesign voraus, in dem mögliche Störvariablen kontrolliert werden. Schließlich sollte eine Intervention hinsichtlich ihrer Effizienz beurteilt werden, was eine Kosten-Effizienz-Analyse umfasst (Mittag und Hager, 2000).

Die beiden empirischen Untersuchungen der vorliegenden Arbeit befinden sich auf der vierten Stufe des Modells nach Mittag und Hager (2000), wobei sie wie oben dargestellt zwei methodisch unterschiedliche Zugänge aufweisen. Die Wirksamkeit des Trainings soll im Sinne einer Prozessevaluation einzelfallanalytisch repliziert über Personen überprüft werden, und anschließend im Sinne einer Erfolgs- oder Ergebnisevaluation durch Mittelwertvergleiche zu fünf Messzeitpunkten vor, während und nach dem Training untersucht werden. Im Mittelpunkt der Betrachtungen steht hierbei neben der Kernsymptomatik der ADHS jeweils die subjektiv empfundene Belastung im Alltag.

Zunächst soll in Kapitel 2 (theoretischer Hintergrund) der aktuelle Forschungsstand in Bezug auf Diagnostik, Ätiologie und Behandlung von Erwachsenen mit ADHS dargestellt werden, bevor in Kapitel 3 zwei eigene empirische Untersuchungen beschrieben werden, deren Ergebnisse in Kapitel 4 diskutiert werden. Kapitel 5 stellt schließlich Grenzen der Arbeit sowie einen Ausblick auf künftige Forschungsgebiete dar.

2 Theoretischer Hintergrund

Die Aufmerksamkeitsdefizit-/Hyperaktivitätsstörung (ADHS) mit den drei Kardinalsymptomen Unaufmerksamkeit, Hyperaktivität und Impulsivität (Saß, Wittchen, Zaudig & Houben, 2003) ist seit vielen Jahren ein bedeutendes Thema in der Kinder- und Jugendpsychologie und -psychiatrie mit zahlreichen Publikationen über Ätiologie und Verlauf der Störung sowie mit umfangreichen Therapie- und Beratungsangeboten (zusammenfassend vgl. Barkley et al., 2002). Erst in den letzten Jahren wurde vermehrt über die Persistenz der Symptome über das Jugendalter hinaus bis in das Erwachsenenalter berichtet und der Bedarf an psychotherapeutischen Behandlungsmethoden wurde erkannt. In diesem Kapitel zum theoretischen Hintergrund (2) werden zunächst das Erscheinungsbild der ADHS über die Lebensspanne (2.1), die Epidemiologie der Störung (2.2), die Diagnostik der ADHS im Erwachsenenalter (2.3), komorbide Störungen (2.4) sowie wegweisende ätiologische Modelle (2.5) dargestellt. Daran anknüpfend werden bestehende Interventionsprogramme beschrieben (2.6), bevor schließlich das im empirischen Teil der Arbeit auf seine Wirksamkeit hin überprüfte behaviorale Gruppentraining für Erwachsene mit ADHS vorgestellt wird (2.6.3). Als Überleitung zu den beiden eigenen empirischen Untersuchungen stellt Kapitel 2.7 Fragestellung und Hypothesen dar.

2.1 Erscheinungsbild der ADHS über die Lebensspanne

Als Kardinalsymptome der ADHS werden Unaufmerksamkeit, Hyperaktivität und Impulsivität bezeichnet. Im Vorschulalter stehen vor allem die motorische Unruhe, beziehungsweise ein generell erhöhtes Aktivitätsniveau im Vordergrund (Döpfner, Schürmann & Frölich; 2007; Konrad & Gilsbach, 2007; Sonuga-Barke, Auerbach, Campbell, Daley & Thompson, 2005). Häufig zeigen sich im Alter von drei bis sechs Jahren auch eine geringe intellektuelle Beeinträchtigung, Schwierigkeiten im Bereich der motorischen Entwicklung, eine unzureichende Emotionsregulation sowie Beeinträchtigungen im sozialen Bereich, vor allem Schwierigkeiten mit Gleichaltrigen (Sonuga-Barke et al., 2005). Eltern von Kindern mit ADHS geben häufig einen geringeren Selbstwert im Hinblick auf ihre elterlichen Fähigkeiten sowie ein höheres Stress-Niveau innerhalb der Familie an. Insgesamt erleben sie ihre Kinder als problematisch (Mash & Johnston, 1983).

Eine Störung der Aufmerksamkeit zeigt sich bei Kindern im Schulalter vor allem in fremdbestimmten Situationen sowie bei Beschäftigungen, die eine gewisse geistige Anstrengung fordern. Die Störung der Aufmerksamkeit zeigt sich vor allem auf zwei Ebenen: Die Beeinträchtigung der Daueraufmerksamkeit einerseits, also der Fähigkeit, die Aufmerksamkeit über eine längere Zeit aufrecht zu erhalten und die Beeinträchtigung der selektiven Aufmerksamkeit andererseits, die sich darauf bezieht aufgabenrelevante Reize zu fokussieren und dabei irrelevante Reize auszublenden. Hampel und Mohr (2006) konnten in einer Studie an N = 20 Jungen mit ADHS zeigen, dass im Alter zwischen acht und zwölf Jahren exekutive Dysfunktionen vorliegen, die das Erscheinungsbild der Störung vor allem im Schulalltag ausmachen. Die Ergebnisse sprechen hierbei eher für globale exekutive Dysfunktionen als für bereichsspezifische Schwierigkeiten. Die Autoren vermuten auch, dass sich die hohe Komorbidität von ADHS und Lernstörungen teilweise durch diesen Sachverhalt erklären lässt. Impulsivität zeigt sich im Schulalter vor allem als Unfähigkeit abzuwarten und Bedürfnisse aufschieben zu können. Häufig wird plötzlich und unüberlegt gehandelt. Impulsivität lässt sich bei Kindern mit ADHS auf zwei verschiedenen Ebenen beobachten. Im Vordergrund steht dabei eine kognitive Impulsivität, die die Tendenz beschreibt, einem ersten Handlungsimpuls zu folgen, ohne die Handlung vollständig zu durchdenken oder zu warten, bis eine Aufgabe zu Ende erklärt ist. Zusätzlich zeigt sich oft auch eine motivationale Impulsivität, womit Probleme beim Aufschieben von Bedürfnissen gemeint sind (Döpfner et al., 2007). Mit dem Begriff Hyperaktivität wird eine desorganisierte, kaum regulierbare und extrem ausgeprägte motorische Aktivität beschrieben. Diese Unruhe zeigt sich vor allem in strukturierten und organisierten Situationen, da hier viel Kontrolle über das eigene Verhalten verlangt wird (Döpfner et al., 2007). Kinder mit ADHS erreichen meist schlechtere Schulnoten als unauffällige Altersgenossen (Ingram, Hechtman & Morgenstern, 1999). Ebenso kommen Störungen in den Beziehungen mit Gleichaltrigen sowie eine negative Selbstwahrnehmung und ein vermindertes Selbstwertgefühl häufig vor (Ingram et al., 1999; Mrug et al., 2009). Zudem zeigt sich oft auch eine ungünstige Stressverarbeitung. Vor allem im Kindesalter scheint die Regulation negativer Emotionen beeinträchtigt zu sein (Hampel & Desman, 2006). Schilling, Petermann und Hampel (2006) untersuchten in einer Pilotstudie die psychosoziale Situation bei Familien mit Kindern mit ADHS. Es zeigt sich, dass das psychische Wohlbefinden der Eltern von Kindern mit ADHS gegenüber einer Kontrollgruppe von Eltern mit unauffälligen Kindern beeinträchtigt ist. Außerdem zeigte sich ein positiver Zusammenhang zwischen dem ADHS-typischen Verhalten des einen Kindes und internalisierenden und Aufmerksamkeitsproblemen der Geschwisterkinder. Diese Studie unterstreicht den Einfluss eines Kindes mit ADHS auf seine Familie und die gegenseitige Wechselwirkung des Verhaltens des betroffenen Individuums und den Reaktionen der Umwelt. Vor allem im Kleinkind- und jüngeren Schulalter ist zu beachten, dass die genannten Symptome nur dann als vorhanden einzustufen sind, wenn sie stärker ausgeprägt sind, als dies typisch für Kinder auf einer vergleichbaren Entwicklungsstufe ist (Dilling & Schulte-Markwort, 2010; Saß et al., 2003).

Im Jugendalter stehen meist nicht mehr die Kernsymptome Unaufmerksamkeit, Hyperaktivität und Impulsivität an sich im Vordergrund. Hier bilden dann eher sekundäre Symptome wie Schulschwierigkeiten, ein geringes Selbstwertgefühl und schlecht ausgebildete soziale Fähigkeiten die Hauptschwierigkeiten (Ingram et al., 1999; Weiss & Hechtman, 1993). Jugendliche mit ADHS haben im Laufe ihrer Entwicklung meist ein gewisses Störungsbewusstsein ausgebildet. Damit einhergehend entwickeln sich nicht selten komorbide Störungen wie affektive Störungen oder Substanzmissbrauch (Biederman, Faraone, Taylor, Williamson & Fine, 1998).

ADHS gilt als Risikofaktor für die gesamte weitere Entwicklung, da 30 bis 60% der Betroffenen auch in späteren Lebensphasen noch persistierende und zum Teil zusätzliche komorbide Störungen aufweisen (Faraone, Biederman & Mick, 2006; Ingram et al., 1999; Retz, Pajonk & Rösler, 2003), was vor allem prospektive Längsschnittstudien unverkennbar belegen konnten (Barkley, Fi¬scher Edelbrock & Smallish, 1990, 1991; Lambert, 1988; Mannuzza, Klein, Bessler, Malloy & LaPadula, 1998, Mannuzza, Klein, Abikoff & Moulton, 2004; Mannuzza, Klein & Moulton, 2008; Mannuzza, Castellanos, Roizen, Hut¬chison, Lashua & Klein, 2011; Satterfield & Schell, 1997; Schmidt, Esser & Moll, 1991; Weiss & Hechtman, 1993). Um den Störungsverlauf der ADHS zu skizzieren, sollen die Ergebnisse hier kurz dargestellt werden.

Bereits 1986 veröffentlichten Weiss und Hechtman erste Ergebnisse der Montreal Children´s Hospital Studie. 61 Kinder mit ADHS wurden hier über einen Zeitraum von 15 Jahren mit 41 unauffälligen Kindern verglichen, wobei sie zu Beginn der Studie zwischen sechs und zwölf Jahren alt waren. Bei 66% der ADHS-Gruppe bestanden ADHS-Symptome wie ständige Ruhelosigkeit oder Konzentrationsprobleme bis in das Erwachsenenalter fort. 23% der ADHS-Gruppe entwickelte zudem eine Störung des Sozialverhaltens. Außerdem unterschied sich die ADHS-Gruppe signifikant von der unauffälligen Kontrollgruppe hinsichtlich Schul- und Ausbildungsleistungen, sozialen Fertigkeiten sowie durch häufigere psychiatrische Diagnosen (Weiss & Hechtman, 1993). In der Untersuchung von Lambert (1988) wurden N = 240 Kinder mit ADHS vom Grundschulalter bis zum 17. oder 18. Lebensjahr untersucht, wobei ein Teil der Kinder medikamentös behandelt wurde. Verglichen mit einer unauffälligen Kontrollgruppe zeigte sich, dass Kinder mit ADHS im Verlauf ihrer weiteren Entwicklung häufig antisoziale Verhaltensweisen entwickeln, eher zu Drogenmissbrauch neigen und öfter in ihrer schulischen Entwicklung beeinträchtigt sind. Barkley et al. (1900, 1991) kamen in ihrer Längsschnittuntersuchung zu ähnlichen Ergebnissen: 158 Jungen wurden im Alter von 7 bis 15 Jahren untersucht und mit 81 unauffälligen Jungen verglichen. 72% der Jungen mit ADHS im Grundschulalter waren auch im Jugendalter noch aufmerksamkeitsgestört. Hinzu kamen häufig ein negatives Sozialverhalten, Schulleistungs- und Lernstörungen sowie zahlreiche Konflikte in der Familie. Außerdem zeigte sich bei Jugendlichen mit ADHS ein erhöhtes Risiko dafür, die Schule ohne Abschluss zu verlassen (Barkley et al. 1990;1991; Barkley, Murphy, Fisher et al., 2008). Biedermann et al. (1998) untersuchten in einer prospektiven Studie über vier Jahre, wie 140 Kinder und Jugendliche mit ADHS im Alter zwischen sechs und 17 Jahren sich im Vergleich zu einer unauffälligen Kontrollgruppe im Hinblick auf schulische Leistungen, familiäre Funktionsbereiche und komorbide Störungen entwickeln. Es zeigte sich, dass die Kinder der ADHS-Gruppe signifikant mehr Persönlichkeitsstörungen, affektive Störungen, Tics und Enuresis entwickelten. Auch zeigten sie schlechtere Schulleistungen und mehr intrafamiliäre Konflikte sowie schlechtere psychosoziale Fähigkeiten als Kinder der Kontrollgruppe. Die Längsschnittstudie von Mannuzza und Mitarbeitern (Mannuzza, Klein, Bessler, Malloy & LaPadula, 1998; Mannuzza, Klein, Abikoff & Moulton, 2004; Mannuzza, Klein & Moulton, 2008; Mannuzza, Castellanos, Roizen, Hutchison, Lashua & Klein, 2011), auch New York-Studie genannt, untersuchte Jungen mit ADHS von der Grundschulzeit bis in das mittlere Erwachsenenalter, vom Alter zwischen sechs bis zwölf Jahren bis durchschnittlich 41 Jahre. Ein Drittel der Jungen zeigte auch im Jugendalter noch Beeinträchtigungen durch ADHS. In der ADHS-Gruppe traten Störung des Sozialverhaltens und Substanzmissbrauch signifikant häufiger auf als in der Kontrollgruppe. Auch Verhaftungen, Verurteilungen und Haftstrafen waren in der ADHS-Gruppe ebenfalls signifikant häufiger zu finden, was als besonders deutlicher Anhaltspunkt dafür gelten kann, dass ADHS ein Entwicklungsrisiko darstellt. Die prospektive Längsschnittuntersuchung von Miller, Flory, Miller, Harty, Newcorn und Halperin (2008) konnte zeigen, dass Erwachsene, die als Kind von ADHS betroffen waren, signifikant häufiger als unauffällige Kontrollpersonen eine Persönlichkeitsstörung entwickeln. Das Risiko, an einer Borderline-Störung, einer Antisozialen Persönlichkeitsstörung, einer Vermeidend-selbstunsicheren Persönlichkeitsstörung oder an einer Narzißtischen Persönlichkeitsstörung zu erkranken, ist für ehemalige Kinder mit ADHS deutlich erhöht.

Zusammenfassend belegen diese Untersuchungen, dass ADHS einen Risikofaktor für die gesamte psychische, soziale und berufliche Entwicklung darstellt (Ingram et al., 1999). Dies zeigt sich unter anderem darin, dass Erwachsene mit ADHS eher als Kontrollpersonen die Schule oder das Studium abbrechen, weniger Freunde haben, im Beruf schlechtere Leistungen erbringen, eher zu antisozialem Verhalten neigen und mehr Nikotin und Drogen konsumieren als unauffällige Kontrollgruppen (Barkley et al., 2002; Rasmussen & Levander, 2009).

Nun soll das Erscheinungsbild der ADHS im Erwachsenenalter genauer skizziert werden. Erwachsene mit ADHS zeichnen sich vor allem durch Vergesslichkeit, unzureichende Aufmerksamkeit, mangelnde Konzentration, hohe Ablenkbarkeit, eine geringe Selbstkontrolle und unzureichendes Selbstmanagement, geringe Ausdauer sowie durch fehlerhaftes und flüchtiges Arbeiten in verschiedenen Lebensbereichen aus. Aufgaben, die Sorgfalt und Ausdauer erfordern, werden häufig wiederholte Male aufgeschoben (Adam, Döpfner & Lehmkuhl, 2002; Goodman, 2007; Konrad & Rösler, 2009; Wender, 2000; Weyandt & DuPaul, 2006). Die deutlich beobachtbare Bewegungsunruhe, die in der Kindheit ein Kardinalkriterium ausmacht, ist jedoch meistens einer inneren Unruhe und angespannten Nervosität gewichen. Hinzu kommt häufig risikoreiches Verhalten sowie ein Hang zu raschen und unbedachten Entscheidungen. Auch starke Stimmungsschwankungen, eine geringe Frustrationstoleranz sowie ein geringes Selbstwertgefühl gehen mit der ADHS-Symptomatik einher (Barkley et al., 2008). Häufig kommt es als Folge dieses Verhaltensstils zu beruflichen und sozialen Schwierigkeiten. Probleme am Arbeitsplatz sowie in der Partnerschaft und finanzielle Schwierigkeiten stellen sich ein, was die soziale Anpassung erschwert. Betroffene brechen die Schule, Ausbildung oder das Studium häufig ab und ihr Arbeitsverhältnis wird öfter beendet (Barkley et al., 2008; Overbey, Snell & Kenneth, 2011; Rasmussen & Levander, 2009; Weyandt & DuPaul, 2006). Oft sind bei Jugendlichen und jungen Erwachsenen mit ADHS die Leistungen in Schule und Studium unzureichend. Wie aus US-amerikanischen Untersuchungen hervorging, haben Studierende mit ADHS-Symptomen mehr Schwierigkeiten im Verlauf ihres Studiums als Studierende ohne ADHS (Heiligenstein, Guenther, Levy, Savino & Fulwiler, 1999; Shifrin, Proctor & Prevatt, 2010; Weyandt & DuPaul, 2006). Dies manifestiert sich vor allem in schlechteren Noten, einem schlechteren Zeitmanagement sowie geringen Organisationsfähigkeiten.

Menschen mit ADHS beanspruchen häufiger psychosoziale Dienste für sich als Unauffällige (Secnik, Swensen & Lage, 2005; Lauth & Raven, 2009). ADHS geht zudem mit einer geringeren sozialen Anpassungsfähigkeit einher (Kessler et al., 2005; Fayyad, et al., 2007) und die Betroffenen nehmen seltener gesellschaftlich akzeptierte soziale Rollen ein. Sie sind seltener verheiratet, häufiger arbeitslos und haben im Durchschnitt ein geringeres Einkommen (Rasmussen & Levander, 2009). ADHS geht bei Erwachsenen zudem mit einer generell erhöhten psychischen Belastung verbunden mit einer abnehmenden gesundheitsbezogenen Lebensqualität einher (Schmidt, Waldmann, Petermann & Brähler, 2010).

Lauth und Minsel (2009) sowie Lauth und Raven (2009) heben aber auch die besonderen Stärken der Betroffenen hervor: Erwachsene mit ADHS sind meist Neuem gegenüber sehr interessiert und aufgeschlossen. Sie „besitzen oft eine beträchtliche Leistungsfähigkeit, gepaart mit Vitalität, Neugier und Innovationsfähigkeit" (Lauth und Minsel, 2009, S. 17).

2.2 Zur Epidemiologie von ADHS im Erwachsenenalter

Eine groß angelegte US-amerikanische Studie an N = 3199 Teilnehmern im Alter von 18 – 44 Jahren ermittelte eine Prävalenzrate von 4.4% von Erwachsenen mit ADHS in der Allgemeinbevölkerung (Kessler et al., 2005). Dieselbe Arbeitsgruppe um Fayyad et al. (2007) ermittelte in einer mit Unterstützung der Weltgesundheitsorganisation durchgeführten internationalen Studie für Deutschland an einer Stichprobe bestehend aus N = 621 Personen im Alter zwischen 18 und 44 Jahren eine Prävalenzrate von 3.1% Erwachsene mit ADHS (Fayyad et al., 2007). Weitere epidemiologische Untersuchungen, an speziellen Stichproben wie Fahrschülern oder Studierenden bestätigen diese Prävalenzraten zwischen einem und vier Prozent (Heiligenstein, Conyers, Berns & Smith,1998; Weyandt & DuPaul, 2006).

Während Jungen im Kindesalter noch im Verhältnis von 8 : 1 deutlich stärker als Mädchen von der Störung betroffen sind, ändert sich diese Relation mit steigendem Lebensalter. Während im Jugendalter Jungen im Verhältnis von etwa 5 : 1 noch dominieren, besteht bei Erwachsenen nur noch ein Verhältnis von 2 : 1 (Fayyad et al., 2007; Hampel & Mohr, 2006; Wilens, Biederman & Spencer, 2002). Es ist zu vermuten, dass ADHS bei Mädchen während der Kindheit weniger häufig diagnostiziert wird, weil sie meist weniger hyperaktiv und impulsiv und insgesamt weniger extravertiert auftreten. Deshalb bleibt ihre Beeinträchtigung häufiger unerkannt und ihre Störung zeigt sich erst dann, wenn sie im Erwachsenenalter mit schwierigeren Alltagsanforderungen konfrontiert werden (Gershon, 2002; Lauth & Raven, 2009). Männer und Frauen mit ADHS unterscheiden sich nach einer epidemiologischen Untersuchung aus Norwegen an 436 Männern und 164 Frauen mit ADHS, die bis zu diesem Zeitpunkt unbehandelt waren, nicht in der Häufigkeit der Subtypen der ADHS (Rasmussen & Levander, 2009). 67% der Männer und 69% der Frauen gehörten dem Mischtypus an, 2.2% der Männer und 2.1% der Frauen dem hyperaktiven/ impulsiven Typus und 26% der Männer sowie 23% der Frauen dem unaufmerksamen Subtypus. Auf die diagnostischen Kriterien der einzelnen Subtypen soll im folgenden Kapitel eingegangen werden. Die Ergebnisse der hier zitierten Untersuchungen verdeutlichen, dass ADHS unter Erwachsenen schon alleine aufgrund der hohen Prävalenzzahlen eine weitreichende Herausforderung für das psychosoziale Versorgungssystem darstellt.

2.3 Diagnostik von ADHS im Erwachsenenalter

Wenn es um die Störung der Aufmerksamkeit geht, unterscheiden sich die beiden im deutschsprachigen Raum gängigen Klassifikationssysteme psychischer Störungen hinsichtlich ihrer Begrifflichkeiten. Das diagnostische und statistische Handbuch psychischer Störungen DSM-IV-TR (Saß et al. 2003) verwendet den Begriff Aufmerksamkeitsdefizit-/ Hyperaktivitätsstörung (ADHS), während die internationale Klassifikation der Weltgesundheitsorganisation ICD-10 (Dilling & Schulte-Markwort, 2010) das identische Störungsbild als Hyperkinetische Störung (HKS) bezeichnet. In dieser Arbeit wird die Bezeichnung des DSM-IV-TR Aufmerksamkeitsdefizit-/ Hyperaktivitätsstörung (abgekürzt ADHS) übernommen. Beide Diagnosesysteme verwenden eine phänomenologische, operationalisierte Diagnostik, ohne sich dabei auf spezielle ätiologische Konzepte zu stützen.

In den aktuellen Auflagen der diagnostischen Kriterien psychischer Störungen DSM-IV-TR (Saß et al., 2003) und ICD-10 (Dilling, Schulte-Markwort, 2010) existieren keine Kriterien speziell für die ADHS des Erwachsenenalters. Daher richtet sich die Diagnose auch im Erwachsenenalter nach den Kriterien, die ursprünglich für das Kindesalter entwickelt wurden, was sich an einzelnen Formulierungen deutlich erkennen lässt. Tabelle 1 zeigt die diagnostischen Hauptkriterien der ADHS (Kriterium A) nach DSM-IV-TR. Da die beiden Klassifikationssysteme sich nur minimal bezüglich ihrer Formulierungen unterscheiden, wird auf eine Gegenüberstellung der beiden Kriterienlisten verzichtet. Neben den in Tabelle 1 dargestellten diagnostischen Hauptkriterien werden die folgenden vier weiteren Kriterien mit den Bezeichnungen B bis E aufgeführt: Einige der Symptome der Unaufmerksamkeit oder Hyperaktivität / Impulsivität treten bereits vor dem Alter von sieben Jahren auf (Kriterium B). Die Symptome müssen in zwei oder mehr Lebensbereichen auftauchen (Kriterium C) und sie müssen eine klinisch bedeutsame Beeinträchtigung in sozialen, schulischen oder beruflichen Funktionsbereichen mit sich bringen (Kriterium D). Erst wenn diese Bedingungen zutreffen, darf die Diagnose ADHS gestellt werden. Die Störung wird nicht vor Beginn des Schulalters diagnostiziert. Eine Aufmerksamkeitsdefizit-/Hyperaktivitätsstörung ist hingegen auszuschließen, wenn anderweitige klinische Auffälligkeiten wie affektive Störungen, Angststörungen, Schizophrenie oder tief greifende Entwicklungsstörungen (Kriterium E) vorliegen (Saß et al. 2003).

DSM-IV-TR unterscheidet zwischen drei Subtypen der ADHS, je nachdem ob der in Tabelle 1 unter A aufgeführte Punkt 1 oder Punkt 2, beziehungsweise beide zutreffen. Die Diagnose „Mischtypus mit sowohl Aufmerksamkeitsstörung als auch Hyperaktivität / Impulsivität" (ICD-10-Codie-
rungenen F90.0) wird dann vergeben, wenn sowohl A1 als auch A2 während der
letzten sechs Monate erfüllt waren. Die Diagnose „vorwiegend unaufmerksamer
Typ" mit wenig oder keiner Hyperaktivität / Impulsivität (ICD-10-Codierunge-
nen F98.8) wird vergeben, wenn A1, nicht aber A2 zutrifft. Die Diagnose „vorwiegend   hyperaktiver/impulsiver   Typus"   mit   nur   geringer   Aufmerksamkeitsstörung (ICD-10-Codierungenen F90.1) ergibt sich schließlich, wenn
A2, nicht aber A1 erfüllt ist (Saß et al., 2003).

Tabelle 1: Kriterien der ADHS nach DSM-IV-TR (Saß, Wittchen, Zaudig & Houben, 2003)

A Entweder Punkt (1) oder Punkt (2) müssen zutreffen:

1. Sechs oder mehr der folgenden Symptome von Unaufmerksamkeit sind während der letzten sechs Monate beständig in einem mit dem Entwicklungsstand der Kindes nicht zu vereinbarendem und unangemessenen Ausmaß vorhanden gewesen:

Unaufmerksamkeit

(a) Beachtet häufig Einzelheiten nicht oder macht Flüchtigkeitsfehler bei den Schularbeiten, bei der Arbeit oder bei anderen Tätigkeiten

(b) Hat oft Schwierigkeiten, längere Zeit die Aufmerksamkeit bei Aufgaben oder Spielen aufrechtzuerhalten

(c) Scheint häufig nicht zuzuhören, wenn andere ihn ansprechen

(d) Führt häufig Anweisungen anderer nicht vollständig durch und kann Schularbeiten, andere Arbeiten oder Pflichten am Arbeitsplatz nicht zu Ende bringen (nicht aufgrund von oppositionellem Verhalten oder Verständnisschwierigkeiten)

(e) Hat häufig Schwierigkeiten, Aufgaben und Aktivitäten zu organisieren

(f) Vermeidet häufig, hat eine Abneigung gegen oder beschäftigt sich häufig nur widerwillig mit Aufgaben, die länger dauernde geistige Anstrengung erfordern (wie Mitarbeit im Unterricht oder Hausaufgaben)

(g) Verliert häufig Gegenstände, der er/sie für Aufgaben und Aktivitäten benötigt (z.B. Spielsachen, Hausaufgabenhefte, Stifte, Bücher oder Werkzeuge)

(h) Lässt sich oft durch äußere Reize ablenken

(i) Ist bei Alltagstätigkeiten oft vergesslich

2. Sechs (oder mehr) der folgenden Symptome der Hyperaktivität und Impulsivität sind während der letzten sechs Monate beständig in einem mit dem Entwicklungsstand der Kindes nicht zu vereinbarendem und unangemessenen Ausmaß vorhanden gewesen:

Hyperaktivität

(a) Zappelt häufig mit Händen oder Füßen oder rutscht auf dem Stuhl herum

(b) Steht in der Klasse oder in anderen Situationen auf, in denen Sitzenbleiben erwartet wird

(c) Läuft häufig herum oder klettert exzessiv in Situationen, in denen dies unpassend ist (bei Jugendlichen oder Erwachsenen kann dies auf ein subjektives Unruhegefühl beschränkt bleiben)

(d) Hat häufig Schwierigkeiten, ruhig zu spielen oder sich mit Freizeitaktivitäten ruhig zu beschäftigen

(e) ist häufig „auf Achse" oder handelt oftmals, als wäre er „getrieben"

(f) Redet häufig übermäßig viel

Impulsivität

(g) Platzt häufig mit Antworten heraus, bevor die Frage zu Ende gestellt ist

(h) Kann häufig nur schwer warten, bis er/sie an der Reihe ist (bei Spielen oder in Gruppensituationen)

(i) Unterbricht oder stört andere häufig (platzt z.B. in Gespräche oder in Spiele anderer hinein)

Die beiden Klassifikationssysteme DSM-IV-TR und ICD-10 unterscheiden sich in der Kombination der Symptomkriterien (Döpfner, Frölich & Lehmkuhl, 2000). Die Diagnose einfache Aktivitäts- und Aufmerksamkeitsstörung wird laut ICD-10 dann vergeben, wenn die Kriterien für HKS erfüllt sind, jedoch nicht die Kriterien für eine Störung des Sozialverhaltens. Falls diese zutreffen, sieht ICD-10 die Diagnose Hyperkinetische Störung des Sozialverhaltens vor. Nach DSM-IV-TR werden bei komorbid auftretender ADHS und Störung des Sozialverhaltens beide Diagnosen gestellt. Abbildung 1 veranschaulicht diesen Sachverhalt.

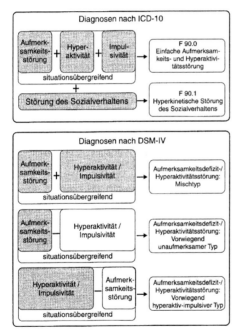

Abbildung 1: Diagnosekriterien für ADHS nach ICD-10 und DSM-IV (aus Döpfner, Schürmann & Frölich, 2007)

Die bisher dargestellten diagnostischen Kriterien wurden für ADHS im Kindesalter entwickelt und dementsprechend formuliert. Bisher liegen noch keine gesonderten Kriterien für das Vorkommen der Störung im Erwachsenenalter vor. Es wird jedoch zunehmend von der Fachwelt gefordert,

die diagnostischen Kriterien um Kriterien der exekutiven Funktionen zu
ergänzen, da erste Studien belegen konnten, dass diese zuverlässig zwischen
Erwachsenen mit ADHS und einer unauffälligen Kontrollgruppe unterscheiden
können (Barkley et al., 2008; Davidson, 2007). In einer Vorschau der nächsten
Auflage des diagnostisch statistischen Manuals DSM-V wurden die derzeitigen
Formulierungen der diagnostischen Kriterien leicht angepasst, so dass sie besser
auch auf das Verhalten älterer Jugendlicher und Erwachsener zu beziehen sind.
Kriterium B wird dahingehend geändert, dass es von sieben auf zwölf Jahre an-
gehoben wurde (American Psychiatric Assication, 2011). Tabelle 2 zeigt die
diagnostischen Kriterien der ADHS im Erwachsenenalter von Wender (Wender,
2000; Retz-Junginger et al., 2002; Bundesärztekammer, 2005). Sie ergänzen die
drei Kardinalkriterien Unaufmerksamkeit, Hyperaktivität und Impulsivität um
Symptome im Bereich des emotionalen Erlebens, die bei Erwachsenen mit
ADHS häufig zu beobachten sind.

Tabelle 2: Wender-Utah-Kriterien (Wender, 2000)

Aufmerksamkeitsstörung
Motorische Hyperaktivität
Impulsivität
Desorganisiertes Verhalten (miserables Zeit- und Selbstmanagement)
Affektkontrolle (Reizbarkeit, geringe Frustrationstoleranz)
Affektlabilität (starke Stimmungsschwankungen, Langeweile, Sensation Seeking)
Emotionale Überreagibilität (Stressintoleranz)

  Die bisherigen diagnostischen Leitlinien für Erwachsene mit ADHS orientieren sich ebenso wie die diagnostischen Kriterien an den Empfehlungen für
Kinder und Jugendliche. Neben einer vollständigen psychiatrischen Untersuchung sehen sie die Erfassung der Differentialdiagnose sowie möglicher komorbider Störungen mittels standardisierter Selbstbeurteilungsverfahren vor. Hierzu
sollten ausschließlich sorgfältig validierte strukturierte klinische Interviews sowie ADHS-spezifische Fragebögen verwendet werden. Außerdem sollten orga-
nische Störungen wie Schilddrüsenerkrankungen oder Anfallsleiden sowie der
Missbrauch psychotroper Substanzen als Ursache für die ADHS-Symptomatik
ausgeschlossen werden. Zudem wird ein Interview mit den wichtigen

Vertrauenspersonen des Betroffenen empfohlen (Baud et al., 2007; Bundesärztekammer, 2005; Ebert, Krause & Roth-Sackenheim, 2003; Lauth & Minsel, 2009; Stieglitz & Rösler, 2006).

Die Diagnose im Erwachsenenalter kann nur dann gesichert gestellt werden, wenn die diagnostischen Kriterien sowohl aktuell erfüllt sind als auch während der Kindheit erfüllt waren, da die DSM-IV-Kriterien unter Punkt B fordern, dass erste Symptome der Unaufmerksamkeit oder Hyperaktivität / Impulsivität bereits vor dem Alter von sieben Jahren auftraten (Saß et al., 2003). Die Problematik in der Kindheit wird entweder durch eine bereits in der Vergangenheit erstellte Diagnose oder durch eine Befragung retrospektiv erfasst. In einer Studie an 120 niederländischen Erwachsenen mit ADHS konnte belegt werden, dass Betroffene gut in der Lage sind, ein valides Selbsturteil über ihre ADHS-Symptomatik abzugeben (Kooij, Boonstra, Swinkels, Bekker, Noord & Buitelaar, 2008).

2.4   Komorbidität

ADHS tritt bei erwachsenen Patienten häufig gepaart mit einer oder mehreren weiteren komorbiden Störungen auf. Die Angaben zur Komorbidität schwanken in den verschiedenen Untersuchungen jedoch beträchtlich (Janusis & Weyandt, 2010; Kollins, 2007; Laufkötter, Langguth, Johann, Eichhammer & Hajak, 2005; Ohlmeier, Peters, Buddensiek Seifert, te Wildt, Emrich & Schneider , 2005; Wilens et al., 2002). Nach den Untersuchungen von Secnik et al. (2005), Fayyad et al. (2007), Barkley et al. (2008) sowie Miller, Nigg und Faraone (2007) geht man näherungsweise von den folgenden Häufigkeiten komorbider Störungen und ADHS aus: Majore Depression: etwa 9 bis 30%, Dysthymia: etwa 5 bis 25%, bipolare Störung: etwa 2 bis 19%, Angststörungen: etwa 11 bis 16%, Zwangsstörungen: etwa 2%, Alkoholmissbrauch: etwa 5 bis 18%, Cannabisabhängigkeit / -missbrauch: etwa 14%, anderer Drogenmissbrauch: etwa 5%, Asthma bzw. chronische Erkrankungen: etwa 5%, gestörtes Sozialverhalten/ geringe Selbstbeherrschung: etwa 20%. Personen mit einem gemischten Subtypus, also mit Hyperaktivität/Impulsivität sowie einer Störung der Aufmerksamkeit neigen am ehesten zu komorbiden Störungen (Sprafkin, Gadow, Weiss, Schneider & Nolan, 2007).

Rasmussen und Levander (2009) zeigen an einer Stichprobe von 600 unbehandelten norwegischen Erwachsenen mit ADHS deutliche geschlechterspezifische Unterschiede in der Entwicklung komorbider Störungen. Männer neigen eher zu Alkohol- und Substanzmissbrauch, während Frauen neben ADHS häufiger affektive Störungen, Essstörungen oder Somatisierungsstörungen entwickeln. Biederman, Faraone, Monuteaux, Bober & Cadogen (2004) konnten in einer US-amerikanischen Längsschnittstudie über sieben Jahre an $N = 215$ Erwachsenen mit ADHS und $N = 215$ unauffälligen Kontrollpersonen dagegen keine geschlechtertypischen gehäuften Vorkommnisse an komorbiden Störungen bei erwachsenen ADHS-Patienten finden. Es zeigte sich jedoch, dass Männer mit ADHS eher als Frauen eine Störung des Sozialverhaltens oder eine Antisoziale Persönlichkeitsstörung entwickeln. Allerdings wird in dieser Untersuchung nicht explizit dargestellt, ob es sich - ebenso wie bei Rasmussen und Levander (2009) - um unbehandelte ADHS-Patienten handelt. Therapie könnte jedoch einen enormen Einfluss auf die Entwicklung komorbider Störungen haben und sich somit auch die Geschlechterverteilung der komorbiden Störungen auswirken.

Es ist zu vermuten, dass ADHS einerseits und den häufig vorkommenden komorbiden Störungen wie Depression, bipolare Störung, Angststörungen, Zwangsstörungen und Alkohol- und Drogenmissbrauch andererseits gemeinsame ursächliche Bedingungen zu Grunde liegen. So gehen Barkley (1997a, 1997b, 2008) sowie Lauth & Minsel (2009) davon aus, dass die Störung der Impulskontrolle beziehungsweise der Selbstregulation eine ausschlaggebende Rolle bei der Entstehung und Aufrechterhaltung der ADHS sowie vieler komorbider Störungen spielen. Hierauf soll im folgenden Kapitel zur Ätiologie der ADHS eingegangen werden.

2.5   Ätiologische Modelle

Der ADHS liegt ein multifaktorielles Bedingungsmodell zu Grunde. Einerseits gilt eine biologische Grundlage als gut belegt, andererseits spielen ungünstige psychologische und soziale Faktoren bei der Ausbildung der eigentlichen Störung ebenfalls eine zentrale Rolle (Sonuga-Barke et al., 2005; Thapar, Langley, Asherson & Gill, 2007). Die einzelnen Komponenten dieses biopsychosozialen Bedingungsmodells der ADHS werden im Folgenden vorgestellt. Vorab soll ein Zitat von Russel A. Barkley (1997a) verdeutlichen, dass noch kein alleingültiges ätiologisches Modell der ADHS existiert.

The precise causes of ADHD are unknown at the present time, if by cause one means the direct, necessary, and sufficient events that immediately precede and directly lead to the creation of this behavior pattern in children. A precise cause chain of events simply has not been unequivocally established as yet for ADHD, nor for any other mental disorder.

R. A. Barkley, 1997a, S. 29

Obwohl dieses Zitat schon einige Jahre alt ist, besitzt es immer noch eine bemerkenswerte Aktualität. Wenngleich es zahlreiche Studien über die Bedingungsfaktoren der ADHS gibt, kann letztendlich nicht sicher vorhergesagt werden, welche dieser Faktoren welches Verhalten beim Individuum hervorrufen.

2.5.1 Biologische Bedingungsfaktoren

An der Entstehung von ADHS sind sowohl genetische als auch neurophysiologische und neurobiologische Faktoren beteiligt, was vor allem Befunde durch bildgebende Verfahren gestützt wird (Durston & Konrad, 2007; Konrad & Rösler, 2009; Barkley et al., 2008). Empirische Untersuchungen demonstrieren dabei immer wieder die Interaktion von biologischen mit psychologischen und sozialen Bedingungsfaktoren, um die Entstehung und Aufrechterhaltung der Störung bestmöglich erklären zu können (Laucht et al., 2007). Im Folgenden soll kurz der Forschungsstand in Bezug auf Genetik, Neuropsychologie sowie auf Neurobiologie mit Befunden aus bildgebenden Verfahren dargestellt werden (Abschnitt 2.5.1.1 bis 2.5.1.3).

2.5.1.1   Genetik

Bei der Entstehung von ADHS scheinen genetische Faktoren eine bedeutende Rolle zu spielen (Biederman, Faraone, Keenen, Knee &Tsuang, Ming, 1990; Faraone, 2004; Lesch et al., 2008; Schimmelmann, Friedel, Christiansen, Dempfle, Hinney & Hebebrand, 2006). Schätzungen für den Anteil genetischer Faktoren an der Entstehung der ADHS belaufen sich auf 60 bis 80% (Smidt et al., 2003). Zwillingsstudien konnten den Einfluss genetischer Faktoren deutlich belegen: Die Konkordanz liegt bei monozygoten Zwillingen bei 66%, bei dizygoten dagegen bei nur 28% (Tannock, 1998). Die Ergebnisse der Virginia Twin Study (Silberg et al., 1996) zeigen, dass die Heretabilität, die den Prozentsatz der Erblichkeit eines phänotypischen Merkmals angibt, für ADHS-Symptome zwischen 54 und 82% liegt, abhängig von Messinstrument und Beurteiler. Die Untersuchung von Goodman und Stevenson (1989a, 1989b) ergab dagegen geringere Heritabiltiäten zwischen 30 und 50%. Eltern und Geschwister von Kindern mit ADHS haben etwa fünfmal häufiger ADHS-typische Alltagsprobleme als vergleichbare Verwandte in einer Kontrollpopulation ohne ADHS (Oord, Boomsma & Verhulst, 1994). Die Zuordnung von phänotypischen Verhaltensweisen zu bestimmten Genen ist zum jetzigen Zeitpunkt noch nicht eindeutig möglich. Es ist von einem Zusammenhang zwischen Dopamin-regulierenden-Genen und ADHS auszugehen, wobei vor allem das Dopamin Rezeptor Gen D4 eine tragende Rolle bei der Entstehung von ADHS-Symptomen zu spielen scheint (Eichhammer et al., 2007; Konrad & Rösler, 2009).

Die Untersuchung von Laucht et al. (2007) ermittelte zudem den Einfluss des Dopamin-Transportergens DAT1, gemessen in fünf Varianten. Der Einfluss dieses Gens allein kann ADHS laut dieser Untersuchung jedoch nicht vollständig erklären. Erst in Verbindung mit ungünstigen sozialen Umständen in der Familie werden etwa 40% der Impulsivität und etwa 30% der Hyperaktivität bei den Jugendlichen der untersuchten Stichprobe durch dieses Gen erklärt. Dies spricht für eine genetische Disposition, die sich erst in Interaktion mit bestimmten sozialen Umständen zur Störung manifestiert.

2.5.1.2 Neuropsychologie

Einhergehend mit den oben zitierten Befunden aus Studien, die die genetischen Ursachen von ADHS untersuchen, gibt es deutliche Belege für Defizite im dopaminergen Transmittersystem bei Personen mit ADHS. Dies hat auf der Verhaltensebene wiederum Auswirkungen auf die Aktivierungssteuerung und die Inhibitionskontrolle. Da präsynaptisch zu wenig Dopamin ausgeschüttet wird, beziehungsweise Dopamin nach der Ausschüttung am postsynaptischen Spalt zu rasch wieder resorbiert wird, entsteht ein Dopaminmangel (Faraone &

Biederman, 1998; Levy & Swanson, 2001; Nieoullon & Coquerel, 2003; Waldman et al., 1998). Dieser wird auf der Verhaltensebene als Mangel in den exekutiven Funktionen sichtbar. Hierbei handelt es sich um psychische Funktionen, die bei der Handlungsplanung und Umsetzung eine bedeutende Rolle spielen (Barkley 1997a, 1997b), bestehend aus dem Arbeitsgedächtnis, der Selbstregulation von Affekten, Motivation und Aufmerksamkeit, der Internalisierung und Automatisierung von Sprache sowie der Wiederherstellung und Entwicklung von Handlungssequenzen. Weil es den Betroffenen an der notwendigen Vorausplanung und Kontrolle von Handlungen fehlt, kommt es in der Folge häufig zu unbedachtem und risikoreichem Verhalten, welches das Erscheinungsbild der ADHS vor allem im Erwachsenenalter wie in Kapitel 2.1 beschrieben, prägt.

2.5.1.3 Neurobiologie: Befunde durch bildgebende Verfahren

Barkley et al. (2008) stellen fest, dass man Personen mit ADHS und Unauffällige am besten anhand der mangelnden Inhibitionskontrolle unterscheiden kann. Dies äußert sich beispielsweise in einer leichten Ablenkbarkeit durch äußere Reize während einer Aufgabe, in impulsiven, manchmal „kopflosen" Entscheidungen oder in der Neigung, Aufgaben zu beginnen ohne sich über die genaue Aufgabenstellung im Klaren zu sein. Sitz der Inhibitionskontrolle ist der präfrontale Kortex. Als Gründe für diese unzureichende Impulskontrolle werden aufgrund von Studien, die bildgebende Verfahren wie die funktionelle Magnetresonanztomographie (fMRI, functional magnetic resonance imaging) und die Positronen-Emmisions-Tomographie (PET) nutzen, neuroanatomische Auffälligkeiten wie eine zu geringe Vernetzung von Frontalhirn, thalamischen Strukturen, Basalganglien und Nukleus Caudatus (Barkley, 1997b, Quay, 1997; Sonuga-Barke et al., 2005) sowie eine Reduktion des Volumens des Corpus Callosum, des Nukleus Caudatus, des anterioren cingulären Kortex sowie des Kleinhirns diskutiert (Castellanos et al. 2002; Durston & Konrad, 2007; Konrad & Rösler, 2009; Makris et al., 2009; Schnoebelen, Semrud-Clikeman & Pliszka, 2010; Tannock, 1998). Eine eindeutige Zuordnung solcher neuroanatomischen Auffälligkeiten zu neuropsychologischen Dysfunktionen und schließlich zur Ebene des Verhaltens der betroffenen Person ist jedoch nach heutigem Stand der Forschung noch nicht möglich.

Personen mit ADHS zeichnen sich nicht wie vormals angenommen durch ständige Unter- oder Überaktivierung des präfrontalen Kortex aus, vielmehr lässt sich eine unzureichende Steuerung ihrer Aktivierung erkennen (Monastra, Lubar & Linden, 2001). Dieser Mangel in der Aktivierungssteuerung konnte auch durch bildgebende Verfahren nachgewiesen werden. Der präfrontale Kortex scheint bei ADHS-Patienten weniger aktiv zu sein als bei Kontrollpersonen (Konrad & Gilsbach, 2007). Allerdings lässt sich über die verschiedenen Studien hinweg kein stabiles Muster für die mangelnde Aktivierungssteuerung bei ADHS feststellen. Teilweise zeigt sich eine mangelhafte Aktivierung ausschließlich in der Frontalhirnregion, teilweise aber auch in thalamischen und fronto-stratialen Verbindungen des Gehirns. Andere Untersuchungen zeigen eine ausgeprägte Aktivierung in Hirnregionen, die nur am Rande oder gar nicht für die gestellte Aufgabe benötigt werden (Plizska et al., 2006; Smith, Taylor, Brammer, Toone & Rubia, 2006). Die genannten Aktivierungsunterschiede fallen bei Kindern weit deutlicher aus als bei Erwachsenen, was sich möglicherweise damit erklären lässt, dass im Laufe der Entwicklung kompensatorische Strategien erlernt wurden (Lauth & Raven, 2009).

Zusammenfassend ist festzuhalten, dass es zwar klare Belege für genetische, neuropsychologische und neurobiologische Besonderheiten bei Menschen mit ADHS gibt, dass sich die Störung in ihrer Komplexität allein aufgrund dieser Befundlage aber nicht vollständig erklären lässt. Vielmehr müssen die hier dargestellten biologischen Bedingungsfaktoren in Interaktion mit sozialen und psychischen Faktoren betrachtet werden.

2.5.2 Soziale Bedingungsfaktoren

Neben den biologischen Bedingungsfaktoren spielen vor allem familiäre und andere soziale Faktoren eine bedeutende Rolle bei der Entstehung und Aufrechterhaltung der ADHS. Kindern mit ADHS begegnet ihr direktes soziales Umfeld, das heißt in erster Linie ihre Eltern, Erzieher und Lehrer insgesamt weniger positiv als anderen Kindern (Barkley et al., 2008). Auf häufiges Tadeln und wenig Wertschätzung auf Seite der Bezugspersonen folgen auf Seite des Kindes dann oftmals Trotz, Ärger, Aggression und Widerstand, was leicht zu weitergehenden Verhaltensschwierigkeiten und komorbiden Störungen wie oppositionellem Trotzverhalten oder einer Störung des Sozialverhaltens führen kann. Da Kinder mit ADHS aufgrund der genetischen Disposition häufig Eltern mit ähnlichen Verhaltensmustern haben, ist die Wahrscheinlichkeit für impulsives und unangebrachtes Verhalten der Eltern in Reaktion auf problematische Verhaltensweisen des Kindes erhöht. So kann problematisches Verhalten des Kindes unangebrachte elterliche Reaktionen hervorrufen, wodurch sich das Verhalten auf beiden Seiten in einer „Spirale des familiären Konflikts" zunehmend verschlechtert und schließlich eskaliert (Döpfner et al., 2007). Häufig überwiegen in der Eltern-Kind-Interaktion Bestrafungen, das Kind hat eine negative Verstärkerbilanz. Als unmittelbare Folge davon beginnt das Kind, die Anforderungsbereiche, die mit mangelndem Erfolg und vorwiegend bestrafendem Elternverhalten gekoppelt sind, immer mehr zu vermeiden (Lauth & Raven, 2009). Die Antwort der Eltern auf ein Kind, das ihren Aufforderungen nicht nachkommt, ist häufig ein besonders strenger, negativer Erziehungsstil (Lynam, 1996).

Sroufe (1997) zeigt auf, dass individuelle Risikofaktoren bereits früh in der Entwicklungsgeschichte wirken und dass sie prädiktiv für spätere Lebensphasen sein können. Er untersuchte Faktoren im frühen Kindesalter, die als Prädiktoren für ADHS im Schulalter wirken. Als individuelle Merkmale sagen ein zu früher Geburtstermin, ein suboptimaler neurologischer Status bei der Geburt, ein hohes Aktivitätslevel sowie ein hoher Grad an Irritierbarkeit beim Neugeborenen und ein von den Eltern als schwierig beurteilte frühkindliches Temperament die spätere Ausprägung der ADHS voraus. Hinzu kommt, dass auch das elterliche Verhalten relevant bezüglich der Entwicklung einer ADHS im Schulalter ist. Vor allem eine Überstimulation, wenig soziale Unterstützung der Eltern, hoher elterlicher Stress und eine unstabile Partnerschaft zum Zeitpunkt der Geburt wirken als Prädiktoren (Sroufe, 1997).

Erwachsene mit ADHS haben aufgrund der oben dargestellten negativen Erfahrungen meist eine bis in die Grundschulzeit zurückreichende Geschichte aus Misserfolgserfahrungen zu Hause, in der Schule und in anderen Lebensbereichen hinter sich. Sie erleben sich selbst daher häufig als schwierig, unangepasst oder nicht altersangemessen in ihrem Handeln. Rucklidge und Tannock (2001) konnten in einer Studie mit 107 Jugendlichen im Alter von 13 bis 16 Jahren zeigen, dass vor allem weibliche Jugendliche zu einem negativen Attributionsstil sowie zu einer eher externalen Kontrollüberzeugung neigen und damit ein erhöhtes Risiko für weitere psychiatrische Beeinträchtigungen wie depressive Symptome haben. Dass langjähriges Misserfolgserleben Auswirkungen auf das Selbstbild hat, konnten Slomkowski, Klein und Mannuzza (1995) an einer Stichprobe von N = 65 Jungen mit ADHS und N = 61 Jungen in der Kontrollgruppe im Alter von sechs bis zwölf Jahren belegen: Jungen mit ADHS hatten einen deutlich niedrigeren Selbstwert als die unauffällige Kontrollgruppe. Für die Bedeutung der langjährigen Erfahrungen auf die weitere Entwicklung und die Rückkopplung dieser Entwicklung auf die ADHS-Symptomatik sprechen die Ergebnisse von Latimer et al. (2003). Sie zeigen in einer Längsschnittstudie über sechs Jahre, dass die Anpassung von Jugendlichen mit ADHS im Alter von 13-17 Jahre vom elterlichen Erziehungsstil, u.a. von Kommunikation, Coping Strategien, elterlicher Kontrolle, Verhaltenssteuerung durch die Eltern, Kontrollüberzeugung sowie von schulischen Leistungen abhängt. Der elterliche Erziehungsstil und die emotionale und verhaltensbezogene Anpassung hängen miteinander zusammen und beeinflussen schließlich das globale Funktionsniveau von Jugendlichen mit ADHS.

2.5.3 Psychische Folgen beim Individuum

Aufgrund der biologischen Vulnerabilität einerseits und der sozialen Umwelt andererseits ergeben sich beim Erwachsenen mit ADHS bestimmte psychische Folgen. Diese manifestieren sich als unangemessene und problematische Verhaltensweisen, die im Folgenden unter den Kategorien Kompetenz- und Performanzdefizite aufgeführt werden (Lauth & Minsel, 2009).

Kompetenzdefizite. In diese Kategorie fallen solche Alltagsfertigkeiten, die mangelhaft ausgebildet und somit zur Problematik im Alltag wurden. Hager und Hasselhorn definieren Kompetenzen als „Verhaltensdispositionen oder – potentiale im Sinne von Fähigkeiten, Fertigkeiten, Strategien und gegebenenfalls Einstellungen." (Hager und Hasselhorn, 2000; S. 49). Kompetenzdefizite treten bei Erwachsenen mit ADHS vor allem im Bereich der exekutiven Funktionen auf. Wie Barkley (1997b) eindrücklich zeigt, werden Impulsivität und Hyperaktivität als Kernsymptome der ADHS vorrangig durch mangelhafte Verhaltenshemmung verursacht. In Barkleys Modell ist eine mangelhafte Verhaltenshemmung Ausgangspunkt für Defizite in vier weiteren exekutiven Funktionsbereichen (Barkley, 1997b): dem Arbeitsgedächtnis, der Selbstregulation von Affekten, Motivation und Aufmerksamkeit, der Internalisierung und Automatisierung von Sprache sowie der Wiederherstellung und Entwicklung von Handlungssequenzen. Daraus entstehen typische unangemessene Verhaltensweisen wie das Vergessen von Aufgaben, Jähzorn, ein schlechtes Zeitmanagement oder Schwierigkeiten in zwischenmenschlichen Beziehungen.

Die Metaanalyse von Hervey, Epstein und Curry (2004) gelangt zu dem Ergebnis, dass sich erwachsene ADHS-Patienten und unauffällige Personen bezüglich der Ausbildung ihrer exekutiven Funktionen zuverlässig voneinander unterscheiden lassen. Die Handlungsplanung und die Überwachung der Durchführung einer Handlung werden häufig weniger präzise ausgeführt, so dass es in der Folge bei Personen mit ADHS eher zu Fehlern kommt oder sie für das Erledigen einer Aufgabe mehr Zeit brauchen, beziehungsweise weniger gute Gesamtergebnisse erreichen. Barkley et al. (2008) konnten ebenfalls belegen, dass Personen mit ADHS und unauffällige Kontrollpersonen anhand ihrer exekutiven Funktionen mit einer Treffsicherheit von 99% voneinander unterschieden werden können. Diese deutlichen Gruppenunterschiede werden allerdings erst mit zunehmender Aufgabenschwierigkeit sichtbar, wenn also größere Vorausplanung oder mehr Flexibilität in der Bearbeitung der Aufgabe gefordert werden. Diese Kompetenzdefizite sind scheinbar vorwiegend durch eine mangelnde Verhaltenshemmung sowie durch die unzureichende Nutzung des Arbeitsgedächtnisses bedingt (Barkley, 1997a, 1997b; Barkley et al., 2008). Der Erwerb von Kompetenzen im Bereich der exekutiven Funktionen ist bei Menschen mit ADHS aufgrund ihrer biologischen Vulnerabilität und der damit eng verknüpften sozialen Umwelt also erschwert (Pennington & Ozonoff 1996). Erwachsenen Betroffenen fehlt es häufig an einer angemessenen Anleitung und Übung der jeweiligen Verhaltensweise. Dies hat zur Folge, dass sich wiederholte Misserfolge bei der Bewältigung bestimmter Aufgaben einstellen und dass diese Aufgaben schließlich zunehmend vermieden werden, woraus wiederum fehlende Übung und damit einhergehend vermehrte Unsicherheit resultieren (Lauth und Raven, 2009).

Performanzdefizite. In dieser Kategorie werden nach Lauth (Lauth und Minsel, 2009; Lauth & Raven, 2009) solche Verhaltensweisen zusammengefasst, die von den Betroffenen zwar grundsätzlich beherrscht werden, die jedoch im Alltag meist nicht problemlos umgesetzt werden können. Hager und Hasselhorn (2000) merken an, dass es sich bei den beiden Begriffen Kompetenz auf der einen und Performanz auf der anderen Seite nicht um direkt vergleichbare Begriffe auf dem gleichen Niveau handelt. Während der Begriff der Kompetenz seinen Ursprung im Bereich der Psychometrie hat, der klar definiert werden kann (siehe oben), stammt der Begriff der Performanz aus der behavioristischen Tradition und „bezieht sich ausschließlich auf das konkret beobachtbare Verhalten [...] von Personen beim Bearbeiten einer Anforderung." (Hager & Hasselhorn, S. 49). Die Autoren grenzen die beiden Begriffe wie folgt voneinander ab: „Wir schlagen daher vor, Performanz als ein Beschreibungskonstrukt aufzufassen, das alle grundsätzlich beobachtbaren Leistungen umfasst, und Kompetenz als ein Erklärungskonstrukt, mit dessen Hilfe Performanzen erklärt werden können." (Hager und Hasselhorn, 2000; S. 50). Zu den typischerweise bei Erwachsenen mit ADHS auftretenden Performanzdefiziten lassen sich vor allem Verhaltensweisen wie Planen, Organisieren und Strukturieren zählen. Gründe hierfür sind, wie oben dargestellt, Kompetenzdefizite im Bereich der exekutiven Funktionen (Barkley 1997b, 2008). Häufig können Erwachsene mit ADHS hervorragend für ihre Mitmenschen im Beruf oder auch im Freundeskreis komplexe Sachverhalte überblicken und Pläne erstellen, jedoch scheitern sie dabei, dies für sich selbst zu tun oder diese Pläne erfolgreich umzusetzen. Im eigenen Alltag werden anstehende Aufgaben oft immer wieder aufgeschoben, was zu weitreichenden Alltagsproblemen führen kann. Nach Lauth und Minsel (2009) gibt es hierfür vor allem drei, sich ergänzende Gründe: (1) Motivationale Gründe für Schwierigkeiten im Alltag treten vor allem dann auf, wenn die an sich notwendige Handlung aufgrund ihrer Schwierigkeit oder Komplexität eine gewisse Anstrengung erfordert und dadurch auch das Risiko des Scheiterns beinhaltet. Die Betroffenen beschäftigen sich stattdessen häufig eher mit ablenkenden Tätigkeiten, die diese Eigenschaften nicht haben. (2) Mangelnde Vorausplanung tritt vor allem bei komplexen Aufgaben oft als direkte Folge der mangelnden exekutiven Funktionen auf. (3) Vermeidungslernen als Grund für weitreichende Schwierigkeiten im Alltag etabliert sich oft zunehmend im Laufe des Jugendalters. Vor allem Handlungen, die als schwierig eingeschätzt werden, werden oft aufgeschoben. Damit wird das mit der Aufgabe einhergehende Unbehagen vordergründig erst einmal reduziert und ein mögliches Scheitern wird ausgeschlossen. Es ergibt sich für den Aufschiebenden also ein unmittelbarer Gewinn, der als negative Verstärkung für das Aufschiebeverhalten bezeichnet werden kann. Dieses Verhalten manifestiert sich mit der Zeit zu einer systematischen Verhaltensstrategie, die zwar kurzfristig von Vorteil zu sein scheint, die aber längerfristig zu schlechteren Ergebnissen führt, als sie aufgrund des eigentlichen Könnens sein müssten. Für diese schlechteren Ergebnisse durch das Aufschiebeverhalten liefert die Strategie zudem eine Erklärung, mit der das Ergebnis zu rechtfertigen ist: Durch den so entstandenen Zeitdruck konnte keine bessere Leistung erwartet werden. Dieser Kreislauf aus Zögern, Aufschieben und schlechter Leistung zeigt sich bei Erwachsenen mit ADHS in vielen Aufgabenbereichen immer wieder (Lauth & Minsel, 2009).

Die hier beschriebenen Kompetenz- und Performanzdefizite führen ihrerseits wiederum zu Alltagsproblemen und weit reichenden Anpassungsstörungen, die die ADHS auf der Verhaltensebene weiter stabilisieren (Knouse et al., 2007). Damit übereinstimmend konnten Mick, Faraone, Spencer et al. (2008) zeigen, dass Erwachsene mit ADHS im Vergleich zu unauffälligen Kontrollpersonen eine insgesamt geringere Lebenszufriedenheit aufweisen.

2.5.4 Biopsychosoziales Bedingungsmodell der ADHS

Die vorangegangenen Kapitel 2.5.1 bis 2.5.3 demonstrieren ein multifaktorielles Bedingungsmodell der ADHS im Erwachsenenalter. Es besteht eine biologische Vulnerabilität aus recht gut belegten neurologischen, neurochemischen und genetischen Grundrisiken (Barkley 1997a, 1997b; Konrad & Gilsbach, 2007; Laucht et al., 2007; Lesch et al., 2008; Monastra et al., 2001; Schimmelmann et al., 2006). Es ist aber auch eine Reihe von sozialen Umweltfaktoren auszumachen, die als problemverschärfende Bedingungen das Auftreten einer Störung erhöhen und grundlegend zu ihrer Aufrechterhalten beitragen. (Barkley et al., 2008; Döpfner et al., 2000). Ob und wie sich eine Aufmerksamkeitsdefizit-/ Hyperaktivitätsstörung beim Einzelnen manifestiert, hängt im Sinne eines Diathese-Stress-Modells von der Kombination der einzelnen Risiken bei der individuell betroffenen Person ab.

Abbildung 2 stellt das biopsychosoziale Bedingungsmodell der ADHS komprimiert dar. Die biologische Vulnerabilität auf der einen und die soziale Umwelt auf der anderen Seite ergeben bestimmte psychische Folgen beim betroffenen Individuum. Hieraus entwickelt sich das ADHS-typische Alltagsverhalten mit den Kernsymptomen Unaufmerksamkeit, Hyperaktivität und Impulsivität. Daraus folgen beim erwachsenen Betroffenen Beeinträchtigungen in vielen Lebensbereichen wie im Beruf, in der Ausbildung, im Studium oder in der Schule aber auch in Partnerschaften, Freundschaften und in vielen weiteren Lebensbereichen.

Aus diesem multifaktoriellen Bedingungsmodell ergeben sich Konsequenzen für die Behandlung der ADHS. Das in der vorliegenden Arbeit auf seine Wirksamkeit überprüfte behaviorale Gruppentraining für Erwachsene mit ADHS nach Lauth & Minsel (2009) setzt auf der Ebene der psychischen Folgen beim Individuum und den daraus entstehenden ADHS-typischen Verhaltensweisen an und verfolgt das Ziel, unangemessene und als belastend erlebte Verhaltensweisen durch gezieltes alltagsnahes Training zu reduzieren und so die subjektiv erlebte Alltagsbelastung zu verringern.

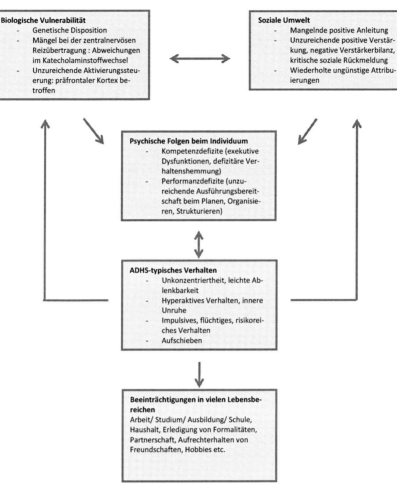

Abbildung 2: Das biopsychosoziale Bedingungsmodell der ADHS (modifiziert nach Lauth & Minsel, 2009)

2.6. Interventionen

Obwohl die Aufmerksamkeitsdefizit-/ Hyperaktivitätsstörung zunehmend auch im Erwachsenenalter als eine verbreitete und ernst zu nehmende Störung angesehen wird, werden Betroffene häufig beispielsweise als Borderline-Patienten oder Patienten mit bipolarer Störung fehlbehandelt (Sobanski & Alm, 2004; Torgersen, Gjervan & Rasmussen, 2006). Schätzungsweise gibt es in Deutschland etwa eine Million behandlungsbedürftige Erwachsene mit ADHS. Nach einer internationalen epidemiologischen Studie in Kooperation mit der Weltgesundheitsorganisation (WHO) erhalten in Deutschland jedoch nur 9.7% der Betroffenen eine fachgerechte Behandlung (Fayyad et al., 2007). Im Folgenden werden die medikamentöse und psychotherapeutische Behandlung der ADHS vor dem aktuellen Forschungsstand dargestellt (2.6.1 und 2.6.2) bevor das in dieser Arbeit auf seine Wirksamkeit untersuchte behaviorale Gruppentraining für Erwachsene mit ADHS vorgestellt wird.

2.6.1 Medikation

Die pharmakologische Behandlung der ADHS beruht auf einem biologischen, vorwiegend neuropsychologischen Bedingungsmodell der ADHS (vgl. Kapitel 2.5.1). Durch die Einnahme von Präparaten, die in den Katecholaminstoffwechsel in Strukturen des präfrontalen Kortex, insbesondere den Dopaminstoffwechsel eingreifen, soll bestehenden Dysfunktionen entgegengewirkt werden (Halperin & Schulz, 2006). Der Dopamin-Wiederaufnahmehemmer Methylphenidat in retardierter und unretardierter Form gilt bei ADHS-Patienten dabei als Medikation der ersten Wahl (Bundesärztekammer, 2005), obwohl Nebenwirkungen wie verringerter Appetit, Kopfschmerzen, erhöhter Blutdruck und depressive Verstimmtheit nicht selten berichtet werden (Wolraich, McGuinn & Goffing, 2007). Als Medikamente zweiter Wahl werden bei Non-Respondern oder bei Unverträglichkeit von Methylphenidat aber auch Noradrenalin-Wiederaufnahmehemmer wie beispielsweise Atomoxetin (Brown et al., 2011) sowie Amphetaminsulfate verschrieben (Bundesärztekammer, 2005; Lauth & Raven, 2009).

Die Wirkweise von Methylphenidat auf die Reduktion der ADHS-Symptome ist noch nicht vollständig geklärt. Volkow, Wang, Fowler und Ding (2005) vermuten, dass die intrasynaptische Erhöhung der Katecholamine Dopamin und Noradrenalin im frontalen Cortex dafür verantwortlich ist. Faraone, Spencer, Aleardi, Pegano und Biederman (2004) konnten die Wirksamkeit von Methylphenidat als eine Reduzierung der Kernsymptomatik mit einer mittleren Effektstärke von 0.9 belegen. In ihre Metaanalyse gingen sechs Studien mit ein, in denen insgesamt 140 erwachsene ADHS-Patienten mit Methylphenidat und 113 mit Placebo im Doppelblindversuch behandelt wurden. Hierbei zeigte sich eine größere Wirksamkeit, wenn die Dosierungen hoch waren und wenn Ärzte die Verhaltensänderungen eingeschätzt hatten (Effektstärke = 1.3). Auch Spencer, Adler, McGough, Muinz, Jiang und Pestereich (2007) belegten diesen Effekt in einer randomisierten Doppelblindstudie mit 221 erwachsenen ADHS-Patienten, die über fünf Wochen Dexmethylphenidat in drei Dosierungsstufen oder ein Placebo erhielten. Die medikamentöse Behandlung war der Placebobehandlung deutlich überlegen. Auch im Hinblick auf die hohen Kosten für das Gesundheitssystem durch die medikamentöse Behandlung von ADHS sprechen sich Scheffler, Hinshaw und Modrek (2007) für eine möglichst präzise Dosierung und ärztliche Überwachung der Einnahme aus.

In Deutschland war Methylphenidat lange Zeit zwar für die Behandlung von Kindern und Jugendlichen mit ADHS zugelassen, nicht jedoch für Erwachsene jenseits des 18. Lebensjahres. In Fachkreisen wurde der Off-Label-Use bei Erwachsenen intensiv diskutiert, wobei vermehrt eine Zulassung des Medikamentes gefordert wurde (Fritze & Schmauß, 2003). Laut einer Pressemitteilung des Bundesinstituts für Arzneimittel und Medizinprodukte vom 15.04.2011 wurde die Zulassung von Methylphenidat für Erwachsene mit ADHS jedoch erweitert (Bundesinstitut für Arzenimittel und Medizinprodukte, 2011).

Die Adhärenz von Erwachsenen mit ADHS bei der Einnahme von Methylphenidat konnte in einer Untersuchung von Safren, Duran, Yovel, Perlman und Sprich (2007) mit durchschnittlich 86% als befriedigend bewertet werden. Die Gefahr von Missbrauch und Abhängigkeit bei Methylphenidat wird kontrovers diskutiert (Babcock & Byrne, 2000; Fritze & Schmauß, 2003; Leupold, Hein & Huss, 2006). Jedoch leiden auch medikamentös behandelte Erwachsene mit ADHS häufig noch unter weitreichenden Alltagsschwierigkeiten vor allem im beruflichen Umfeld, sowie in zwischenmenschlichen Beziehungen (Safren, Sprich, Cooper-Vince, Knouse & Lerner, 2010). Aus diesem Grund wird für multimodale Interventionen plädiert, die psychotherapeutische und medikamentöse Behandlung verbinden (Barkley et al., 2008; Lauth & Minsel, 2009; Ramsay und Rostain, 2007; Bundesärztekammer, 2005).

2.6.2 Psychotherapie

Um die Wirksamkeit psychologischer Interventionen für Erwachsene mit ADHS aufzuzeigen, werden nun derzeitige Studien über Behandlungsprogramme vorgestellt. Safren, Otto, Sprich, Winett, Wilens und Biedermann (2005) sowie (Safren, 2005) konnten in einer kontrollierten Studie gute Erfolge von kognitiver Verhaltenstherapie kombiniert mit medikamentöser Therapie zeigen: Sowohl die ADHS-Symptomatik als auch Ängstlichkeit und Depressivität verringerten sich in der Gruppe mit kombinierter Behandlung signifikant verglichen mit einer nur medikamentös behandelten Kontrollgruppe.

Stevenson, Whitmont, Bornholt, Livesey und Stevenson (2002) sowie Stevenson, Stevenson und Whitmont (2003) zeigten die Wirksamkeit eines kognitiv verhaltenstherapeutisch orientierten Gruppentrainings hinsichtlich einer Reduzierung der ADHS-Symptomatik sowie einer Reduzierung des Ärgers im Alltag als auch einer Verbesserung der Fähigkeit, Dinge zu organisieren zwischen Interventions- und Wartelistenkontrollgruppe. Es zeigte sich kein Effekt einer zusätzlichen medikamentösen Behandlung auf die Ergebnisse der Intervention.

Rostain und Ramsey (2006) verglichen den Einsatz von kognitiver Verhaltenstherapie bei einer Stichprobe von Erwachsenen mit ADHS mit der Effektivität von Adderall (Amphetaminsalze), beziehungsweise bei dessen Unverträglichkeit mit Methylphenidat. Die Ergebnisse zeigen, dass die kognitive Verhaltenstherapie Verbesserungen der ADHS-Symptomatik sowie von bestehender Ängstlichkeit und Depressivität erzielte.

Wiggins Singh, Hutchins, David und Getz (1999) führten eine Beratung in der Gruppe verbunden mit Psychoedukation durch und verglichen diese Interventionsgruppe mit einer Wartelisten-Kontrollgruppe. Es ergab sich eine signifikante Verbesserung der Interventionsgruppe hinsichtlich Desorganisation, Unaufmerksamkeit und emotionaler Labilität. Das Selbstbewusstsein jedoch war beim Post-Test in der Interventionsgruppe geringer als in der Kontrollgruppe.

Die finnische Arbeitsgruppe um Virta und Salakari entwickelte ein kognitiv-behaviorales Gruppentraining für Erwachsene mit ADHS (Salakari, et al.,

2010; Virta et al. 2008). Neben Psychoedukation werden Fähigkeiten in alltags-relevanten Problemen trainiert. Eine erste Evaluation mit $N = 29$ Teilnehmern in einem Warte-Kontroll-Design belegt eine signifikante Abnahme der selbst be-richteten ADHS-Symptome zwischen den Messzeitpunkten vor und nach dem Training sowie eine anhaltende Symptomminderung in den Follow-up-Phasen drei und sechs Monate nach Trainingsende bei einem Teil der Patienten ($n = 11$ von 29). Auch die Depressivität nahm im Verlauf des Trainings ab.

Zylowska et al. (2008) überprüften ein Achtsamkeits-Meditationstraining, dessen Ziel ein bewussteres Erleben von alltäglichen Gegebenheiten ist. 21 Er-wachsene und vier Jugendliche (Altersdurchschnitt 40 Jahre) mit einer ADHS erhielten das Training über acht Sitzungen. Bezüglich der ADHS-Symptomatik konnte eine deutliche Verbesserung erzielt werden und die Teilnehmer zeigten sich hochgradig mit dem Training zufrieden.

Kubik (2010) untersuchte den Einfluss eines sechs Mal zweistündig statt-findenden individualisierten Einzelcoachings auf ADHS-typische Problemberei-che im Alltag wie kognitive Fertigkeiten, Ablenkbarkeit, Unaufmerksamkeit und soziale Aspekte. Hier zeigte sowohl das Coaching allein als auch kombiniert mit Psychotherapie oder der Behandlung durch Stimulanzien signifikante Verbesse-rungen in allen untersuchten Bereichen.

Bramham, Young, Bickerdikem Spain, McCartan und Xenitidis (2009) entwickelten ein verhaltenstherapeutisch orientiertes Gruppentraining für Er-wachsene mit ADHS. In einer Studie zu Evaluation wurden 41 Erwachsene mit ADHS, die über drei Monate hinweg jeden Monat an einem Workshop-Tag teil-nahmen, mit 37 Kontroll-Personen verglichen, die keine Intervention erhalten hatten. Neben einer leichten Abnahme von komorbider Depressivität und Ängst-lichkeit konnten die Teilnehmer der Interventionsgruppe auch bezüglich ihrer Selbstachtung und ihres Selbstvertrauens profitieren. Die Kernsymptomatik der ADHS wurde in dieser Untersuchung allerdings nicht explizit kontrolliert.

Das einzige psychotherapeutische Behandlungsprogramm im deutsch-sprachigen Raum bis auf das in der vorliegenden Arbeit untersuchte nach Lauth & Minsel (2009) stammt von der Arbeitsgruppe um Hesslinger (Hesslinger, van Elst, Nyberg & Dykierek, 2002; Phillipsen & Hesslinger, 2007). Erste Evaluati-onen zeigten, dass sich die dialektisch-behavioralen-Therapie (DBT) günstig auf die Reduktion der ADHS-Symptomatik sowie auch auf komorbide Depressivität auswirkt.

Zusammenfassend zeigen die hier dargestellten Ergebnisse eine klare Evidenz für die Wirksamkeit verhaltenstherapeutisch orientierter Behandlungs-

programme bei Erwachsenen mit ADHS. Die Fachwelt sieht im Bereich der
Entwicklung und Evaluation von angemessenen Behandlungsprogrammen jedoch weiterhin einen großen Forschungsbedarf, vor allem im Hinblick auf die
differentielle Wirksamkeit von verhaltenstherapeutisch orientierten
Interventionen (Bundesärztekammer, 2005; Nyberg & Stieglitz, 2006; Safren et
al., 2010).

2.6.3 Das behaviorale Gruppentraining für Erwachsene mit ADHS nach Lauth und Minsel

Bei der Entwicklung einer psychologischen Intervention hat das von Brezing (2000) beschriebenen „Auseinanderdriften von Wissenschaft und Praxis"
häufig einen negativen Einfluss auf den wissenschaftlichen Anspruch und damit
auch auf die Qualität der Intervention. Brezing nennt hier vor allem die Schwierigkeit, dass Interventionen, sobald sie sich in einem Bereich bewährt haben,
innerhalb einer Institution häufig ungeprüft auf andere Bereiche übertragen werden, auch wenn sie hierfür vielleicht weniger geeignet sind. „Saubere Erfolgs-
kontrollen", so Brezing (2000) „seien dann selten". Im Fall der vorliegenden
Arbeit wurde die Intervention daher gründlich vor dem Hintergrund des aktuellen Forschungsstandes geprüft und theoriegestützt entwickelt. Baltensperger und
Grawe (2001) weisen darauf hin, dass die volkswirtschaftliche Einsparung durch
Psychotherapie vor allem dann bedeutsam ist, wenn eine psychotherapeutische
Behandlung verhältnismäßig kurz und stark patientenorientiert sei.

Das behaviorale Gruppentraining für Erwachsene mit ADHS nach Lauth
& Minsel (2009) wurde vor dem Hintergrund des in Kapitel 2.5.4 dargestellten
biopsychosozialen Bedingungsmodells der ADHS im Erwachsenenalter konzipiert (vgl. Abbildung 2). Der Schwerpunkt der Intervention liegt dabei auf den
psychischen Folgen beim Individuum und weniger auf den Aspekten der biologischen Vulnerabilität oder der sozialen Umwelt. Es geht darum, unangemessene Verhaltensweisen zu reduzieren und unangebrachte Verhaltensbedingungen
nachhaltig zu verändern. Hierdurch soll der individuelle Leidensdruck der Betroffenen vermindert werden und dadurch Voraussetzungen für eine bessere Lebensqualität geschaffen werden. Mangelhaft ausgebildete Kompetenzen etwa
im Bereich der exekutiven Funktionen (Barkley, 1997a, 1997b) sollen verbessert
werden und unzureichende Ausführungsbereitschaften, sogenannten Performanzdefizite, sollen dahingehend trainiert werden, dass sie angemessene Ver-

haltensweisen eher begünstigen. Die reine Reduktion der Kernsymptome der ADHS - Unaufmerksamkeit, Hyperaktivität und Impulsivität - steht also weniger im Vordergrund als die daraus resultierende Manifestation der Störung in unterschiedlichen Alltagsbereichen wie Arbeit, Studium, Ausbildung oder zwischenmenschlichen Beziehungen. Letztlich soll der Umgang mit den bestehenden Symptomen an die Anforderungen des Alltags angepasst und verbessert werden. Nach dem biopsychosozialen Bedingungsmodell der ADHS (vgl. Kapitel 2.5.4) wird die Kernsymptomatik, da sie zumindest teilweise genetisch determiniert und durch einen abweichenden Katecholaminstoffwechsel beeinflusst ist, nicht vollständig verschwinden. Die Arbeit an den Verhaltensbedingungen in unterschiedlichen Lebensbereichen erscheint sinnvoll, um die durch die ADHS verursachte subjektiv erlebte Belastung zu vermindern und so den Leidensdruck zu verringern.

Das im Folgenden dargestellte behaviorale Gruppentraining für Erwachsene mit ADHS wurde 2007 von der Arbeitsgruppe um Lauth und Minsel vom Department Psychologie der Universität zu Köln entwickelt (vgl. Projektverlauf in Anhang A). Es wurde speziell auf die Bedürfnisse Erwachsener mit ADHS zugeschnitten, die meist durch Aufmerksamkeits- und Konzentrationsschwierigkeiten bedingt im Alltag mit ihren Leistungen weit unter ihren Möglichkeiten bleiben (Lauth & Minsel, 2009). Aufgaben werden häufig unzulässig lange aufgeschoben, worunter Ausbildung, Studium oder Beruf leiden. Zusätzlich stellen sich mit der Zeit häufig auch soziale Probleme wie Ängste, sozialer Rückzug oder häufige Konflikte mit Mitmenschen ein. Weitere typische Probleme von Erwachsenen mit ADHS sind das Fehlen einer festen Tagesstruktur, Probleme im Bereich des Zeit- und Selbstmanagements sowie emotionale Schwierigkeiten wie häufige und heftige Stimmungsschwankungen oder das unüberlegte Treffen von wichtigen Entscheidungen. Bei Studierenden besteht ein deutlich erhöhtes Risiko, dass das Studium abgebrochen oder mit einem unzureichenden Ergebnis beendet wird (Heiligenstein et al., 1999; Weyandt & DuPaul, 2006).

Ziel des Trainings ist es, die aktuelle ADHS-Symptomatik zu verringern, sowie einen angemessenen Umgang mit den bestehenden Alltagsschwierigkeiten zu erlernen. Darum liegt ein Schwerpunkt der Intervention auf anwendungsbezogenen Übungen und praktischen Aufgaben, die die Umsetzung der erlernten Inhalte in den Alltag trainieren sollen. Hierbei geht es besonders um Zielbildung, Selbstorganisation, Zeitplanung und das Ausbilden und das Pflegen sozialer Kontakte. Die Teilnehmer werden angeleitet, ihre Schwierigkeiten eigenständig anzugehen und möglichst selbstständig geeignete Lösungsstrategien zu finden. Vor allem die gegenseitige Unterstützung der Teilnehmer im Sinne von tutoriellen Beziehungen, sogenannten Tandems, hat sich als sehr effektiv erwiesen. Darum wurde das Training als Gruppenintervention konzipiert (Lauth & Minsel, 2009).

Es handelt sich um ein kognitiv-verhaltenstherapeutisch orientiertes Gruppentraining für vier bis zehn Erwachsene mit ADHS. Das Training besteht aus fünf Einheiten im wöchentlichen Abstand und einer Auffrischungssitzung sechs Wochen nach der fünften Sitzung. Während die erste Einheit fünf Stunden dauert, beträgt der Zeitraum aller anderen Sitzungen drei Stunden. Abbildung 3 stellt den Aufbau des Trainings schematisch dar.

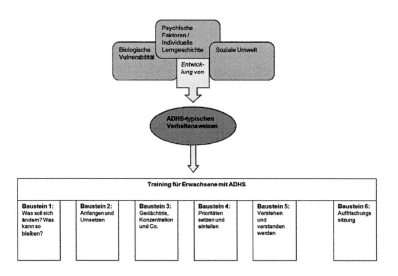

Abbildung 3: Aufbau des behavioralen Gruppentrainings nach Lauth & Minsel (2009)

Jede Trainingseinheit ist nach einem einheitlichen Schema aufgebaut: Die Sitzungen beginnen mit der Bekanntgabe der Tagesordnung, worauf die Auswertung der von den Teilnehmern selbst gestellten Wochenaufgabe folgt. Im Anschluss daran wird der inhaltsspezifische Schwerpunkt der jeweiligen Trainingseinheit vermittelt und möglichst praktisch und alltagsbezogen eingeübt. Den Abschluss stellt die Besprechung der Wochenaufgabe für die kommende Sitzung dar. Hier sollen die erarbeiteten Themen praktisch umgesetzt und eingeübt werden. Jede Trainingseinheit behandelt ein spezielles Thema. Während der Trainingssitzungen werden zahlreiche Veranschaulichungsmaterialien wie Poster und Arbeitsblätter verwendet. Im Verlauf des Trainings erhält jeder Teilnehmer Merk- und Arbeitsblätter, die er in einem zu Beginn ausgeteilten Ordner aufbewahren kann. Während der Sitzung werden wesentliche Inhalte auf einer Tafel oder Flip-Chart visualisiert. Im Folgenden werden die Inhalte der einzelnen Sitzungen kurz skizziert. Für eine detailliertere Darstellung inklusive einer genauen Anleitung für den Trainer sowie Arbeitsmaterialien sei an dieser Stelle auf das Trainingshandbuch verwiesen (Lauth & Minsel, 2009). In Tabelle 3 sind die Trainingsinhalte des behavioralen Gruppentrainings für Erwachsene mit ADHS nach Lauth & Minsel (2009) dargestellt.

Tabelle 3: Inhaltliche Module des behavioralen Gruppentrainings (Lauth & Minsel, 2009)

Sitzung 1: Bestandsaufnahme	Was soll sich ändern? Was kann so bleiben? Ziele bilden
Sitzung 2: Anfangen und Umsetzen	Innere Hemmnisse: Kino im Kopf Den Berg abtragen Projekte und Arbeitsvorhaben einteilen
Sitzung 3: Gedächtnis, Konzentration und Co	Gedächtnis Komplexe Situationen meistern „Was ich gut kann"
Sitzung 4: Prioritäten setzen und einteilen	Wichtiges und Dringendes Langfristig planen Projekte und Arbeitsvorhaben einteilen
Sitzung 5: Verstehen und verstanden werden	Kommunizieren Andere verstehen
Sitzung 6: Auffrischungssitzung	Was war hilfreich? Was hat gefehlt? Nützliches Stabilisieren Mein Leben in drei Jahren

Trainingssitzung 1: „Was soll sich ändern? Was kann so bleiben?" Zu Beginn der ersten Sitzung steht das Kennenlernen der Teilnehmer untereinander im Mittelpunkt. Die Einheit beginnt mit einer Vorstellungsrunde und es werden Regeln für die Zusammenarbeit, sogenannte Trainingsregeln vereinbart. Danach folgt die Festlegung der wichtigsten drei Ziele für den Verlauf des Trainings, die schon vorab im diagnostischen Eingangsgespräch erfragt wurden. Im Anschluss wird das im Eingangsinterview erhobene Belastungsprofil grafisch ausgewertet. Anhand dieser Profile werden Zweiergruppen, sogenannte Tandems zusammengestellt, die für die gesamte Dauer des Trainings zusammenarbeiten und dazu ermutigt werden, sich bei ihren Vorhaben gegenseitig zu unterstützen. Anschließend wird das Kernthema der Sitzung behandelt, eine ausführliche Verhaltensanalyse mit dem Titel „Was soll sich ändern, was kann so bleiben". Zunächst wird das Thema im Tandem analysiert und anschließend in der Gesamtgruppe vorgestellt. Die von den Teilnehmern genannten Themen werden in den thematischen Ablauf des Trainings eingeordnet. Abschließend soll jeder Teilnehmer über seinen ersten Eindruck vom Training berichten.

Trainingssitzung 2: „Anfangen und Umsetzen" Die zweite Trainingseinheit behandelt schwerpunktmäßig Hindernisse, die das Beginnen von anstehenden Aufgaben verhindern sowie Schwierigkeiten, die eine sachgerechte Durchführung beeinträchtigen. Hierzu werden zunächst automatisierte Gedankenabläufe, die als „Kino im Kopf" bezeichnet werden, besprochen. Danach werden im Rahmen des Tandems Maßnahmen erarbeitet, die das Anfangen erleichtern können. Eine Diskussion im Plenum bewertet dabei die Tauglichkeit der genannten Lösungsmöglichkeiten. Der Trainer geht anschließend auf wesentliche Gründe ein, die eine Kontinuität der Umsetzung begonnener Aufgaben verhindern können. Dies können z. B. innere Dialoge, Planungsfehler oder Ablenkungen sein. Darüber hinaus ist eine Reflexion und Besprechung individueller Hindernisse („Stolpersteine") beim Anfangen und Umsetzen bevorstehender Vorhaben Inhalt der Sitzung. Diese werden nach Themengruppen kategorisiert und es werden mögliche Lösungsvorschläge gesammelt. Um der Sitzung einen positiven Ausklang zu geben, wird in der Abschlussrunde der Fokus auf die individuellen Stärken der Teilnehmer gelegt („Was ich gut kann").

Trainingssitzung 3: „Gedächtnis, Konzentration & Co." Der inhaltliche Schwerpunkt dieser Sitzung liegt in der Thematisierung der Folgen, die sich aus einer mangelhaften Ausprägung exekutiver Funktionen (Barkley et al., 2008) wie Merken und Erinnern, Konzentration, Planen und Überprüfen ergeben. Zunächst werden die diesbezüglich bestehenden individuellen Schwierigkeiten der Teilnehmer in der Gruppe gesammelt. Hier werden typischerweise Probleme in folgenden Bereichen thematisiert: Textverständnis, Ungeschicklichkeiten, Unkonzentriertheit in Gesprächen und bei der Arbeit und Eigenwilligkeit. Der Trainer erläutert zentrale theoretische Hintergründe zum Erscheinungsbild der ADHS, wobei insbesondere der Zusammenhang von Performanz- und Kompetenzdefiziten interaktiv herausgearbeitet wird. Des Weiteren werden hilfreiche Gedächtnisstrategien vorgestellt. Anschließend besteht vor diesem theoretischen Hintergrund die Möglichkeit, sich über die anfänglich benannten individuell bestehenden Problembereiche auszutauschen, um konkrete Lösungsstrategien zu erarbeiten. Die Sitzung schließt mit der Benennung eigener Stärken in den Bereichen Gedächtnis, Aufmerksamkeit und Konzentration ab.

Trainingssitzung 4: „Prioritäten setzen und einteilen" Kernthema der vierten Trainingseinheit ist die Strukturierung und Einteilung von Zeit im Tagesablauf sowie von Projekten und Arbeitsvorhaben. Mit Hilfe des sogenannten „Eisenhower-Prinzips", einem Werkzeug aus dem Bereich des Zeitmanagements, wird die Unterscheidung von wichtigen und dringenden Vorhaben nahegebracht. Die Teilnehmer kategorisieren und diskutieren ihre konkreten Anliegen der nächsten Wochen mit Hilfe dieses Schemas. Im Anschluss erfolgen eine ausführliche Analyse und ein Vergleich des derzeit typischen Tagesablaufs eines jeden Teilnehmers mit dessen idealem Tagesablauf. Vorhandene Diskrepanzen, Lösungsmöglichkeiten und Zusammenhänge mit den drei Zielen aus der ersten Sitzung werden in Kleingruppen diskutiert. Bei der Vorstellung der Ergebnisse im Plenum wird der Schwerpunkt auf die Betrachtung der Lösungswege gelegt, wie beispielsweise das Beachten von Zeitfenstern. Anhand konkret anstehender individueller Vorhaben der Teilnehmer werden Teilschritte definiert und Zeitpläne erstellt. Je nach Bedarf kann auch eine Verbindung zur effizienten Einteilung von Geld hergestellt werden. Da es sich hierbei aber um ein sehr sensibles Thema handelt, sollte es nur mit dem Einverständnis der Gruppe behandelt werden.

Trainingssitzung 5: „Verstehen und Verstanden werden" In dieser Sitzung werden geeignete Kommunikationsfertigkeiten vorwiegend in Rollenspielen eingeübt. Zunächst wird die Bedeutung des inhaltlichen, örtlichen und zeitlichen Zusammenhangs, in den Kommunikation zwangsläufig eingebettet ist, herausgearbeitet. Die Teilnehmer sollen sich zunächst in Einzelarbeit ihrer kommunikativen Stärken und Schwächen bewusst werden. Diese werden anschließend im Plenum berichtet und zu Themenbereichen zusammengefasst. Im Anschluss erfolgt eine Darstellung der neurobiologischen Grundlagen des Verstehens der Mitmenschen durch den Trainer. Konkrete Strategien, mit deren Hilfe im Rahmen eines Gesprächs aktives Zuhören ausgedrückt werden können, werden in Anlehnung an das „Vier-Ohren-Modell" von Schulz von Thun (2010) erläutert und anschließend im Tandem geübt. Des Weiteren besteht die Möglichkeit, Themenbereiche, die anfangs von den Teilnehmern genannt und bisher noch nicht behandelt wurden, zu beraten und im Hinblick auf Lösungen zu erörtern. Die fünfte Sitzung schließt mit einer stillen Reflexion über bisherige Erfolge und Misserfolge sowie weitere Arbeitsschwerpunkte für die nun beginnende Interventionspause ab.

Trainingssitzung 6: Auffrischungssitzung Die Auffrischungssitzung dient dazu, bisherige Veränderungen und weitere Änderungsnotwendigkeiten festzustellen. Die Teilnehmer sollen reflektieren, wie die im Training erlernten Strategien beibehalten und weiter stabilisiert werden können. Möglichkeiten wie Selbstverpflichtungen oder Unterstützung durch externe Personen werden thematisiert. Innerhalb des Tandems wird eine Diskussion darüber angeregt, ob Interesse besteht, die Arbeit mit dem jeweiligen Partner fortzuführen. Der Abschluss besteht aus einer Rückmeldung der Teilnehmer darüber, wie sie das Training für sich selbst im Hinblick auf ihre Erwartungen und individuellen Ziele bewerten.

Die bisherigen Untersuchungen zur Wirksamkeitsüberprüfung des Trainings in Form von drei Pilotstudien zeigen recht vielversprechende Ergebnisse: So fanden Lauth und Minsel (2009) in einer formativen Evaluation an $N = 22$ Teilnehmern des ADHS-Trainings, dass vor allem das Gruppensetting an sich, die Arbeit in den Tandems, die gegenseitige soziale Unterstützung dadurch, die Wochenaufgaben sowie die Psychoedukation großen Zuspruch und rege Beteiligung unter den Teilnehmern fanden. Auch die inhaltlichen Bausteine aus dem Bereich des Zeitmanagements „Eisenhower-Prinzip" und „Zeitfenster" wurden als besonders positiv hervorgehoben. Zudem zeigten sich die Teilnehmer zu hohen Prozentzahlen mit dem Training zufrieden.
Eine Untersuchung im Wartelisten-Kontrollgruppen-Design mit $N = 51$ Teilnehmern, davon 30 in der Interventionsgruppe und 21 in der Kontrollgruppe, ergab geringe bis moderate Effekte hinsichtlich der Symptomreduktion, gemessen mit dem Selbstbeurteilungsfragebogen „Verhaltensmerkmale der ADHS"

und der Alltagsbelastung, gemessen mit dem „Fragebogen zum Funktionsniveau," zwischen den Messzeitpunkten vor und nach dem Training (Lauth & Minsel, 2009). Einzig für die ADHS-Symptomatik insgesamt zeigt sich ein signifikanter Interventions- mal Zeiteffekt. Die Symptomatik der Kontrollgruppe blieb zwischen den beiden Messzeitpunkten weitest gehend gleich, während die der Interventionsgruppe signifikant, jedoch mit nur geringer Effektstärke von d = 0.56 abnahm. Langzeiteffekte wurden in dieser Studie nicht untersucht.

Außerdem liegt eine Untersuchung zur Erreichung der individuellen Ziele im Verlauf des Trainings vor (Lauth & Minsel, 2009; Lauth, Breuer & Minsel, 2010). Es zeigte sich, dass die Teilnehmer (N = 20) ihre drei individuellen Therapieziele zu hohen Prozentzahlen erreichen (durchschnittlich zu 68%, 70% und 55%) und dass ihr globales Funktionsniveau nach Ende der Intervention im mittleren Bereich liegt. Vor diesem Hintergrund soll die Wirksamkeit des Gruppentrainings nun detailliert in einem einzel- sowie einem gruppenanalytischem Design überprüft werden.

2.7   Fragestellung und Hypothesen

Hager (2000) fordert für die Einhaltung allgemeiner Kriterien der Wirksamkeit von psychologischen Interventionsprogrammen, dass weder die „Tatsache der wissenschaftlichen Fundierbarkeit" noch die „Sorgfalt, die bei der didaktischen Konzeption und bei der Konstruktion eines Programms aufgewendet worden ist, eine Gewähr für dessen Wirksamkeit bieten". Dies präzisiert er folgendermaßen:

Eine Interventionsmaßnahme kann dann als effektiv oder wirksam beurteilt werden, wenn sie nachweislich entweder als hinreichend intensiv bewertete Veränderungen auf ihre spezifischen Ziele hin erzeugt (Ausmaß der Veränderungen bzw. Verbesserungen) oder wenn sie sich ihren internen Zielen hinreichend annähert bzw. wenn sie – im Idealfall – diese erreicht (Ausmaß der Zielerreichung). Für die Interventionsarten Training, Therapie, […] ist der Wirksamkeitsnachweis zusätzlich an das Auftreten eines zeitlichen Transfers (Persistenz, Dauer) und von als hinreichend intensiv bewerteten Verbesserungen auf die externen Ziele hin gebunden […].   (Hager, 2000, S. 155).

Wie in Kapitel 2.6.3 dargestellt wurde, konnten erste Pilotstudien zeigen, dass das behaviorale Gruppentraining für Erwachsene mit ADHS wirksam im Hinblick auf Symptomreduktion und Verringerung der Alltagsbelastung ist (Lauth & Minsel, 2009), zudem zeigte sich, dass sich das Training auch positiv auf die Erreichung selbst gesetzter Therapieziele auswirkt und dass die Teilnehmer mit dem Training insgesamt recht zufrieden sind (Lauth, Breuer & Minsel, 2010).

Diese Ergebnisse sollen nun wie eingangs in Kapitel 1 dargestellt, unter Berücksichtigung der von Patry und Perrez (2000) geforderten Gütekriterien gestützt und spezifiziert werden: Wie wirksam ist das behaviorale Gruppentraining für Erwachsene mit ADHS nach Lauth & Minsel (2009) in Hinsicht auf Symptomminderung und Verminderung der subjektiv erlebten Belastung im Alltag?

Auf die Forderung nach der ethischen Legitimation von Zielen und Methoden der Wirksamkeitsüberprüfung soll in den Kapiteln 3.4.1 und 3.4.2 eingegangen werden, in dem sowohl inhaltliche Ziele als auch die methodische Vorgehensweise ausführlich dargestellt und begründet werden. Das hier untersuchte Interventionsprogramm basiert auf dem in Kapitel 2.5.4 dargestellten biopsychosozialen Bedingungsmodell der ADHS und erfüllt damit auch die Forderung nach der Kompatibilität zwischen den theoretischen Grundlagen des Programmes und dem aktuellen Stand der Dinge in der sozialwissenschaftlichen Forschung. Die beiden letzten Gütekriterien, die Einschätzbarkeit der Wirksamkeit des untersuchten Programms und seine insgesamt positive Kosten-Nutzen-Relation, sollen schließlich durch die vorliegende Arbeit geklärt werden. Es sollen Aussagen über die differentielle Wirksamkeit und damit auch über die Erfolgswahrscheinlichkeit der Intervention gemacht werden.

Nach den von der American Psychological Association (APA) geforderten Kriterien für eine gut belegte Wirksamkeit von Therapieprogrammen werden wie bereits in Kapitel 1 dargestellt entweder „mindestens zwei Gruppenuntersuchungen, die von verschiedenen Forschern bzw. Forschergruppen durchgeführt wurden und die die Wirksamkeit der Therapie durch mindestens einen der folgenden Nachweise belegen", oder „eine große Anzahl von Einzelfallstudien (n > 9), welche die Wirksamkeit der Therapie belegen", gefordert (Buchkremer & Klingberg, 2001; Hager, 2000). Des Weiteren sollen die „untersuchten Therapien […] auf Behandlungsmanualen basieren" und „die Charakteristika der jeweiligen Stichproben müssen klar spezifiziert werden." (Buchkremer & Klingberg, 2001; Hager, 2000).

Um diesen Forderungen bestmöglich zu entsprechen, werden sowohl Gruppenuntersuchungen als auch Einzelfallanalysen zur Überprüfung der Wirksamkeit der Intervention durchgeführt. Bei der Durchführung des Gruppentrainings soll konsequent nach dem Trainingsmanual von Lauth und Minsel (2009) vorgegangen werden, womit auch die dritte Forderung der APA erfüllt ist. Wenn es sich auch um quasiexperimentelle Versuchspläne handelt, werden die jeweiligen Stichproben bestmöglich nach dem Prinzip der kontrollierten Praxis spezifiziert, was der vierten Forderung entspricht (Petermann, 1996).

Die Zielsetzung dieser Arbeit ist es zu überprüfen, auf welche Trainingsthemen des behavioralen Gruppentrainings für Erwachsene mit ADHS welche konkreten Änderungen in der erlebten Belastung im Alltag folgen. Hierzu wird ein einzelfallanalytisches Design herangezogen, um anhand einer engmaschigen Datenerhebung den Verlauf der Alltagsbelastung auswerten zu können. Diese Ergebnisse sollen durch Mittelwertvergleiche in einer Gruppen-untersuchung gestützt und im Hinblick auf ihre externe Validität ergänzt wer-den. Es soll untersucht werden, ob sich die ADHS-Symptomatik im Verlauf des Trainings verringert und ob sie nach Trainingsende stabil bleibt. Ebenso interes-siert die Frage, ob sich die erlebte Belastung im Alltag im Verlauf des Trainings verringert und ob sie nach Trainingsende stabil bleibt.

Die Hypothesen können gerichtet formuliert werden, da erste Pilotstudien zur Evaluation zeigen konnten, dass eine Teilnahme am Training eine Abnahme der ADHS-Symptomatik sowie der erlebten Belastung im Alltag bringt (Lauth & Minsel, 2009; Lauth, Breuer & Minsel, 2010).

Hypothesen Studie 1:

1a) Es wird erwartet, dass sich das Ausmaß der subjektiv empfundenen Belastung in den einzelnen Anforderungsbereichen Ordnen, Anfangen, Umsetzen, Einteilen, Planen, Erkennen, Gedächtnis und Soziales im Verlauf des Trainings verringert und nach Trainingsende stabil bleibt.

1b) Es wird erwartet, dass sich das Ausmaß der subjektiv empfundenen Gesamtbelastung im Alltag im Verlauf des Trainings verringert und nach Trainingsende stabil bleibt.

Hypothesen Studie 2:

Es wird erwartet, dass sich die ADHS-Symptomatik im Verlauf des Trainings verringert und dass diese Änderung auch nach Trainingsende stabil bleibt. Für die einzelnen Messzeitpunkte werden hierzu die folgenden Hypothesen aufgestellt:

2a) Es wird erwartet, dass es zwischen den Messzeitpunkten warte und prä keine Unterschiede in der Ausprägung der ADHS-Symptomatik gibt.

2b) Es wird erwartet, dass sich die ADHS-Symptomatik zwischen den Messzeitpunkten prä (vor Trainingsbeginn) und post (nach der 5. Trainingssitzung) verringert.

2c) Es wird erwartet, dass sich die ADHS-Symptomatik zwischen den Messzeitpunkten prä und follow-up 1 verringert.

2d) Es wird erwartet, dass sich die ADHS-Symptomatik zwischen den Messzeitpunkten prä und follow-up 2 (2 bis 3 Monate nach Trainingsende) verringert.

2e) Es wird erwartet, dass die ADHS-Symptomatik zwischen den Messzeitpunkten post und follow-up 1 (nach der 6. Trainingssitzung, 4-6 Wochen nach der 5. Sitzung) auf gleichem Niveau – jedoch niedriger als das Ausgangsniveau - bleibt.

2f) Es wird erwartet, dass die ADHS-Symptomatik zwischen den Messzeitpunkten post und follow-up 2 auf gleichem Niveau – jedoch niedriger als das Ausgangsniveau - bleibt.

2g) Es wird erwartet, dass die ADHS-Symptomatik zwischen den Messzeitpunkten follow-up 1 und follow-up 2 auf gleichem Niveau - jedoch niedriger als das Ausgangsniveau - bleibt.

Es wird erwartet, dass sich die erlebte Belastung im Alltag im Verlauf des Training verringert und dass diese Änderung auch nach Trainingsende stabil bleibt. Für die einzelnen Messzeitpunkte werden hierzu die folgenden Hypothesen aufgestellt:

2h) Es wird erwartet, dass es zwischen den Messzeitpunkten warte und prä keine Unterschiede in der erlebten Alltagsbelastung gibt.

2i) Es wird erwartet, dass sich die erlebte Alltagsbelastung zwischen den Messzeitpunkten prä (vor Trainingsbeginn) und post (nach der 5. Trainingssitzung) verringert.

2j) Es wird erwartet, dass sich die erlebte Alltagsbelastung zwischen den Messzeitpunkten prä und follow-up 1 verringert.

2k) Es wird erwartet, dass sich die erlebte Alltagsbelastung zwischen den Messzeitpunkten prä und follow-up 2 (2 bis 3 Monate nach Trainingsende) verringert.

2l) Es wird erwartet, dass die erlebte Alltagsbelastung zwischen den Messzeitpunkten post und follow-up 1 (nach der 6. Trainingssitzung, 4-6 Wochen nach der 5. Sitzung) auf gleichem Niveau – jedoch niedriger als das Ausgangsniveau - bleibt.

2m) Es wird erwartet, dass die erlebte Alltagsbelastung zwischen den Messzeitpunkten post und follow-up 2 auf gleichem Niveau – jedoch niedriger als das Ausgangsniveau - bleibt.

2n) Es wird erwartet, dass die erlebte Alltagsbelastung zwischen den Messzeitpunkten follow-up 1 und follow-up 2 auf gleichem Niveau – jedoch niedriger als das Ausgangsniveau - bleibt.

3 Zwei empirische Studien zur Wirksamkeitsüberprüfung des behavioralen Gruppentrainings für Erwachsene mit ADHS

Um die Wirksamkeit des behavioralen Gruppentrainings für Erwachsene mit ADHS nach Lauth & Minsel (2009) zu untersuchen, werden zwei unterschiedliche Methoden eingesetzt: Zunächst sollen die genauen Wirkmechanismen des Trainings anhand von Einzelfallanalysen untersucht werden, bevor im zweiten Schritt durch Gruppenvergleiche zwischen einem Wartekontrollzeitpunkt und vier verschiedenen Messzeitpunkten während und nach der Intervention die Wirksamkeit überprüft wird. Im Folgenden sollen zunächst die Teilnehmerrekrutierung, der diagnostische Prozess sowie die Durchführung des Trainings dargestellt werden. Diese Abläufe stimmen in beiden Studien überein.

3.1 Teilnehmerrekrutierung

Bei den Teilnehmerinnen und Teilnehmern[1] der hier dargestellten drei Untersuchungen handelt es sich um Studierende mit ADHS von Hochschulen aus Nordrhein-Westphalen, größtenteils aus Köln. Sie wurden über die Hochschulzeitschrift der Universität zu Köln, über einen Beitrag im Campus-Radio, über Aushänge und Flyer in der Universität oder der Psycho-Sozialen Beratungsstelle des Kölner Studentenwerks sowie über eine Seite auf der Homepage der Universität zu Köln (www.ads-projekt.uni-koeln.de) auf das Training aufmerksam gemacht. Sie wurden über den Zweck der Untersuchung aufgeklärt und nahmen freiwillig daran teil. Die Daten der beiden vorliegenden Studien wurden im Zeitraum zwischen August 2007 und Mai 2009 erhoben.

---

[1] Aufgrund einer besseren Lesbarkeit wird im folgenden Verlauf der Arbeit lediglich die männliche Form verwendet, wobei mit dem Begriff „Teilnehmer" sowohl männliche als auch weibliche Teilnehmer der Untersuchung gemeint sind.

3.2   Der diagnostische Prozess

Die derzeitigen Leitlinien der Deutschen Gesellschaft für Psychiatrie, Psychotherapie und Nervenheilkunde DGPPN (Ebert et al., 2003) ebenso wie die Empfehlungen zur Diagnostik und Therapie des Schweizer Archivs für Neurologie und Psychiatrie (Baud et al., 2007) sehen für die Diagnosestellung einer ADHS im Erwachsenenalter ein systematisches Verfahren vor, das sich auf ausführliche Interviews, standardisierte Instrumente und testpsychologische Untersuchungen stützt. Damit soll umfassend geprüft werden, ob die Kriterien einer ADHS sowohl in der Kindheit als auch im Erwachsenenalter gegeben zutreffen, ob und gegebenenfalls welche komorbiden Störungen vorliegen und auch, welche Leistungsfähigkeit in Bereichen wie Konzentration, Aufmerksamkeit und Gedächtnis besteht. Barkley et al. (2008) plädieren hingegen auf der Basis neuerer Untersuchungsergebnisse dafür, dass für eine Diagnosestellung im Erwachsenenalter die aktuelle Erfüllung der DSM-IV-TR-Kriterien ausreichen sollte, sofern die Berichte des Klienten auf eine ausreichende ADHS-Symptomatik in der Kindheit hindeuten. Testpsychologische Untersuchungen wie IQ-Messungen oder neuropsychologische Tests können zu einer Sicherung der Diagnose beitragen (Ebert et al., 2003), finden aber in dieser Untersuchung keine Anwendung und sollen daher an dieser Stelle nicht näher dargestellt werden.

Nachdem ein potentieller Teilnehmer sich telefonisch bei der Projektkoordinationsstelle gemeldet hat, wird möglichst zeitnah ein Termin für das diagnostische Einzelgespräch vereinbart. Für die Teilnahme am ADHS-Training wird nicht vorausgesetzt, dass zuvor bereits an anderer Stelle eine ADHS-Diagnose gestellt wurde. Im Vordergrund steht der subjektive Leidensdruck, hervorgerufen durch Probleme, die vorwiegend in den Bereichen Konzentration, Aufmerksamkeit, Zeitmanagement und Selbststrukturierung liegen. Neben einem verhaltensanalytischen Interview (Lauth & Minsel, 2009) werden die ADHS-spezifischen Selbstbeurteilungsfragebögen ASRS-V1-1 (WHO, 2003) und „Verhaltensmerkmale der ADHS" (Lauth & Minsel, 2009) eingesetzt. Ergänzend wird die Kurzform der Wender-Utah-Rating-Scale (WURS-k) für eine retrospektive Bertachtung der ADHS-Symptome in der Kindheit hinzugezogen (Retz-Junginger et al, 2002; 2003). Für die Spezifizierung des ADHS-typischen Problemverhaltens im Alltag wurde der

„Fragebogen zum Funktionsniveau" entwickelt, welcher abfragt, wie belastend bestimmte Alltagssituationen eingeschätzt werden. Um auch komorbide Störungen und weitere Problembereiche wie soziale Anpassungsprobleme mit zu erheben, wird der umfassende Fragebogen Young-Adult-Self-Report (YASR) verwendet (Achenbach, 1997). Alle Fragebögen werden den potentiellen Teilnehmern direkt nach der Terminvereinbarung für das diagnostische Erstgespräch per E-Mail zugesandt, so dass sie sie zu Hause ausfüllen und per E-Mail zurücksenden können. Dadurch liegen die Bögen der/ dem Diplompsychologen/in bereits vor dem ersten persönlichen Kontakt zur Auswertung vor, wodurch der/ die Diplompsychologe/in sich gut auf das Erstgespräch vorbereiten kann. Anhang B zeigt das verwendete Deckblatt der Fragebogenbatterie.

3.2.1 Verhaltensanalytisches Interview

Der Interviewleitfaden „Verhaltensanalyse über die Verhaltensschwierigkeiten junger Erwachsener mit ADHS" (Lauth & Minsel, 2009, siehe Anhang C) ist ein zentrales Element der ADHS-Diagnostik und dient einer ausführlichen psychologischen Anamnese. Hierbei sollen spezifische Symptome in ihren Charakteristika ebenso erfasst werden wie Differentialdiagnosen und Komorbiditäten. Der Leitfaden umfasst die Themenbereiche (a) frühere und aktuelle ADHS-Symptomatik, (b) Entwicklungsverlauf der Symptomatik und (c) Beeinträchtigungen in den Bereichen Studium/Ausbildung/Beruf, Familie, soziale Beziehungen sowie Freizeitverhalten. Daneben werden die Teilnahmebereitschaft (Adherence) an einem behavioralen Gruppentraining sowie die Behandlungsziele erfasst. Das Interview wird deskriptiv ausgewertet.

3.2.2 Screening-Test mit Selbstbeurteilungsskala für Erwachsene (ASRS-V1.1)

Es handelt sich um einen von der Weltgesundheitsorganisation WHO 2003 entwickelten Screening-Test, welcher aus sechs Items besteht. Er kann erste Hinweise geben, ob der Verdacht auf eine Aufmerksamkeits- und Hyperaktivitätsstörung gestellt werden kann, liefert jedoch keine differenzierte klinische Diagnose. Die Items sind an die DSM-IV-TR-Kriterien angelehnt und werden auf einer fünfstufigen Skala beantwortet (von „niemals" bis „sehr oft"). Einige der Antwortfelder sind farbig unterlegt. Befinden sich vier der gegebenen Antworten in diesem markierten Bereich, so deuten die Symptome das Vorliegen einer ADHS an, und es wird eine weitergehende Abklärung empfohlen (Bundesärztekammer, 2005). Die WHO empfiehlt das Screening für Personen ab 18 Jahren. Eine Untersuchung an $N = 280$ Personen ($n = 184$ unauffällige Stichprobe, $n = 96$ klinische Stichprobe) ergab eine Sensitivität von 68.7% sowie eine Spezifität von 99.5%. Zur Reliabilitätsprüfung wurde die interne Konsistenz der Skala durch Cronbachs α ermittelt. Hierfür ergab sich ein Wert von $\alpha = 0.8$, was für eine hohe interne Konsistenz spricht (Minsel & Lauth, 2012, in press). Normen liegen für die ASRS-V1.1 bislang nicht vor.

3.2.3 Retrospektive Beurteilung der ADHS-Symptomatik in der Kindheit: Kurzform der Wender-Utah-Rating-Scale (WURS-k)

Bei der hier eingesetzten Form der Wender-Utah-Rating Scale WURS (Retz-Junginger et al., 2002; 2003) handelt es sich um die für den deutschen Sprachraum validierte Kurzform (WURS-k), welche anhand von 21 Items retrospektiv das Vorliegen einer ADHS im Alter von 8-10 Jahren erfasst (Retz-Junginger et al., 2002). Die Items werden auf einer fünfstufigen Skala beantwortet (von „gar nicht zutreffend" bis „ausgesprochen zutreffend") und fragen auch Symptome einer affektiven Dysregulation ab, die nicht in den Klassifikationssystemen DSM-IV-TR und ICD-10 enthalten sind. Zur Auswertung werden die Werte der einzelnen Items zu einem Summenscore aufsummiert. ROC-Analysen konnten ermitteln, dass bei einem Cut-Off-Wert von 30 für Männer eine Sensitivität der WURS-k für die Entdeckung einer kindlichen ADHS von 85% und eine Spezifität von 76 % gegeben ist (Retz-Junginger et al., 2003).

Die von Retz-Junginger et al. (2003) ermittelten Gütekriterien zeigen den Test als ein verlässliches Diagnostik-Instrument. Untersuchungen an einer Stichprobe von $N = 1629$ Probanden, zusammengesetzt aus $n = 234$ Insassen einer Justiz-Vollzugsanstalt, $n = 804$ forensische Gutachtenfälle, $n = 96$ allgemein-psychiatrische Patienten, $n = 133$ Personen, die sich im Maßregelvollzug befanden sowie $n = 362$ Kontrollpersonen ergab eine ausreichend große Split-Half-Reliabilität von $r = 0.85$ sowie Cronbachs α als Maß für die interne Konsistenz von 0.91. Die Validität wurde durch signifikante Korrelationen mit einem Impulsivitätsfragebogen sowie mit den Merkmalsbereichen „Erregbarkeit",

„Aggressivität", „emotionale Labilität" sowie „Lebenszufriedenheit" des Frei-
burger Persönlichkeitsinventars belegt, wobei letztere negativ mit dem Gesamt-
score des WURS-k korreliert (Retz-Junginger et al., 2003).

3.2.4 Verhaltensmerkmale der ADHS nach DSM-IV-TR

Dieser Selbstbeurteilungsfragebogen erfasst die aktuelle Anzahl der Ver-
haltenssymptome für eine Aufmerksamkeitsdefizit-/ Hyperaktivitätsstörung
(Lauth & Minsel, 2009). In seinen Formulierungen eng an die diagnostischen
Kriterien des DSM-IV-TR angelehnt enthält er einige Umformulierungen, um
eine bessere Eignung der Items für das Erwachsenenalter zu gewährleisten. Er
besteht aus 18 Items, die auf einer zweistufigen Skala beantwortet werden
(„stimmt" oder „stimmt nicht"). Für eine zutreffende Antwort wird vorausgesetzt, dass die jeweilige Verhaltensweise bereits länger als drei Monate beständig und in deutlich unangemessener Ausprägung auftritt. In Übereinstimmung
mit dem DSM-IV-TR bietet der Fragebogen die Möglichkeit der differentialdi-
agnostischen Abgrenzung der drei Subtypen: (1) Mischtyp, mindestens sechs
positive Beantwortungen bei den Items 1-9 (Subskala Unaufmerksamkeit) und
mindestens sechs positive Beantwortungen bei den Aussagen 10-18 (Subskala
Hyperaktivität / Impulsivität), (2) vorwiegend unaufmerksamer Typ, mindestens
sechs positive Beantwortungen bei den Items 1-9 (Subskala Unaufmerksamkeit),
(3) vorwiegend hyperaktiv-impulsiver Typ, mindestens sechs positive Beantwortungen bei den Items 10-18 (Subskala Unaufmerksamkeit). In einer Untersuchung von Minsel und Lauth (2012, in press) konnten eine zufriedenstellende
interne Konsistenz (Cronbachs $\alpha = 0.83$) sowie eine Übereinstimmungsvalidität
mit dem externen Kriterium „ADHS-Diagnose ja oder nein" mit dem Korrelati-
onskoeffizienten nach Pearson von $r = 0.59$ nachgewiesen werden.

3.2.5 Funktionsniveau im Alltag: Belastende Situationen

Der durch die Kölner Projektgruppe um Lauth und Minsel 2007 entwickelte „Fragebogen zum Funktionsniveau" erhebt auf einer Skala von 1 bis 10
(„wenig belastend" bis „sehr belastend") das Belastungsausmaß in Bezug auf
acht verschiedene alltägliche Anforderungsbereiche, die im Zusammenhang mit

einer Aufmerksamkeitsdefizit- und Hyperaktivitätsstörung häufig als problematisch erlebt werden (Anhang D). Die acht inhaltlichen Subskalen, denen jeweils zwei Items zugeordnet sind, beinhalten die Themen „Ordnen, Anfangen, Umsetzen, Einteilen, Planen, Erkennen/Entnehmen, Gedächtnis und Soziales". Daneben enthält der Fragebogen eine weitere Kategorie „Sonstiges". Hier besteht die Möglichkeit, Situationen anzugeben und einzuschätzen, die darüber hinaus als belastend erlebt werden. Die Auswertung erfolgt summativ, indem die Werte der Items einer Kategorie addiert werden. Darüber hinaus kann durch die Summation aller Items ein „Gesamtbelastungsscore" errechnet werden.

Die teststatistische Auswertung des Verfahrens an einer Stichprobe von $N = 280$ Personen ($n = 184$ unauffällige Stichprobe, $n = 96$ klinische Stichprobe) ergab Trennschärfekoeffizienten aller Items > 0.30. Die interne Konstistenz mittels Cronbachs α zur Prüfung der Reliabilität ergab einen Wert von $\alpha = 0.93$ und die Übereinstimmungsvalidität, erhoben als Korrelation mit dem bewährten Verfahren der Wender-Utah-Rating-Scale ergab den geringen Wert von $r = 0.28$. Die Konstruktvalidität wurde durch eine Varimax-routierte Hauptkomptnentenanalyse ermittelt. Eine Drei-Faktor-Lösung konnte insgesamt 59.7% der Varianz aufklären. Faktor eins wurde „Organisieren" benannt, Faktor zwei „Anfangen, Entscheiden" und Faktor drei „Funktionalität in sozialen Situationen" (Minsel & Lauth, 2012, in press).

3.2.6 Young-Adult-Self-Report (YASR)

Bei der deutschen Fassung des Young Adult Self-Report (Achenbach, 1997) handelt es sich um ein klinisches „Breitbandverfahren", konzipiert und normiert für junge Erwachsene zwischen 17 und 30 Jahren, welches erste Hinweisen auf eventuelle psychische Störungen gibt und daher zur Differentialdiagnostik herangezogen werden kann. Der Fragebogen besteht aus zwei Teilen: Der erste Teil erhebt neben soziodemografischen Merkmalen psychosoziale Kompetenzen in fünf verschiedenen Bereichen (Freunde, Bildung, Beruf, Familie, Partnerschaft). Die errechneten Summen auf den Skalen werden zu einer Gesamtskala addiert. Der zweite Teil erfasst durch 119 Items Verhaltensauffälligkeiten, emotionale Auffälligkeiten und somatische Beschwerden. Aus den Items wurden mittels Hauptkomponentenanalyse acht Subskalen gebildet: Ängstlich / depressives Verhalten, introvertiertes Verhalten, körperliche Beschwerden, bizarre Gedanken, Aufmerksamkeitsprobleme, aufdringliches Verhalten, aggressives Verhalten und delinquentes Verhalten (Achenbach, 1997). Die übrigen der 119 Items, die keiner dieser Subskalen zugeordnet werden können, werden unter der Rubrik „andere Probleme" zusammengefasst. Die acht Subskalen können in drei globale Skalen zusammengefasst werden: Die Subskalen ängstlich / depressives Verhalten und introvertiertes Verhalten bilden die übergeordnete Skala „Internal" und die Skalen aufdringliches Verhalten, aggressives Verhalten und delinquentes Verhalten bilden die übergeordnete Skala „External". Die dritte übergeordnete Skala setzt sich aus den Subskalen körperliche Beschwerden, bizarre Gedanken und Aufmerksamkeitsprobleme zusammen sowie der Skala „andere Probleme". Daneben bilden drei Items die zusammenfassende Skala „Substanzmissbrauch". Für die einzelnen Skalenwerte und globalen Kennwerte liegen T-Werte und kumulierte Prozentwerte getrennt für Männer und Frauen vor (Achenbach, 1997). So ist eine geschlechterunabhängige Einschätzung möglich, ob der jeweilige Wert als klinisch auffällig oder unauffällig zu beurteilen ist. Durch umfangreiche Untersuchungen konnten sowohl Retestreliabilität ($r = 0.84$, Messzeitraum eine Woche; $r = 0.58$, Messzeitraum 39 Monate) als auch Inhalts-, Kriteriums- und Konstruktvalidität gesichert werden (Achenbach, 1997). Letztere wurde durch Vergleiche mit anderen bewährten Verfahren überprüft, wie z. B. dem DSM-III-R. Zur deutschen Fassung liegen noch keine empirischen Ergebnisse für eine Normierung vor.

Die hier dargestellten diagnostischen Verfahren werden von einem/r erfahrenen/r Diplompsychologen/in gemäß der Anweisungen in ihrem jeweiligen Handbuch ausgewertet und in ihrer Gesamtheit interpretiert. Dann wird gemeinsam mit dem potentiellen Teilnehmer entschieden, ob für ihn eine Teilnahme am ADHS-Gruppentraining sinnvoll sein könnte. Wenn seine Schwierigkeiten andere Schwerpunkte aufweisen, als die, die im Training behandelt werden, wird er an einen psychologischen Berater der Psycho-Sozialen-Beratungsstelle des Kölner Studentenwerks oder an einen geeigneten niedergelassenen Psychotherapeuten verwiesen.

3.3 Durchführung des Trainings

Wie in Kapitel 2.6.3 erläutert, findet das behaviorale Training für Erwachsene mit ADHS in einem Gruppen-Setting statt. Es wird von einem/einer Diplom-Psychologen/in des ADHS-Projektes der Universität zu Köln geleitet. Sie haben die Vorgabe, sich eng an das Trainingsmanual nach Lauth und Minsel (2009) zu halten, um eine möglichst gute Standardisierung zu gewährleiten. Die Sitzungen werden ausschließlich mit den Inhalten und in der Reihenfolge durchgeführt, wie in Kapitel 2.6.3 beschrieben. Das Training wird in einem Gruppentherapieraum des Departments für Heilpädagogik und Rehabilitation der Humanwissenschaftlichen Fakultät der Universität zu Köln durchgeführt. Vor Beginn jeder Sitzung werden die Stühle und Tische des Raumes so angeordnet, dass die Teilnehmer sich kreisförmig gegenüber sitzen können, um eine möglichst angenehme und vertrauensvolle Atmosphäre zu schaffen. Des Weiteren bestehen – insbesondere für ein ungestörtes Arbeiten in Kleingruppen – räumliche Ausweichmöglichkeiten (Flur, Balkon, Vorplatz des Gebäudes usw.). Neben dem/der Trainer/in ist während des Trainings jeweils eine studentische Hilfskraft (Student/in der Psychologie) aus der Arbeitsgruppe anwesend, um Protokoll zu führen und gegebenenfalls unterstützende Aufgaben zu übernehmen.

3.4 Studie 1: Einzelfallanalysen über acht Personen

Einzelfallanalysen dienen im Sinne einer Prozessanalyse der genauen Veränderungsmessung von vorher festgelegten Zielverhaltensweisen, die durch eine spezifische Intervention gesteigert, reduziert oder ersetzt werden sollen. Hierdurch wird eine therapiegeleitete, datenbezogene Behandlungsoptimierung ermöglicht. Einzelfallforschung kann daher als in hohem Maße feldnah, praxisorientiert und flexibel charakterisiert werden (Kern, 1997; Petermann & Hehl, 1979; Petermann, 1996). Aufgrund dieser Eigenschaften scheinen Einzelfallanalysen die geeignete Methode zu sein, um die Wirksamkeit des Gruppentrainings für Erwachsene mit ADHS nach Lauth und Minsel (2009) zu überprüfen.

3.4.1 Methoden Studie 1: Evaluation des Trainings mittels kontrollierter Einzelfallanalysen

Die in der Therapieevaluation häufig angewandte Gruppenforschung verfolgt das Ziel, individuelle Personencharakteristika zu globalen Kennwerten zusammenzufassen und diese zu einem oder mehreren Messzeitpunkten vor und nach einer therapeutischen Intervention miteinander zu vergleichen. Wissenschaftstheoretisch betrachtet eignet sich Gruppenforschung einzig dafür, Aggregathypothesen zu untersuchen (Petermann & Hehl, 1979). Dies ermöglicht zwar Aussagen über zu erwartende mittlere Effekte in Gruppen, lässt aber umgekehrt keine Rückschlüsse auf individuelles Verhalten zu.

Einzelfallforschung dagegen ist durch engmaschige therapiebegleitende Datenerhebung auf Ebene einer einzelnen Person gekennzeichnet. Der Interessenschwerpunkt liegt hierbei auf der Analyse der Interventionseffektivität, das heißt auf der Frage, ob die angewandte Intervention auch zum Wohl des Individuums praktisch genutzt werden kann (Grawe, Donati & Bernauer, 2001). Im Mittelpunkt sollte dabei stets die Frage nach der internen und externen Validität stehen, das heißt die Frage, ob die Ergebnisse tatsächlich durch die Intervention und nicht durch andere Einflüsse wie Störvariablen herbeigeführt wurden und ob die Ergebnisse auf andere Situationen und Personen übertragbar, das heißt generalisierbar sind (Kern, 1997).

Für die Einschätzung der Wirksamkeit therapeutischer Interventionen ist es nach Kern (1997) wichtig zu wissen, „ob die Behandlung bei einem Teil der Behandelten sehr gut wirkt, bei einem anderen Teil aber gar nicht, oder ob die Behandlung bei fast allen Probanden eine ungefähr gleich starke Wirkung erzielt" (S. 78). Einzelfallanalysen ermöglichen dies mittels Serien direkter und systematischer Replikationen. Einzelfallanalysen können als kontrolliert bzw. quasiexperimentell charakterisiert werden, da sie die wesentlichen Kriterien eines Experiments erfüllen (Sequenz von unabhängigen und abhängigen Variablen, Intervention, Effektmessung, Variation, Wiederholbarkeit) und die Kontrolle von Störvariablen durch Konstanthaltung erfolgt (Kern, 1997).

Da es sich bei ADHS um ein heterogenes Störungsbild handelt, dessen Symptomatik interindividuell sehr unterschiedlich ausfallen kann, scheinen Einzelfallanalysen zur Überprüfung der Wirksamkeit einer Gruppenintervention vor allem aus drei Gründen besonders geeignet: Erstens können bei der Betrachtung von Gruppenmittelwerten bei beispielsweise varianzanalytischen Designs zur

Wirksamkeitsüberprüfung immer Informationen verloren gehen, beispielsweise wenn Subgruppen übersehen werden oder wenn die Varianzen der Merkmalsausprägungen generell innerhalb der untersuchten Gruppe sehr groß sind. Zweitens können Einzelfallanalysen Informationen darüber erbringen, welche Therapiebausteine auf welche Verhaltensweisen wirken. Sie sind also in der Lage, individuelle Therapieverläufe aufzuzeigen und ermöglichen so eine sehr genaue Auswertung und Interpretation der Interventionseffektivität. Solch differenzierte Aussagen lassen sich in gängigen Prä-Post-Designs mit zwei oder drei Messzeitpunkten nicht machen. Erst die hohe Messwiederholung, wie sie ein einzelfallanalytisches Design verlangt, lässt Schlüsse auf die Wirksamkeit einzelner Bausteine einer Intervention zu. Drittens lassen sich gegebenenfalls spezifische Effekte wie plötzliche Gewinne und Verluste (Lutz, 2007) aufdecken, wenn der Verlauf eines einzelnen Teilnehmers während einer Intervention betrachtet wird. Diese Effekte sind in Designs, die Gruppenmittelwerte vergleichen nicht ausfindig zu machen. Über mögliche Gründe für plötzliche Veränderungen der Symptomatik im Sinne einer Symptomminderung oder Verstärkung kann zwar nur spekuliert werden, beispielsweise anhand von Aussagen der jeweiligen Person in den Trainingsprotokollen, dennoch kann die Betrachtung solcher Extremwerte wertvolle Hinweise auf die spezifische Wirksamkeit einzelner Trainingsbausteine liefern.

Die so genannte „kontrollierte Praxis" bildet die Grundlage für die Qualitätssicherung in der klinischen Psychologie, das heißt für den Nachweis der Güte einer Behandlung (Petermann, 1996). Bei einer Einzelfallstudie sollten sieben Anforderungen erfüllt sein (Petermann, 1996, S. 56 ff): (1) „Die Dokumentation von Alltagsrealität durch Einschätzung aus dem sozialen Feld, entweder im Selbsturteil durch den Patienten oder im Fremdurteil durch dessen Angehörige." In der vorliegenden Untersuchung wird die erlebte Alltagsbelastung im Selbsturteil des Patienten therapiebegleitend engmaschig erfasst. (2) „Explizites Erfassen der subjektiv bedeutsamen Beschwerden." Hier werden bei jedem Teilnehmer neben der Gesamtbelastung im Alltag, erhoben durch den Summenscore des „Fragebogens zum Funktionsniveau" die drei Anforderungsbereiche im Alltag detailliert beobachtet und ausgewertet, die er während der Grundrate vor Einsetzen der Intervention als am stärksten belastend einschätzt. (3) „Einzelfallbezogene Prüfbarkeit der Beschwerden." Neben der subjektiven Einschätzung des Patienten, wie unter (2) gefordert sollte die Selbstdarstellung des Patienten durch den Therapeuten dokumentiert werden und festgestellte Diskrepanzen zwischen Selbst- und Therapeutenurteil sollen gegebenenfalls in die Therapie eingebaut werden. Dieser Aspekt wird in der vorliegenden Studie nur bedingt umgesetzt, da es sich ja um eine Gruppenintervention handelt, die einzelfallanalytisch evaluiert werden soll. Daher muss der durchführende Trainer, ein/e erfahrene/r Diplom-Psychologe/in, sich eng an das Therapiemanual halten und hat wenig Spielraum, die Trainingsinhalte auf die individuelle Einschätzung des Patienten auszurichten. Dennoch gibt es Bausteine innerhalb des Training, die interindividuell variabel sind und sich nach dem jeweiligen Anforderungsniveau eines Patienten richten können: Hier sind vor allem die selbst gesetzten Hausaufgaben zu nennen, die jeder Teilnehmer sich stellt und deren Bearbeitung sowie die verwendete Strategie dazu zu Beginn jeder Sitzung besprochen und bewertet werden. (4) „Minimale zusätzliche Belastung des Patienten durch die Datengewinnung." In der vorliegenden Untersuchung besteht die Datenauswertung aus einem zweimal wöchentlich auszufüllenden einseitigen Fragebogen zur Alltagsbelastung, welcher den Teilnehmern per E-Mail zugesandt wird beziehungsweise ihnen nach den Trainingssitzungen in Papierform vorgelegt wird. In diesem Falle handelt es sich ganz im Sinne der kontrollierten Praxis um eine vergleichsweise wenig aufwendige und wenig zeitintensive Datenerhebung auf Seiten des Patienten. (5) „Datengewinnung und Behandlung dürfen sich nicht negativ beeinflussen." Hiermit ist gemeint, dass „die verlaufsorientierte Datenerhebung nicht selbst zur Intervention" werden darf (Petermann, 1996). Da die Datenerhebung aber wie unter (4) beschrieben wenig aufwendig ist und lediglich die Belastung bestimmter Situationen im Alltag erfasst, kann dieser Punkt als gegeben betrachtet werden. Letztendlich kann eine Konfundierung von Dokumentation und Therapie zum Beispiel im Sinne einer „Self-fulfilling-prophecy" nie ganz ausgeschlossen werden, hierauf soll in Kapitel 4.1. (Diskussion) genauer eingegangen werden. (6) „Unmittelbare Umsetzbarkeit der erhobenen Informationen". Hiermit ist nach Petermann (1996) gemeint, dass „die Schritte der Datensammlung- und Verwertung eng aufeinander bezogen sind." Die Therapieschritte sollen sich also nach dem individuellen Bedarf des Patienten richten. Auch wenn diese Anforderung in einem Gruppentraining nicht leicht umzusetzen ist, wurde ihr in der vorliegenden Untersuchung auf zweierlei Weise versucht gerecht zu werden: Erstens werden die Teilnehmer sehr genau danach ausgewählt, ob ihre Alltagsprobleme in den Bereichen liegen, die im Training behandelt werden und zweitens werden die Hausaufgaben, wie bereits unter Punkt (2) aufgeführt, in jeder Sitzung gemeinsam mit jedem Teilnehmer individuell ach seinem Bedarf entwickelt und in der jeweils folgenden Sitzung evaluiert. (7) „Auswertungsschritte müssen ohne größeren Aufwand durchführbar sein." Diese Anforderung ist in der vorliegenden Untersuchung insofern erfüllt, als dass neben der visuellen Auswertung des Kurvenverlaufs über Grund- und Interventionsrate die statistischen Maße des Prozentsatzes-Nichtüberlappender-Daten (PND) und die Effektstärke nach Cohen (1988) hinzugezogen werden (Kern, 1997). Die vorliegende einzelfallanalytische Untersuchung dient dabei nicht wie von Petermann (1996) gefordert einer Entscheidungshilfe über den weiteren Therapieverlauf sondern in erster Linie dem Zwecke der Evaluation des behavioralen Gruppentrainings für Erwachsene mit ADHS (Lauth & Minsel, 2009).

3.4.1.1 Stichprobencharakteristik

Eine detaillierte Beschreibung der einzelnen Teilnehmer hinsichtlich ihrer demografischen und klinischen Ausgangswerte sowie ihre Erwartungen an das Training erfolgt auf Einzelebene im Vorfeld der Ergebnisdarstellung der acht Einzelfallanalysen in Kapitel 3.4.2. Die Teilnehmer entstammen einer spezifischen Gruppe: Sie haben alle die allgemeine Hochschulreife erlangt und studieren an einer Universität in Nordrhein-Westphalen. Die Teilnehmer entstammen drei unterschiedlichen Trainingskursen, die zwischen Juli 2008 und Februar 2009 stattfanden. Insgesamt nahmen 27 Studierende mit ADHS an diesen drei Kursen teil, jedoch waren lediglich diese acht bereit, an der einzelfallanalytischen Evaluation des Trainings teilzunehmen, beziehungsweise füllten genug Fragebögen aus, dass eine verwendbare Datenreihe entstand. Dies entspricht einer Gruppe von Teilnehmern an der Einzelfallstudie von knapp 30%.

Tabelle 4 zeigt demografische Merkmale der acht Teilnehmer der Einzelfallanalysen wie Alter, Geschlecht, und die Trainingssitzungen, an denen sie teilgenommen haben sowie die Tatsache, ob zusätzlich parallel zu der Teilnahme am Training Psychotherapie oder Pharmakotherapie in Anspruch genommen wurde. Die Spalte „Kurs-Nummer" bezieht sich auf die laufende Nummer der ADHS-Trainingskurse, wie sie von der Universität zu Köln im Rahmen des Projektes durchgeführt wurden (vgl. Anhang A, Projektverlauf).

Tabelle 4: Demografische Merkmale der acht Teilnehmer der Einzelfallanalysen

Teilneh-mer	Ge-schlecht	Alter	Kurs-Nr.	Sitzungen teilgenom-men	Diagnose zuvor bekannt	Medika-tion	Psycho-therapie
A	m	43	10	1,2,3,4	ja	nein	nein
B	w	27	10	1,2,3,4,5	nein	nein	nein
C	m	27	8	1,2,4,5,6	ja	ja	ja
D	m	40	8	1,2,3,4,5,6	ja	nein	nein
E	w	29	8	1,2,3,4,5,6	ja	nein	nein
F	m	20	7	1,2,3,4,5,6	ja	ja	ja
G	m	28	7	1,2,3,4,5,6	ja	nein	nein
H	m	26	7	1,2,3,4,5	nein	nein	nein

Tabelle 5 stellt die klinischen Merkmale dar, die während der Eingangsdiagnostik erhoben wurden (vgl. Kapitel 3.2): Summenscore der Wender-Utah-Rating-Scale (WURS-k, Retz-Junginger et al., 2002, 2003), Summenwerte der beiden Subskalen des Selbstbeurteilungsfragebogens „Verhaltensmerkmale der ADHS" (Lauth & Minsel, 2009), Unaufmerksamkeit und Hyperaktivität / Impulsivität sowie die sich daraus ergebenen Subtypen und den Summenscore der Alltagsbelastung, erhoben mit dem „Fragebogen zum Funktionsniveau".

Tabelle 5: Klinische Merkmale der acht Teilnehmer der Einzelfallanalysen: ADHS-Symptomatik

Teilnehmer	Screening ASRS-V1-1	WURS-k gesamt	Verhaltensmerkmale der ADHS (Unaufmerksamkeit/ Hyper-aktivität-Impulsivität)	Alltagsbelastung Gesamt
A	5	61	8/9 Mischtypus	98
B	6	29	8/8 Mischtypus	99
C	4	31	6/4 Unaufmerksam.	58
D	5	58	9/9 Mischtypus	121
E	4	55	5/5 subklinisch	68
F	5	44	8/1 unaufmerksam.	103
G	5	42	8/6 Mischtypus	76
H	3	13	8/1 unaufmerksam.	90

Tabelle 6 zeigt die Subskalen des Young-Adult-Self-Report (Achenbach, 1997) sowie die laut Handbuch des Fragebogens getrennt für Männer und Frauen aufgeführten kritischen klinischen Werte, die ebenfalls im Rahmen des diagnostischen Eingangsgesprächs erhoben wurden. Die grau unterlegten Werte liegen jeweils auf beziehungsweise oberhalb des klinischen Wertes und werden bei der Einzeldarstellung der Teilnehmer gesondert betrachtet.

Tabelle 6: Klinische Merkmale der acht Teilnehmer der Einzelfallanalysen: komorbide Störungen

Klini-scher Grenz-wert	YASR-Subskala							
	ängstlich-depressiv	introver-tiert	körperl. Beschwer-den	bizarre Gedanken	Aufmerk-samkeits-probleme	aufdring-lich	aggressiv	delin-quent
♂	20	7	8,5	2	7,5	9	11	7,5
♀	21	7	10,5	2	6,5	7,5	10	5
A	20	4	11	5	12	11	12	5
B	11	0	16	0	9	5	3	1
C	17	5	6	2	8	7	2	3
D	20	12	3	0	8	0	2	1
E	11	0	6	2	5	6	7	1
F	20	2	1	0	10	3	3	1
G	27	8	7	1	11	3	9	3
H	18	5	11	1	7	0	2	4

3.4.1.2 Design der Untersuchung

Zur quasi-experimentellen Überprüfung des behavioralen Gruppentrainings für Erwachsene mit ADHS nach Lauth und Minsel (2009) wird ein dreiphasiger AB(B1-B5)E-Grundratenversuchsplan mit Replikation über acht Personen eingesetzt. Dieses dreiphasige Design berücksichtigt die Einbeziehung der Grundrate als Vergleichskriterium vor Beginn der Intervention (Phase A), an dem die Effektivität der nachfolgenden Phasen, Phase B als Interventionsphase, in der therapiebegleitend Daten erhoben werden und Phase E als Follow-Up-Phase nach Beendigung der Intervention, gemessen wird.

Das charakteristische Kennzeichen des für diese Untersuchung gewählten Untersuchungsdesigns liegt darin, dass das zu untersuchende und operationalisierte Verhalten, die empfundene Alltagsbelastung, erhoben durch den „Fragebogen zum Funktionsniveau", in Eigeneinschätzung der Teilnehmer kontinuierlich im Alltag registriert wird. Der Kern der Untersuchung liegt in der einzelfallanalytischen Erhebung und Auswertung des individuell empfundenen Belastungsausmaßes in verschiedenen alltäglichen Anforderungsbereichen, erfasst durch die acht Subskalen des „Fragebogens zum Funktionsniveau" (vgl. Kapitel 3.2.5). Abbildung 4 stellt das Design der geplanten Einzelfalluntersuchungen schematisch dar.

Abbildung 4: Studie 1: Design der Untersuchung

Die Grundrate wird über vier bis sechs Wochen vor Beginn des Trainings zweimal pro Woche per E-Mail mittels einer elektronischen Version des „Fragebogens zum Funktionsniveau" erhoben, was je nach Länge der Grundrate acht bis zwölf Messzeitpunkte ergibt. Die Interventionsphase (Phase B) erstreckt sich über fünf Wochen. Es werden jeweils einmal wöchentlich in den Trainingssitzungen Daten mittels Paper-Pencil-Version des „Fragebogens zum Funktionsniveau" erhoben, sowie einmal während der dazwischenliegenden Woche zu einem festgelegten Wochentag mittels elektronischer Version per E-Mail. Dies entspricht 10 Messzeitpunkten. Phase E (Follow-up-Phase) erstreckt sich über

einen Zeitraum von vier bis sechs Wochen, in denen jeweils zweimal wöchentlich per E-Mail Daten erhoben werden, was acht bis 12 Messzeitpunkten in dieser Phase entspricht. Abweichungen von der Anzahl der Messzeitpunkte, die
durch nicht beantwortete Fragebögen oder versäumte Trainingssitzungen entstehen, werden bei der Ergebnisdarstellung unter Punkt 3.4.2. aufgezeigt. Die Beobachtung des Zielverhaltens wird nach Abschluss der Intervention vier bis
sechs Wochen bis zur sechsten Trainingssitzung fortgesetzt (Phase E, Follow-
up-Phase) und ermöglicht somit in Bezug auf den jeweiligen Einzelfall vorläu-
fige Aussagen über eventuell anhaltende Effekte des Trainings (Julius, Schlosser
& Goetze, 2000).

3.4.1.3   *Abhängige Variablen: Verwendete Messinstrumente*

Das Problemverhalten, das die abhängigen Variablen der Untersuchung
bildet, wird, wie im vorangegangenen Abschnitt beschrieben, mittels „Fragebogen zum Funktionsniveau" erhoben. Alle abhängigen Variablen werden hierbei
mittels Selbstbeurteilung erhoben. Es konnte in verschiedenen Studien gezeigt
werden, dass von ADHS betroffene Erwachsene in der Lage sind, eine valide
Auskunft über ihre eigenen Symptome zu geben (Knouse et al., 2007; Kooij et
al., 2008; van Voorhees, Hardy & Kollins, 2011). Die drei Subskalen des „Fragebogens zum Funktionsniveau", die in der Grundrate durchschnittlich am
höchsten liegen, also die Anforderungsbereiche, in denen sich der Teilnehmer
vor Beginn der Intervention am stärksten belastet fühlt, sollen jeweils die abhängigen Variablen der Einzelfallanalysen bilden. Tabelle 7 gibt eine Übersicht
über mögliche abhängige und unabhängige Variablen der geplanten Untersuchung.

Tabelle 7: Mögliche abhängige und unabhängige Variablen der acht Einzelfallanalysen

Problemverhalten (Subskalen des Fragebogens „Funktionsniveau im Alltag"; mögliche AVen)
Ordnen
Anfangen
Umsetzen
Einteilen
Planen
Erkennen / Entnehmen
Gedächtnis
Soziales
Interventionen (Trainingsbausteine, UVen)
Psychoedukation, Analyse von Ist- und Soll-Zustand (Sitzung 1)
Training von Anfangen und Umsetzen (Sitzung 2)
Training von Gedächtnis und Konzentration (Sitzung 3)
Training von Prioritäten setzen und Einteilen (Sitzung 4)
Kommunikationstraining (Sitzung 5)

Zusätzlich sollen mögliche Änderungen der ADHS-Symptomatik, erhoben mit dem Selbstbeurteilungsbogen „Verhaltensmerkmale der ADHS" (Lauth & Minsel, 2009, vgl. Kapitel 3.2.4) aufgezeigt werden. Dieser Fragebogen wird zu vier Messzeitpunkten erhoben, genannt warte, prä, post und follow-up, wobei die tatsächliche Datenlage von Teilnehmer zu Teilnehmer variieren kann, je nachdem, an wie vielen Trainingssitzungen er letztendlich teilgenommen hat und wie oft er den Fragebogen vollständig ausgefüllt hat. Um aktuelle Veränderungen auch erfassen zu können, wurde für diesen Zweck der Satz aus der Instruktion des Fragebogens entfernt, dass die Verhaltensweise „schon länger als drei Monate beständig" zu beobachten sei.

Außerdem wird die Teilnehmerzufriedenheit mit dem „Fragebogen zur Zufriedenheit mit dem ADHS-Training" (Lauth & Minsel, 2009) nach der fünften Trainingssitzung erfragt. Es handelt sich um einen rein deskriptiv und auf Einzel-Item-Ebene auszuwertenden Fragebogen, der auf die Thematik und das Gruppensetting im ADHS-Training zugeschnitten wurde. Die Ergebnisse werden ergänzend zu Alltagsbelastung und ADHS-Symptomatik im Ergebnisteil jedes einzelnen Teilnehmers dargestellt. Die verwendeten Messinstrumente befinden sich in den Anhängen F und G.

3.4.1.4   Kontrolle der Störvariablen

Nach Kern (1997) nutzt die Einzelfallforschung vor allem das Verfahren der Konstanthaltung zur Kontrolle der Störvariablen und damit zur Sicherung der internen Validität (vgl. Kapitel 3.4.1). In der vorliegenden Untersuchung werden die Teilnehmer nach dem diagnostischen Erstgespräch darauf hingewiesen, dass sie ihre ADHS-spezifische Medikation sofern sie diese erhalten, während des Trainings kontinuierlich in selber Dosis, natürlich in Absprache mit dem behandelnden Arzt, weiter einnehmen sollen. Dasselbe gilt für parallel stattfindende Psychotherapie: Sie sollte in der Zeit der Teilnahme am Training weder unterbrochen, noch in ihrer Frequenz erhöht werden. Eine Konfundierung des untersuchten Interventionseffektes mit einem Effekt von Medikation oder den Auswirkungen einer parallel stattfindenden Psychotherapie kann somit nicht gänzlich ausgeschlossen werden, aber aus ethischer Sicht erscheint die Möglichkeit der Konstanthaltung als einzig vertretbare.

3.4.1.5   Statistische Auswertung der Einzelfallanalysen

Die Einzelfallanalysen werden in Bezug auf die in Kapitel 2.7 genannten Hypothesen durch drei statistische Auswertungsmethoden in ihrer Behandlungseffektivität bewertet.

3.4.1.5.1   Visuelle Auswertung

Die einzelfallanalytische Auswertung erfolgt im ersten Schritt zunächst visuell. Die Daten werden hierzu mittels eines Liniendiagramms grafisch aufbereitet, in dem das Ausmaß der empfundenen Alltagsbelastung für die jeweilige Subskala auf der Ordinate eingetragen wird, während die Zeiteinheiten auf der Abszisse abgebildet werden. Der Grund für dieses Vorgehen liegt nach Julius et al. (2000) darin, dass die visuelle Inspektion eine relativ unsensitive Methode ist. Dies ist insofern von Vorteil, „als nur solche Interventionen als wirksam identifiziert werden können, die auch eine deutliche Veränderung im Zielverhalten bewirkt haben" (S. 129). Die Entscheidung, ob der Datenverlauf auf eine wirksame Intervention hindeutet, stützt sich auf Veränderungen in Mittelwert, Niveau und Trend der Datenverläufe. Um die Ergebnisse der visuellen Analyse weiter zu festigen, werden Mittelwerte und Standardabweichungen von Grund-

rate und Interventionsphase sowie die Differenzen der Mittel der Interventionsphase zur Grundrate dargestellt und deskriptiv ausgewertet. Hierbei werden Phase B (Interventionsphase) und Phase E (Follow-Up-Phase) jeweils zusammengefasst, da sie im Hinblick auf die Überprüfung der Hypothesen 1a und 1b
inhaltlich zusammen gehören. Lassen die Datenverläufe visuell keine eindeutige
Entscheidung zu, weil die Daten zum Beispiel sehr stark variieren, oder soll die
Bedeutsamkeit eines bereits visuell sichtbaren Effekts zusätzlich abgesichert
werden, sollen in der vorliegenden Untersuchung folgende statistische Verfahren zur Anwendung kommen:

3.4.1.5.2   Prozentsatz nicht überlappender Daten (PND)

Der PND ist ein einfaches statistisches Maß, um zu ermitteln, ob Veränderungen zwischen einzelnen Untersuchungsphasen signifikant sind. Dies ist dann
der Fall, „wenn keine oder nur geringfügige Überlappung der Grundratendaten
mit den Interventionsdaten vorliegt" (Kern, 1997, S. 162). Die Anwendung setzt
voraus, dass sich in der Grundrate kein Datentrend in die erwünschte Richtung
zeigt, und dass hier keine Datenwerte um null erhoben wurden, da in diesen Fäl-
len die Anwendung zu starken Überschätzungen des Interventionseffekts führt.
Des Weiteren ist zu beachten, dass ein PND von null oder 100 eine Unter-
schätzung darstellen kann, da eine weitere Steigerung der Wirksamkeit hierdurch nicht mehr identifiziert werden kann (Julius et al., 2000). PND-Werte über
90 sprechen nach Kern (1997) für sehr reliable, PND-Werte zwischen 70 und 90
für hohe, PND-Werte zwischen 50 und 70 Prozent für fragwürdige und PND-
Werte unter 50 Prozent für unreliable Interventionseffekte.

3.4.1.5.3   Effektstärke

Zusätzlich zur Überprüfung der intraindividuellen Daten mittels visueller
Analyse sowie zur deskriptiven Auswertung auf Mittelwertunterschiede zwischen den Untersuchungsphasen und zur Berechnung des PND, soll abschließend eine nähere Aussage darüber gemacht werden, wie bedeutungsvoll ein ge-
fundener Unterschied zwischen Grundrate und Interventionsphase ist. Dies ge-
schieht mittels der Berechnung von Effektstärken. Nach Sedlmeier und Renkewitz (2008) ist die Verwendung der geläufigen Formel nach Cohen (1988) auch
möglich, wenn es sich bei den Ausgangswerten um intraindividuelle Differenz-
werte handelt, aus denen der Mittelwert und die Streuung berechnet werden. Die

Interpretation der Effektgrößen erfolgt in Anlehnung an Cohen (1988): Effektgrößen unter 0.4 gelten als niedrig, solche zwischen 0.4 und 0.8 als mittel, diejenigen über 0.8 werden als groß klassifiziert.

Nach Kern (1997) wurde noch keine zuverlässige Methode der statistischen Auswertung für Einzelfallanalysen entwickelt, die das Problem der seriellen Abhängigkeit der Daten der einzelnen Messzeitpunkte zueinander lösen könnte. Die Vorschläge, die Petermann (1996) zur statistischen Auswertung mittels ARIMA-Methodik macht, setzen Datenreihen von mindestens 50 bis 100 Messzeitpunkten voraus (Petermann, 1996). Die vorliegende Untersuchung wird aber Datenreihen von höchstens 40 Messzeitpunkten enthalten (vgl. Abbildung 4 in Abschnitt 3.4.1.2; Design der Untersuchung), so dass auf eine Auswertung nach dieser Methode grundsätzliche verzichtet werden muss. Bei der Interpretation der Ergebnisse kann daher eine serielle Abhängigkeit der Daten beziehungsweise eine „Konfundierung von Interventions- und Reihenfolgeeffekt" (Kern, 1997; S. 83) nicht ausgeschlossen werden. Ebenso kann das Problem der Reaktivität aufgrund der hohen Frequenz der Datenerhebung, zwei Erhebungen pro Woche, theoretisch und praktisch nicht gelöst werden. Diese Themen sollen aber nach Abschluss der Untersuchung vor dem Hintergrund der Ergebnisse wieder aufgegriffen und diskutiert werden.

3.4.2 Ergebnisse Studie 1

Die beiden dieser Untersuchung zu Grunde liegenden Fragestellungen beziehen sich auf die subjektiv empfundene Belastung im Alltag (vgl. Kapitel 2.7). Hypothese 1a geht davon aus, dass sich das Ausmaß der subjektiv empfundenen Belastung in den einzelnen Anforderungsbereichen Ordnen, Anfangen, Umsetzen, Einteilen, Planen, Erkennen, Gedächtnis und Soziales im Verlauf des Trainings verringert und nach Trainingsende stabil bleibt. Die abhängigen Variablen stellen dabei die drei Bereiche der größten Belastung vor Trainingsbeginn dar. Hypothese 1b erwartet, dass sich das Ausmaß der subjektiv empfundenen Gesamtbelastung im Alltag im Verlauf des Trainings verringert und nach Trainingsende stabil bleibt. Im Folgenden sollen die Ergebnisse der Einzelfallanalysen repliziert über acht Teilnehmer in den Abschnitten 3.4.2.1 bis 3.4.2.8 dargestellt werden. Eine Zusammenfassung der Ergebnisse sowie die Bemühungen, die einzelnen Ergebnisse miteinander in Beziehung zu setzen, folgen in den Kapiteln 3.4.3 und 3.4.4.

3.4.2.1   Einzelfallanalyse Teilnehmer A

3.4.2.1.1   Demografische Merkmale Teilnehmer A

Teilnehmer A ist zum Zeitpunkt des ADHS-Trainings 43 Jahre alt und Student, er befindet sich kurz vor dem Examen. Zudem geht er zwei Nebenjobs nach. Er lebt in einer festen Partnerschaft und gibt an, sich gut mit seiner Partnerin und auch mit deren Freundeskreis zu verstehen. Nachdem er selbst bei sich in vielen Alltagsbereichen Aufmerksamkeits- und Konzentrationsschwierigkeiten feststellte, wurde vor 18 Monaten eine ADHS-Diagnose gestellt. Zum Zeitpunkt des ADHS-Trainings befindet er sich nicht in Psychotherapie und nimmt auch keine Psychopharmaka ein.

3.4.2.1.2   Klinische Merkmale Teilnehmer A

Während der Eingangsdiagnostik wurde die ADHS-Diagnose noch einmal bestätigt: Im Screening ASRS-V1.1 (WHO, 2003) liegt er mit 5 Punkten über dem kritischen Wert von 4. Die Kurzform der Wender-Utah-Rating-Scale WURS-k (Retz-Junginger et al., 2002, 2003), die eine retrospektive Einschätzung der ADHS im Kindesalter ermöglicht, ergab einen Summenwert von 61, der klinische Cut-Off liegt hier bei 30. Die Verhaltensmerkmale der ADHS-Liste (Lauth & Minsel, 2009) bestätigt die ADHS-Diagnose vom Mischtypus (8 von 9 Punkten auf der Subskala Unaufmerksamkeit, 9 von 9 Punkten auf der Subskala Hyperaktivität / Impulsivität). Die Alltagsbelastung, gemessen mit dem „Fragebogen zum Funktionsniveau" liegt mit 98 insgesamt im mittleren Bereich. Auf Veränderungen in den einzelnen Anforderungsbereichen im Verlauf des Trainings wird die im Folgenden dargestellte Einzelfallanalyse detailliert eingehen.

Zusätzlich zu den ADHS-spezifischen Diagnostikinstrumenten wurde in der Eingangsdiagnostik der breit angelegte klinische Fragebogen Young-Adult-Self-Report (YASR, Achenbach, 1997) eingesetzt. Für Teilnehmer A zeigen sich, wie Tabelle 6 in Abschnitt 3.4.1.1 zeigt, bei sechs der acht Subskalen klinisch bedeutsame Werte. In der Subskala „ängstlich-depressives Verhalten" liegt er mit 20 Punkten auf dem kritischen klinischen Wert für Männer. Betrachtet man die einzelnen Items, gibt er an, häufig durcheinander und zerstreut zu sein, häufig über seine Zukunft unsicher zu sein, häufig Angst zu haben, etwas Schlimmes zu denken und zu tun, häufig zu glauben, perfekt sein zu müssen, oft nervös, reizbar oder angespannt zu sein, wenig Selbstvertrauen zu haben und sich generell viele Sorgen zu machen. Bei der Subskala „körperliche Beschwerden" liegt er mit 11 Punkten deutlich über dem kritischen Wert von 8,5. Er gibt an, dass er häufig Zuckungen hat oder nervöse Bewegungen ausführt und dass er häufig Herzklopfen oder Herzrasen hat. Bei einigen anderen Items dieser Subskala wie „Ich fühle mich schwindelig oder benommen" oder „ich bin immer müde" gib er an, dass es manchmal zutrifft, ebenso wie bei den Fragen nach Schmerzen, Kopfschmerzen, Augenbeschwerden (hier nennt er trockene Augen und ab und zu unscharfes Sehen als Schwierigkeit), Hautausschläge und andere Hautprobleme sowie Taubheitsgefühl oder Kribbeln. Bei der Subskala „bizarre Gedanken" liegt Teilnehmer A mit 5 Punkten deutlich über dem kritischen Wert von 2 Punkten. Er gibt an, dass er häufig seine eigenen Sachen kaputt macht und dass er häufig Dinge sieht, die andere nicht sehen, zudem hat er manchmal Gedanken oder Ideen, die andere Leute seltsam fänden. Wie durch die zuvor beschriebene Diagnoseerstellung erwartet, zeigt sich in der Subskala „Aufmerksamkeitsprobleme" ein Wert von 12, der 4.5 Punkte über dem kritischen klinischen Wert liegt. Die Items „Ich verhalte mich zu jung für mein Alter", „Ich habe Schwierigkeiten, mich länger zu konzentrieren oder länger aufzupassen", „Ich bin tagsüber verträumt oder in Gedanken", „Ich bringe Dinge nicht zu Ende, die ich machen soll" und „Meine Leistungen in der Schule oder im Beruf sind schlecht" beantwortet er mit der höchsten Punktzahl von 2, was der Kategorie „genau oder häufig zutreffen" entspricht. In der Subskala „Aufdringliches Verhalten" liegt Teilnehmer A mit 11 Punkten 2 Punkte über dem klinisch bedeutsamen Grenzwert von 9. Er gibt an, dass er häufig versucht, viel Aufmerksamkeit oder Beachtung zu bekommen, dass er oft geärgert wird, dass er sich häufig produziert oder den Clown spielt und dass er häufig zu viel redet. In der Subskala „Aggressives Verhalten" erreicht er 12 Punkte und liegt damit einen Punkt über der klinisch relevanten Grenze von 11 Punkten für Männer. Er gibt an, dass er häufig glaube, dass andere ihm etwas antun wollen und dass seine Stimmungen und Gefühle häufig wechseln. Bei der Frage „Ich streite mich häufig" gibt er den mittleren Wert von 1 an, was „etwas oder manchmal zutreffend" bedeutet. Er gibt an, dass er manchmal gemein zu anderen ist, dass er manchmal mit anderen Menschen sowie mit seiner Familie nicht zurechtkommt, dass er manchmal in Schlägereien gerät, dass er manchmal eigensinnig, mürrisch oder reizbar ist, dass er manchmal leicht in Zorn gerät und ein hitziges Temperament hat und dass er manchmal anderen droht, sie zu verletzen. Zusätzlich zu den 119 Items, die auf einer dreistufigen Skala zu beantworten sind (nicht zutreffend = 0, etwas oder manchmal zutreffend = 1, genau oder häufig zutreffend = 3) und die den neun Subskalen zugeordnet sind, enthält der Fragebogen einige offene Items. Bei der Frage nach Krankheiten gibt Teilnehmer A an, unter ADHS und begleitenden Prüfungsängsten und melancholischen Phasen zu leiden. Bei der Frage nach aktuelle Problemen und Sorgen nennt er „latente bis dominante Existenzängste, Angst, in der Uni abgesägt zu werden, insgesamt fast reine große Sorgen um das Studium". Bei der ressourcenorientierten Frage, was ihm an sich selbst gefalle, nennt er Eloquenz, Neugierde und Offenheit. Die Frage nach Gedanken oder Ideen, die andere Leute seltsam finden würden, beantwortet er damit, dass Neugierde oft zu der Suche der Quelle von Verhaltensauffälligkeiten führe, insbesondere bei seinen Dozenten. Er beschreibt, dass er „phasenweise, bedingt durch Unisorgen" Schlafproblemen habe.

Es zeigt sich also, dass Teilnehmer A neben seiner ADHS-Problematik in einigen anderen klinischen Bereichen Schwierigkeiten hat. Eine Differentialdiagnose im Bereich Angststörungen und aggressives Verhalten würde hier weiteren Aufschluss bringen. Da er jedoch selbst seine durch ADHS bedingten Schwierigkeiten als zentral nennt und hoch motiviert ist, scheint er für eine Teilnahme am ADHS-Training geeignet zu sein.

3.4.2.1.3   Ergebnisdarstellung der Einzelfallanalyse Teilnehmer A

Teilnehmer A nimmt an den Trainingssitzungen 1,2,3 und 4 teil. Es gibt insgesamt 17 Messzeitpunkte, wovon 9 die Grundrate bilden und 8 in der Interventionsphase liegen. Der letzte Messzeitpunkt findet drei Wochen nach der vierten Sitzung statt, danach wurden keine weiteren Fragebögen mehr ausgefüllt. Es gibt also im Datensatz von Teilnehmer A keine Follow-up-Phase, da er das Training nach Sitzung vier nicht mehr besuchte und auch das Ausfüllen der Fragebögen kurze Zeit nach der vierten Trainingssitzung nicht mehr fortsetzte.

Visuelle Datenanalyse Gesamtbelastung

Abbildung 5 zeigt den Verlauf der durchschnittlichen Gesamtbelastung ermittelt durch den „Fragebogen zum Funktionsniveau". Die Grundrate setzt sich aus den Messzeitpunkten 1 bis 9 zusammen, nach der neunten Messung setzt die Intervention ein. Teilnehmer A hat an den ersten vier der sechs Trainingssitzungen teilgenommen, diese sind in der Abbildung als senkrechte Linien dargestellt. Eine visuelle Analyse des Datenverlaufs zeigt zunächst, dass die Grundrate als stabil angesehen werden kann: Sie schwankt lediglich zwischen 70 und 100 Punkten, was bei einer möglichen Spannweite zwischen 0 und 160 Punkten knapp 20 Prozent ausmacht. Des Weiteren wird eine Verminderung der durchschnittlichen erlebten Alltagsbelastung direkt nach Einsetzen der Intervention sichtbar. Tabelle 8 zeigt die jeweiligen Mittelwerte und Standardabweichungen von Grundrate und Interventionsphase sowie die Differenzen der Mittel der Interventionsphase zur Grundrate. Es zeigt sich, dass es eine deutliche Verminderung der Gesamtbelastung nach der ersten Trainingssitzung gab und dass diese relativ stabil bis nach der vierten Sitzung anhält.

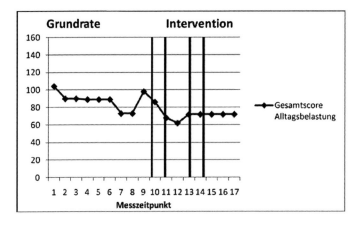

Abbildung 5: Teilnehmer A: Gesamtbelastung (Summenscore des Fragebogens zum Funktionsniveau): Grundrate und Interventionsphase

Tabelle 8: Teilnehmer A: Mittelwerte und Standardabweichungen von Grundrate und Interventionsphase der Gesamtbelastung sowie Differenzen zur Grundrate

Teilnehmer A	Grundrate M (SD)	Interventionsphase M (SD)				
Messzeitpunkt	1 - 9	10	11, 12	13	14 - 17	
		Sitzung 1	Sitzung 2	Sitzung 3	Sitzung 4	Gesamt
Gesamtbelastung	88.30	86.0	65.0	72.0	72.0	72.0
	(10.10)	(0)	(4.24)	(0)	(0)	(6.68)
Differenz zur Grundrate	-	2.3	23.3	16.3	16.3	16.3

Die Gesamtbelastung von Teilnehmer A liegt vor Beginn der Intervention mit $M = 88.30$ Punkten (SD = 10.10) bei einer Spannweite zwischen 0 und 160 im mittleren Bereich. Während der Intervention verringert sich die Gesamtbelastung merklich, sie liegt bei durchschnittlich $M = 72.00$ ($SD = 6.68$) Punkten und damit in der unteren Hälfte der möglichen Punkte der Gesamtbelastung. Die Differenz zur Grundrate liegt über alle vier Trainingssitzungen insgesamt bei 16.3 Punkten. Um diese Effekte in ihrer statistischen Bedeutsamkeit zu charakterisieren, werden nun der PND (Kern, 1997; vgl. Abschnitt 3.4.1.5) sowie Effektstärken nach Cohen (1988) hinzugezogen.

Prozentsatz-Nichtüberlappender-Daten (PND) Gesamtbelastung

Es ergibt sich ein PND-Wert von 87.5%, dargestellt in Tabellen 9, was nach Kern (1997) für einen reliablen Interventionseffekt spricht: Die Gesamtbelastung im Alltag, erhoben mit dem Selbstbeurteilungsfragebogen „Fragebogen zum Funktionsniveau", hat sich bei Teilnehmer A im bedeutsamen Ausmaß verringert.

Tabelle 9: Teilnehmer A: Prozentsatz-Nichtüberlappender-Daten zwischen Grundrate und Interventionsphase für die Gesamtbelastung

Nicht-überlappende Datenpunkte der Interventionsphase	Datenpunkte Interventionsphase insgesamt	PND
7	8	7/8*100=87.5

Effekstärke Gesamtbelastung

Um diesen Effekt genauer zu untersuchen, sollen nun Effektstärken für die Differenz der Mittelwerte von Grundrate und Interventionsphase berechnet werden. Tabelle 10 zeigt die Ergebnisse: Es zeigt sich der sehr hohe Wert von d = -1.90, wobei das negative Vorzeichen dadurch zustande kommt, dass die Werte der Grundrate höher als die der Interventionsphase sind, da hier ja eine Verminderung von unerwünschter Belastung gemessen wird.

Tabelle 10: Teilnehmer A: Berechnung der Effektstärke zwischen Grundrate und Interventionsphase

Teilnehmer A	Grundrate M (SD)	Interventionsphase M (SD)
Gesamtbelastung	88.30 (10.10)	72.0 (6.68)
Effektstärke Cohens d	-1.90	

Nach Grawe et al. (2001) beträgt die durchschnittliche Effektstärke bei Psychotherapien d = 0.85. Die hier erreichte Effektstärke von -1.90 liegt deutlich darüber und unterstreicht die zuvor dargestellten Ergebnisse, dass es sich bei der Gesamtbelastung von Teilnehmer A um eine bedeutsame Veränderung in die erwartete Richtung – einer Verminderung der erlebten Belastung im Alltag – handelt. Nachdem die Gesamtbelastung untersucht wurde, stellt Abbildung 6 die acht Subskalen des „Fragebogens zum Funktionsniveau", das heißt acht relevante Alltagsbereiche bei Erwachsenen ADHS-Betroffenen dar (Ordnen, Anfangen, Umsetzen, Einteilen, Planen, Erkennen, Gedächtnis, Soziales).

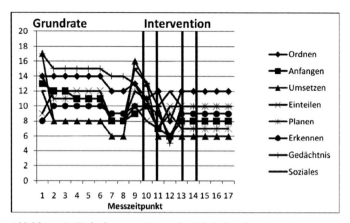

Abbildung 6: Teilnehmer A: Die acht Subskalen des Fragebogens zum Funktionsniveau: Grundrate und Interventionsphase

Tabelle 11: Teilnehmer A: Mittelwerte und Standardabweichungen der Grundraten aller 8 Subskalen des Fragebogens zum Funktionsniveau

	M	*SD*
Subskala Ordnen	13.44	0.88
Subskala Anfangen	10.56	1.81
Subskala Umsetzen	9.44	4.10
Subskala Einteilen	10.56	1.810
Subskala Planen	10.78	1.86
Subskala Erkennen	9.56	0.73
Subskala Gedächtnis	14.78	1,09
Subskala Soziales	9.22	2.54

Tabelle 11 zeigt die Mittelwerte und Standardabweichungen der Grundraten aller acht Subskalen des „Fragebogens zum Funktionsniveau". Laut Versuchsplanung bilden die drei Subskalen der stärksten Belastung in der Grundrate die abhängigen Variablen und sollen detaillierter in ihrem Verlauf betrachtet werden (vgl. Abschnitt 3.4.1.3). Dies sind wie in Tabelle 11 ersichtlich die Subskalen Ordnen ($M = 13.44$, $SD = 0.88$), Planen ($M = 10.78$, $SD = 1.86$) und Gedächtnis ($M = 14.78$, $SD = 1.09$). Zunächst wird die Subskala Ordnen betrachtet.

Visuelle Datenanalyse Subskala Ordnen

Die zuerst untersuchte abhängige Variable für Teilnehmer A bildet die Subskala Ordnen des „Fragebogens zum Funktionsniveau". Nach einer stabilen Grundrate (Messzeitpunkt 1 bis 10), die lediglich um 2 Punkte schwankt, nimmt die Belastung im Bereich Ordnen nach der zweiten Trainingssitzung mit dem Titel „Anfangen und Umsetzen" leicht ab und bleibt nach einer Schwankung auf dem Niveau von 12 stabil (vgl. Abbildung 7).

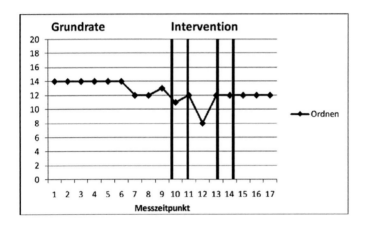

Abbildung 7: Subskala Ordnen: Grundrate und Interventionsphase

Tabelle 12 stellt den Verlauf der Datenreihe zur Subskala Ordnen in Mittelwerten und Standardabweichungen sowie in Differenzen der Interventionsphase zur Grundrate dar. Auch hier zeigt sich der leichte Effekt der Intervention auf den Bereich Ordnen: Die Differenzen zwischen den einzelnen Phasen der Intervention und der Grundrate liegen zwischen 1.44 und 3.44, für die gesamte Interventionsphase liegt sie bei 2.06. Es handelt sich augenscheinlich also um einen allenfalls schwachen Interventionseffekt. Dieser soll im Folgenden mittels PND und Effektstärken weiter spezifiziert werden.

Tabelle 12: Teilnehmer A: Mittelwerte und Standardabweichungen von Grundrate und Interventionsphase der Subskala Ordnen sowie Differenzen zur Grundrate

Teilnehmer A	Grundrate M (SD)	Interventionsphase M (SD)				
Messzeitpunkt	1 - 9	10	11, 12	13	14 - 17	
		Sitzung 1	Sitzung 2	Sitzung 3	Sitzung 4	Gesamt
Subskala Ordnen	13.44	11.0	10	12.0	12.0	11.38
	(0.88)	(0)	(2.83)	(0)	(0)	(1.41)
Differenz zur Grundrate	-	2.44	3.44	1.44	1.44	2.06

Prozentsatz-Nichtüberlappender-Daten (PND) Subskala Ordnen

Für die Subskala Ordnen ergibt sich ein PND von 25%, welcher nach Kern (1997) für einen unreliablen Interventionseffekt spricht (Tabelle 13).

Tabelle 13: Teilnehmer A: Prozentsatz-Nichtüberlappender-Daten zwischen Grundrate und Interventionsphase für die Subskala Ordnen

Nicht-überlappende Datenpunkte der Interventionsphase	Datenpunkte Interventionsphase insgesamt	PND
2	8	2/8*100=25

Effektstärke Subskala Ordnen

Durch die Mittelwerte und Standardabweichungen von Grundrate und Interventionsphase ergibt sich eine Effektstärke von $d = -1.75$ (siehe Tabelle 14). Nach Cohen (1988) liegt diese zwar im hohen Bereich, das Ergebnis sollte allerdings mit Vorsicht und nur vor dem Hintergrund der visuellen Datenanalyse und der oben dargestellten PND-Werte gesehen werden: Der recht hohe Wert der Effektstärke kommt wohl hauptsächlich durch die geringen Standardabweichungen von $SD = 0.88$ und $SD = 1.41$ zustande und nicht durch die tatsächlich großen Mittelwertunterschiede zwischen Grundrate und Interventionsphase von 13.44 und 11.38.

Tabelle 14: Teilnehmer A: Berechnung der Effektstärke zwischen Grundrate und Interventionsphase für die Subskala Ordnen

Teilnehmer A	Grundrate M (SD)	Interventionsphase $M(SD)$
Subskala Ordnen	13.44 (0.88)	11.38 (1.41)
Effektstärke Cohens d	-1.75	

Visuelle Datenanalyse Subskala Planen

Der Kurvenverlauf, der in Abbildung 8 gezeigt wird, macht eine Abnahme der erlebten Alltagsbelastung im Anforderungsbereich Planen nach Einsetzen der Intervention deutlich: Während sich die Belastung innerhalb der recht stabilen Grundrate zwischen 11 und 14 Punkten bewegt, liegt sie ab der zweiten Trainingssitzung mit dem Thema „Anfangen und Umsetzen" im Bereich zwischen 7 und 9 Punkten, bis sie ab der vierten Trainingssitzung mit dem Titel „Prioritäten setzen und Einteilen" bei 7 Punkten stabil bleibt. Tabelle 15 zeigt die Mittelwerte und Standardabweichungen von Grundrate und Interventionsphase, sowohl der Phasen zwischen den einzelnen Trainingssitzungen als auch der gesamten Phase der Intervention. Auch hier zeigt sich die deutliche Abnahme der erlebten Belastung im Bereich Planen. Es zeigt sich hier eine Differenz von 3.03 Punkten zwischen Grundrate und Interventionsphase (Grundrate: $M = 10.78$, $SD = 1.86$, Intervention: $M = 7.75$, $SD = 1.49$). Diese augenscheinlichen Veränderungen sollen im Folgenden durch PND-Werte und Effektstärken gestützt werden.

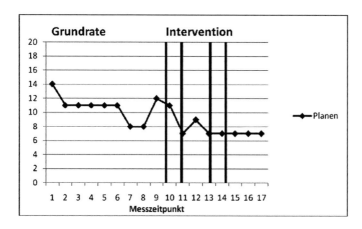

Abbildung 8: Teilnehmer A: Subskala Planen: Grundrate und Interventionsphase

Tabelle 15: Mittelwerte und Standardabweichungen von Grundrate und Interventionsphase der Subskala Planen sowie Differenzen zur Grundrate

Teilnehmer A	Grundrate *M (SD)*	Interventionsphase *M (SD)*				
Messzeitpunkt	1 - 9	10	11, 12	13	14 - 17	
		Sitzung 1	Sitzung 2	Sitzung 3	Sitzung 4	Gesamt
Subskala Planen	10.78 (1.86)	11.0 (0)	8.0 (1.41)	7.0 (0)	7.0 (0)	7.75 (1.49)
Differenz zur Grundrate	-	-0.222	2.78	3.78	3.78	3.03

Prozentsatz-Nichtüberlappender-Daten (PND) Subskala Planen

Tabelle 16 zeigt die Berechnung des PND für die Subskala Planen: Hier wird ein Wert von 75% erreicht, was für einen hoch reliablen Interventionseffekt spricht (vgl. Kern, 1997).

Tabelle 16: Teilnehmer A: Prozentsatz-Nichtüberlappender-Daten zwischen Grundrate und Interventionsphase für die Subskala Planen

Nicht-überlappende Datenpunkte der Interventionsphase	Datenpunkte Interventionsphase insgesamt	PND
6	8	6/8*100=75

Effektstärke Subskala Planen

Wie Tabelle 17 zeigt, liegt die Effektstärke d = -1.798 nach Cohen (1988) im sehr hohen Bereich. Auch dieses Ergebnis untermauert die Veränderung in die erwartete Richtung: Im Anforderungsbereich Planen fühlt Teilnehmer A sich nach Einsetzen der Intervention weniger belastet und diese Veränderung bleibt auch nach der vierten Trainingssitzung bis zum Ende der Datenreihe stabil bestehen.

Tabelle 17: Teilnehmer A: Berechnung der Effektstärke zwischen Grundrate und Interventionsphase für die Subskala Planen

Teilnehmer A	Grundrate M (SD)	Interventionsphase M (SD)
Subskala Planen	10.78 (1.86)	7.75 (1.49)
Effektstärke Cohens d	-1.80	

Visuelle Datenanalyse Subskala Gedächtnis

Abbildung 9 zeigt den Verlauf der Subskala „Gedächtnis" des „Fragebogens zum Funktionsniveaus". Nach einer relativ stabilen Grundrate, die um lediglich 4 Punkte schwankt, nimmt die erlebte Belastung im Bereich Gedächtnis mit Einsetzen der Intervention erheblich ab und bleibt dann mit Ausnahme eines Ausreißerwertes nach unten zum Messzeitpunkt elf mit 5 Punkten auf diesem Niveau stabil. Mit dem Thema Gedächtnis beschäftigt sich vor allem die dritte Trainingssitzung mit dem Titel „Gedächtnis Konzentration und Co". Die deutlichste Verringerung der erlebten Belastung in diesem Bereich liegt jedoch bei Messzeitpunkt 12 und damit zwischen der zweiten und dritten Trainingssitzung.

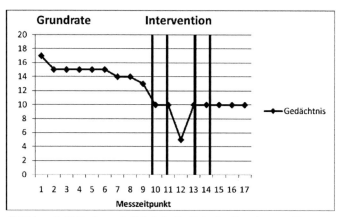

Abbildung 9: Teilnehmer A: Subskala Gedächtnis: Grundrate und Interventionsphase

Nun werden Mittelwerte und Standardabweichungen über die Grundrate und die einzelnen Sitzungen der Interventionsphase und über die Interventionsphase insgesamt sowie die jeweiligen Differenzen der Interventionsphase zur Grundrate aufgezeigt (Tabelle 18). Hierfür ergeben sich erhebliche Differenzen zwischen 4.78 und 7.24. Das heißt, die subjektiv erlebte Belastung im Bereich Gedächtnis, liegt während der Interventionsphase deutlich niedriger als während der Grundrate.

Tabelle 18: Teilnehmer A: Mittelwerte und Standardabweichungen von Grundrate und Interventionsphase der Subskala Gedächtnis sowie Differenzen zur Grundrate

Teilnehmer A	Grundrate M (SD)	Interventionsphase M (SD)				
Messzeitpunkt	1 - 9	10	11, 12	13	14 - 17	
		Sitzung 1	Sitzung 2	Sitzung 3	Sitzung 4	Gesamt
Subskala Gedächtnis	14.78 (1.09)	10.0 (0)	7.54 (3.54)	10.0 (0)	10.0 (0)	9.38 (1.77)
Differenz zur Grundrate	-	4.78	7.24	4.78	4.78	5.40

Prozentsatz-Nichtüberlappender-Daten (PND) Subskala Gedächtnis

Der PND für die Subskala Gedächtnis beträgt 100%, was für einen sehr reliablen Interventionseffekt spricht (Kern, 1997): Es gibt keinen Datenpunkt, der sich bei Grundrate und Interventionsphase überschneidet (siehe Tabelle 19).

Tabelle 19: Teilnehmer A: Prozentsatz-Nichtüberlappender-Daten zwischen Grundrate und Interventionsphase für die Subskala Gedächtnis

Nicht-überlappende Datenpunkte der Interventionsphase	Datenpunkte Interventionsphase insgesamt	PND
8	8	8/8*100=100

Effektstärke Subskala Gedächtnis

Die zuvor berichtete deutliche Abnahme der erlebten Belastung im Bereich Gedächtnis in der Interventionsphase im Vergleich zur Grundrate, schlägt sich auch in der Effektstärke nieder: Sie liegt mit d = -3.67 nach den Konventionen von Cohen (1988) im hohen Bereich. Tabelle 20 stellt die Effektstärke sowie die dazugehörigen Mittelwerte und Standardabweichungen dar.

Tabelle 20: Teilnehmer A: Berechnung der Effektstärke zwischen Grundrate und Interventionsphase für die Subskala Gedächtnis

Teilnehmer A	Grundrate M *(SD)*	Interventionsphase M *(SD)*
Subskala Gedächtnis	14.78 (1.09)	9.38 (1.77)
Effektstärke Cohens d	-3.67	

Veränderung der ADHS-Symptomatik im Verlauf des Trainings sowie Zufriedenheit mit dem Training

Von Teilnehmer A liegt der Fragebogen „Verhaltensmerkmale der ADHS" (Lauth & Minsel, 2009) nur zu den Messzeitpunkten warte und prä (vier Wochen vor Beginn des Trainings sowie vor der ersten Trainingssitzung) vor, da er nur die ersten vier Trainingssitzungen besucht hatte. Daher kann die Veränderung der Symptomatik nach dem Training bedauerlicherweise nicht nachvollzogen werden. Teilnehmer A war in der fünften Trainingssitzung nicht anwesend, in der der „Fragebogen zur Zufriedenheit mit dem ADHS-Training" (Lauth & Minsel, 2009) ausgefüllt wurde. Daher liegen keine auch systematisch erhobenen Informationen zu seiner Teilnehmerzufriedenheit vor.

Zusammenfassung der Ergebnisse der Einzelfallanalyse des Teilnehmers A

Hypothese 1a und 1b erwarteten eine Verringerung des Ausmaßes der subjektiv empfundenen Belastung in den einzelnen Anforderungsbereichen Ordnen, Anfangen, Umsetzen, Einteilen, Planen, Erkennen, Gedächtnis und Soziales im Verlauf des Trainings sowie eine Verringerung der subjektiv empfundenen Gesamtbelastung im Alltag. Die abhängigen Variablen bilden dabei bei jedem Teilnehmer die drei Anforderungsbereiche, die in der Grundrate die höchsten Werte erreichen, die also vor Beginn der Intervention als am stärksten belastend empfunden werden.

Zusammenfassend kann festgehalten werden, dass Teilnehmer A von der Teilnahme am behavioralen Gruppentraining für Erwachsene mit ADHS nach Lauth und Minsel (2009) profitieren konnte. Sowohl seine erlebte Gesamtbelastung als auch einzelne relevante Anforderungsbereiche erlebt er nach der Intervention als weniger belastend als vorher. Die Gesamtbelastung, erhoben durch den Summenscore des „Fragebogens zum Funktionsniveau", nimmt nach Einsetzen der Intervention sichtbar ab und bleibt auch nach der vierten Trainingssitzung stabil. Dieser Interventionseffekt wird durch den PND von 87.5% sowie durch die Effektstärke $d = -2.15$ untermauert.

Die drei Bereiche der höchsten Belastung während der Grundrate stellen die Subskalen Ordnen, Planen und Gedächtnis dar. Für die zwei der untersuchten Anforderungsbereiche zeigen sich deutliche Ergebnisse in die erwartete Richtung: PND-Werte von 100% bei der Subskala Gedächtnis und 75% bei der Subskala Planen sowie sehr hohe Effektstärken für die Mittelwertunterschiede zwischen Grundrate und Interventionsphase von $d = -3.86$ (Gedächtnis) und $d = -1.798$ (Planen), sprechen für deutlich reliable Interventionseffekte in diesen Bereichen. Die dritte untersuchte abhängigen Variablen Ordnen zeigt ein moderates Ergebnis in die erwartete Richtung: Auch wenn die visuelle Analyse der grafischen Verläufe über die 17 Messzeitpunkte die Tendenz einer Verringerung der erlebten Alltagsbelastung zeigen konnte, sprechen ein PND von 25% doch eher für einen wenig reliablen Effekt der Intervention in diesem Anforderungsbereich. Die Effektstärke liegt hierbei zwar im mittleren mit $d = -1.75$ im hohen

Bereich, doch sind diese Ergebnisse bei genauer Betrachtung eher durch die niedrigen Standardabweichungen als durch tatsächlich hohe Mittelwertunterschiede zwischen Grundrate und Interventionsphase entstanden.

Insgesamt fällt auf, dass sich die erlebte Belastung nach Einsetzen der Intervention zwar deutlich mindert, was sich sowohl in der Gesamtbelastung als auch in den einzeln untersuchten Bereichen der stärksten erlebten Belastung niederschlägt, jedoch scheint es keine Zusammenhänge zu den jeweils thematisch passenden Trainingsinhalten zu geben: Oft verringert sich die Belastung schon zu einem früher Zeitpunkt der Intervention, wie nach der ersten Trainingssitzung, bevor das jeweilige Thema überhaupt schwerpunktmäßig im Training behandelt wird. Dieser Aspekt soll in der Diskussion der Ergebnisse (Kapitel 4.1) wieder aufgegriffen werden.

Ein Kritikpunkt am Datensatz von Teilnehmer A ist die Länge der Datenreihe. Mit neun Messzeitpunkten während der Grundrate und acht Messzeitpunkten während der Interventionsrate ist die Datenreihe für eine Einzelfallanalyse mit A-B-E-Versuchsplan relativ kurz. Teilnehmer A hat das Training nach der vierten Sitzung abgebrochen und kurze Zeit darauf auch keine Fragebögen mehr ausgefüllt, wodurch die Follow-up-Phase (Phase E) in dieser Datenreihe vollkommen fehlt. Daher können keine Aussagen über einen Langzeiteffekt nach Beendigung der Intervention getroffen werden.

Da Teilnehmer A in der fünften Trainingssitzung fehlte, können keine Aussagen über den Verlauf seiner ADHS-Symptomatik gemacht werden, weil der Fragebogen „Verhaltensmerkmale der ADHS" (Lauth & Minsel, 2009) nur zu den beiden Messzeitpunkten warte und prä vor Beginn des Trainings vorliegt. Aus demselben Grund fehlen Informationen zur Teilnehmerzufriedenheit von Teilnehmer A: Dieser Fragebogen wurde nach der fünften Trainingssitzung erhoben, zu der Teilnehmer A nicht erschien. Daher fehlen bei der Auswertung der Effekte der Intervention auf die Belastung diese wichtigen zusätzlichen Informationen.

3.4.2.2   Einzelfallanalyse Teilnehmerin B

3.4.2.2.1   Demografische Merkmale Teilnehmerin B

Teilnehmerin B ist zum Zeitpunkt des ADHS-Trainings 27 Jahre alt und Studentin. Sie gibt an, zwei oder drei gute Freunde zu haben, mit denen sie ein- oder zweimal pro Woche Kontakt hat und lebt in einer festen Beziehung. Während des diagnostischen Eingangsgesprächs berichtet sie von Aufmerksamkeits- und Konzentrationsschwierigkeiten in verschiedenen Lebensbereichen sowie von Alltagsproblemen, die durch ihre Unorganisiertheit und Unstrukturiertheit zustande kommen.

3.4.2.2.2   Klinische Merkmale Teilnehmerin B

Teilnehmerin B hat zum Zeitpunkt der Eingangsdiagnostik noch keine ADHS-Diagnose von anderer Stelle erhalten. Sie ist weder in psychologischer noch in psychiatrischer Behandlung und nimmt keine Psychopharmaka ein. Beim ADHS-Screening ASRS-V1 (WHO, 2003) erreicht sie die maximale Punktzahl von 6. Bei der retrospektiven Beurteilung der ADHS im Kindesalter liegt sie mit 29 Punkten jedoch knapp unter dem Cut-Off-Wert von 30. Bei der Selbsteinschätzung der aktuellen ADHS-Symptomatik mittels Verhaltensmerkmale der ADHS-Liste (Lauth & Minsel, 2009) liegt sie mit 8 Punkten auf der Subskala Unaufmerksamkeit sowie 8 Punkten auf der Subskala Hyperaktivität/ Impulsivität über den Cut-Off-Werten von jeweils 6 und ist damit dem Mischtypus zuzuordnen. Ihre Alltagsbelastung liegt insgesamt bei der ersten Erhebung bei 99 Punkten und damit bei einer Spannweite zwischen 0 und 160 im mittleren bis oberen Bereich. Es zeigt sich also, dass Teilnehmerin B unter ADHS-typischen Schwierigkeiten leidet und dass sie daher von einer Teilnahme am Gruppentraining für Erwachsene mit ADHS profitieren könnte.

Für eine weitere differentialdiagnostische Abgrenzung wurde der Young-Adult-Self-Report (YASR, Achenbach, 1997) eingesetzt: Er zeigt größtenteils unauffällige Werte was komorbide Störungen angeht. Lediglich in den Subskalen körperliche Beschwerden und Aufmerksamkeitsprobleme liegen die Werte von Teilnehmerin B über den klinisch bedeutsamen Werten, wobei letzteres durch die bereits zuvor dargestellte ADHS-Diagnose erklärt werden kann. Im Bereich der körperlichen Beschwerden liegt sie mit 16 Punkten deutlich über

dem klinischen Grenzwert von 10.5. Sie gibt an, sich häufig schwindelig oder
benommen zu fühlen und häufig unter Schmerzen, Kopfschmerzen, Hautaus-
schlägen oder anderen Hautproblemen, Bauchschmerzen, Taubheitsgefühl oder
Kribbeln sowie Augenbeschwerden zu leiden. Hier nennt sie ein eingeschränktes
Sehen auf der rechten Seite. Im Bereich der Aufmerksamkeitsprobleme liegt sie
bei 9 Punkten und damit 2.5 Punkte oberhalb des kritischen klinischen Wertes
von 6.5 Punkten für Frauen. Sie gibt an, häufig Schwierigkeiten zu haben, sich
zu konzentrieren oder länger aufzupassen, häufig tagsüber verträumt oder in
Gedanken zu sein und häufig Dinge nicht zu Ende zu bringen.

Anhand dieser Ergebnisse kann davon ausgegangen werden, dass Teilnehmerin
B in erster Linie unter einer ADHS vom Mischtypus leidet, weitere komorbide
Störungen wurden mit Ausnahme einiger somatischer Beschwerden nicht fest-
gestellt.

3.4.2.2.3   Ergebnisdarstellung der Einzelfallanalyse Teilnehmerin B

Teilnehmerin B nimmt an den Trainingssitzungen eins bis fünf teil, bei
der letzten Sitzung, der follow-up-Sitzung, die vier Wochen nach der fünften
Sitzung stattfindet fehlt sie. Insgesamt liegen 17 Messzeitpunkte vor, wobei 8
die Grundrate und 9 die Interventionsphase bilden.

Visuelle Datenanalyse Gesamtbelastung

Die Gesamtbelastung erhoben durch den Summenscore des „Fragebogens
zum Funktionsniveau" schwankt, wie in Abbildung 10 ersichtlich ist, sowohl
während der Grundrate (Messzeitpunkt 1 bis 8) als auch während der Interventionsphase (Messzeitpunkt 9 bis 17) zwischen 80 und 120 und liegt damit im oberen Mittelfeld. Es lässt sich kein eindeutiger Einfluss der Intervention auf die
Gesamtbelastung erkennen, da sich nicht wie erwartet eine Abnahme der Belastung nach Einsetzen der Intervention zeigt. Tabelle 21 zeigt die Mittelwerte
und Standardabweichungen von Grundrate und Interventionsphase der Gesamtbelastung von Teilnehmerin B. Der Mittelwert der Grundrate liegt mit $M =$
101.5 Punkten ($SD = 8.81$) im oberen Mittelfeld, in der Interventionsphase dagegen hat er sich um durchschnittlich 14.83 Punkte gesenkt und liegt bei $M =$
86.67 ($SD = 10.05$). Anders als in der bloßen visuellen Analyse zeigt sich hier
also doch ein Unterschied der beiden Phasen in die erwartete Richtung: Die Ge-

samtbelastung nimmt nach Einsetzen der Intervention ab. Allerdings schwanken die Werte vergleichsweise stark um die genannten Mittelwerte, was durch die hohen Standardabweichungen von $SD = 8.81$ während der Grundrate und $SD = 10.05$ während der Interventionsphase zu erkennen ist. Die Berechnung des PND sowie von Effektstärken soll präzisere Aussagen über den Interventionseffekt auf die Gesamtbelastung von Teilnehmerin B ermöglichen.

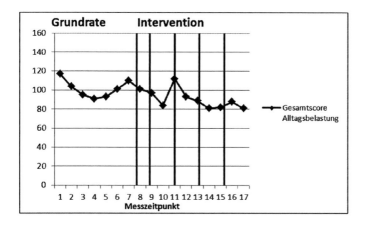

Abbildung 10: Teilnehmerin B: Gesamtbelastung (Summenscore des Fragebogens zum Funktionsniveau): Grundrate und Interventionsphase

Tabelle 21: Teilnehmerin B: Mittelwerte und Standardabweichungen von Grundrate und Interventionsphase der Gesamtbelastung sowie Differenzen zur Grundrate

Teilnehmerin B	Grundrate M (SD)	Interventionsphase M (SD)					
Messzeitpunkt	1 -8	9 Sitzung 1	10, 11 Sitzung 2	12,13 Sitzung 3	14,15 Sitzung 4	16,17 Sitzung 5	Gesamt
Gesamtbelastung	101.50 (8.81)	97 (0)	98 (19.80)	91.0 (2.83)	81.5 (0.71)	84.5 (4.95)	86.67 (10.05)
Differenz zur Grundrate	-	4.5	3.5	10.5	20	17	14.83

Prozentsatz-Nichtüberlappender-Daten (PND) Gesamtbelastung

Wie Tabelle 22 darstellt, überlappen 5 der 9 Datenpunkte der Interventionsphase keine Datenpunkte der Grundrate. Dies ergibt einen PND = 55.56%, welcher nach Kern (1997) für einen fragwürdigen Interventionseffekt spricht.

Tabelle 22: Teilnehmerin B: Prozentsatz-Nichtüberlappender-Daten zwischen Grundrate und Interventionsphase für die Gesamtbelastung

Nicht-überlappende Datenpunkte der Interventionsphase	Datenpunkte Interventionsphase insgesamt	PND
5	9	5/9*100=55.56

Effekstärke Gesamtbelastung

Die Effektstärke nach Cohen (1988) berechnet aus den Mittelwerten und Standardabweichungen von Grundrate und Interventionsphase (vgl. Tabelle 21) liegt bei $d = -1.57$ und damit im hohen Bereich. Tabelle 23 stellt dieses Ergebnis dar. Dieses Ergebnis stärkt den eher schwachen PND von 55.56% in seiner fragwüriden Aussagekraft und spricht damit für einen gewissen Erfolg der Intervention: Die Gesamtbelastung von Teilnehmerin B sinkt wie in Hypothese 1b angenommen nach Einsetzen der Intervention.

Tabelle 23: Teilnehmerin B: Berechnung der Effektstärke zwischen Grundrate und Interventionsphase

Teilnehmerin B	Grundrate M (SD)	Interventionsphase M (SD)
Gesamtbelastung	101.50 (8.81)	86.67 (10.05)
Effektstärke Cohens *d*	-1.57	

Abbildung 11 stellt nun die acht Subskalen des „Fragebogens zum Funktionsniveau" Ordnen, Anfangen, Umsetzen, Einteilen, Planen, Erkennen, Gedächtnis und Soziales dar. Die drei Subskalen der stärksten Belastung eines jeden Teilnehmers während der Grundrate sollen die abhängigen Variablen bilden und werden detailliert in ihrem Verlauf betrachtet dargestellt und ausgewertet. Die bloße Betrachtung der einzelnen Subskalen lassen aufgrund ihrer großen Schwankungen in beiden Phasen der Studie – Grundrate und Interventionsphase – keine eindeutige Aussage über einen Effekt der Intervention in bestimmten Anforderungsbereichen zu.

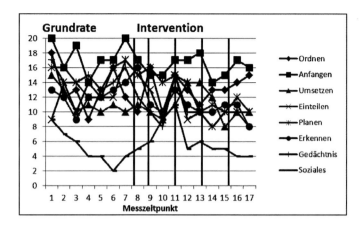

Abbildung 11: Teilnehmerin B: Die acht Subskalen des Fragebogens zum Funktionsniveau: Grundrate und Interventionsphase

Tabelle 24 zeigt die Mittelwerte und Standardabweichungen der Grundrate der acht einzelnen Subskalen des „Fragebogens zum Funktionsniveau". Die drei Subskalen mit den höchsten Mittelwerten während der Grundrate bilden dabei die drei abhängigen Variablen. So handelt es sich bei Teilnehmerin B um die Subskalen Anfangen (M = 17.5, SD=2.07), Planen (M = 14.75, SD = 1.91) und Gedächtnis (M = 14.38, SD = 1.6).

Tabelle 24: Teilnehmerin B: Mittelwerte und Standardabweichungen der Grundraten aller 8 Subskalen des Fragebogens zum Funktionsniveau

	M	SD
Subskala Ordnen	12.88	2.95
Subskala Anfangen	17.50	2.07
Subskala Umsetzen	11.38	1.77
Subskala Einteilen	12.88	2.64
Subskala Planen	14.75	1.91
Subskala Erkennen	12.63	2.00
Subskala Gedächtnis	14.38	1.60
Subskala Soziales	5.13	217

Visuelle Datenanalyse Subskala Anfangen

Betrachtet man den Verlauf der Subskala Anfangen bei Teilnehmerin B während der Grundrate und Interventionsphase in Abbildung 12, fällt zunächst auf, dass sie diesen Anforderungsbereich als sehr belastend erlebt. Die Werte schwanken zwischen 14 und 20, wobei 20 dem maximal möglichen Wert entspricht, während der Grundrate und zwischen 15 und 18 während der Interventionsphase. Ein leichter Rückgang der Belastung ist zu erkennen. Dies zeigt auch Tabelle 25, die die Mittelwerte der einzelnen Phasen der Untersuchung sowie die jeweiligen Differenzen der Interventionsphasen zur Grundrate darstellt. Das Thema „Anfangen" steht in der zweiten Trainingssitzung mit dem Titel „Anfangen und Umsetzen" im Vordergrund. Nach der zweiten Sitzung zeigt sich ein moderater Rückgang der Belastung (Messzeitpunkt 10), der jedoch von Schwankungen zu den folgenden Messzeitpunkten geprägt ist und nicht durchgehend stabil bleibt.

Tabelle 25: Teilnehmerin B: Mittelwerte und Standardabweichungen von Grundrate und Interventionsphase der Subskala Anfangen sowie Differenzen zur Grundrate

Teilnehmerin B	Grundrate M (SD)	Interventionsphase M (SD)					
Messzeitpunkt	1 -8	9 Sitzung 1	10, 11 Sitzung 2	12,13 Sitzung 3	14,15 Sitzung 4	16,17 Sitzung 5	Gesamt
Anfangen	17.5 (2.07)	15.0 (0)	16.0 (1.41)	17.5 (0.71)	14.5 (0.71)	16.5 (0.71)	16.0 (1.32)
Differenz zur Grundrate	-	2.5	1.5	0	3	1	1.5

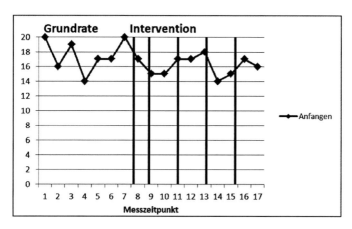

Abbildung 12: Teilnehmerin B: Subskala Anfangen: Grundrate und Interventionsphase

Prozentsatz-Nichtüberlappender-Daten (PND) Subskala Anfangen

Die Vermutung einer leichten Abnahme der erlebten Belastung im Bereich Anfangen aufgrund der visuellen Analyse des Kurvenverlaufs soll im Folgenden weiter untersucht werden. Der Prozentsatz-Nichtüberlappender-Daten liegt jedoch aufgrund der einhundertprozentigen Überlappung von Grund- und Interventionsrate bei 0% (vgl. Tabelle 26).

Tabelle 26: Teilnehmerin B: Prozentsatz-Nichtüberlappender-Daten zwischen Grundrate und Interventionsphase für die Subskala Anfangen

Nicht-überlappende Datenpunkte der Interventionsphase	Datenpunkte Interventionsphase insgesamt	PND
0	9	0/9*100=0

Effektstärke Subskala Anfangen

Als letzter Schritt der Auswertung der Subskala Anfangen soll nun die Effektstärke auf Basis der Mittelwerte und Standardabweichungen von Grundrate und Interventionsphase berechnet werden. Es ergibt sich die Effektstärke von *d* = -0.86, welche nach Cohen (1988) als groß eingestuft werden kann (siehe Tabelle 27). Da die Ergebnisse von visueller Analyse und PND aber gegen einen großen Interventionseffekt sprechen und da eine bloße Betrachtung der Mittelwertunterschiede zeigt, dass es sich um eine Differenz von 1.5 Punkten handelt, ist dieses Ergebnis unter Vorbehalt zu sehen. Dieser Aspekt soll an anderer Stelle weiter ausgeführt und diskutiert werden (vgl. Kapitel 4.1 Diskussion Studie 1).

Tabelle 27: Teilnehmerin B: Berechnung der Effektstärke zwischen Grundrate und Interventionsphase für die Subskala Anfangen

Teilnehmerin B	Grundrate M (SD)	Interventionsphase M (SD)
Anfangen	17.5 (2.07)	16.0 (1.32)
Effektstärke Cohens d	-0.86	

Visuelle Datenanalyse Subskala Planen

Abbildung 13 zeigt den Kurvenverlauf der Subskala Planen, die mit einem Mittelwert von $M = 14.75$ $(SD = 1.91)$ neben Anfangen und Gedächtnis zu den drei höchsten Subskalen gehört. Eine Abnahme der erlebten Belastung in diesem Anforderungsbereich ist deutlich zu erkennen: Während der Grundrate schwanken die Werte zwischen 12 und 17 Punkten, zwischen Trainingssitzung 1 und 3 bewegen sie sich zwischen 15 und 16 Punkten, bevor sie sich dann ab Sitzung vier zwischen 10 und 12 Punkten einpendeln.

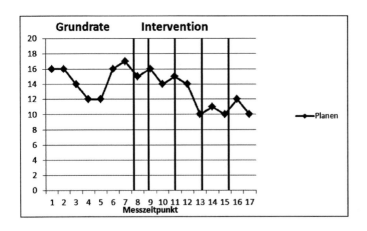

Abbildung 13: Teilnehmerin B: Subskala Planen: Grundrate und Interventionsphase

Tabelle 28 unterstreicht das Ergebnis der visuellen Analyse: Die dargestellten Mittelwerte und Standardabweichungen der einzelnen Phasen der Untersuchung und die dazugehörigen Differenzen der Mittelwerte zum Mittelwert der
Grundrate, zeigen die Abnahme der erlebten Belastung im Bereich „Planen“:
Differenzen zwischen 0.25 und 4.25 Punkten sprechen für eine Abnahme der
Belastung. Lediglich während der ersten Trainingssitzung liegt der Differenz-
wert im negativen Bereich (-1.25), was eine kurzzeitige Zunahme der Belastung
aufzeigt. Besonders Trainingssitzung zwei (Anfangen und Umsetzen) und Sitzung vier (Prioritäten setzten und einteilen) beschäftigen sich mit dem Anforderungsbereich „Planen“. Der Rückgang der Belastung stellt sich sowohl nach der
zweiten als auch noch deutlicher nach der vierten Sitzung ein.

*Tabelle 28: Teilnehmerin B: Mittelwerte und Standardabweichungen von Grundrate und In-
terventionsphase der Subskala Planen sowie Differenzen zur Grundrate*

Teilnehmerin B	Grundrate M (SD)	Interventionsphase M (SD)					
Messzeitpunkt	1 -8	9 Sitzung 1	10, 11 Sitzung 2	12,13 Sitzung 3	14,15 Sitzung 4	16,17 Sitzung 5	Gesamt
Planen	14.75 (1.91)	16.0 (0)	14.5 (0.71)	12.0 (2.83)	10.5 (0.71)	11.0 (1.41)	12.44 (2.35)
Differenz zur Grundrate	-	-1.25	0.25	2.75	4.25	3.75	2.31

Prozentsatz-Nichtüberlappender-Daten (PND) Subskala Planen

Um die im vorherigen Abschnitt beschriebenen Beobachtungen weiter zu
stützen, wird der PND hinzugezogen: 5 der 9 Datenpunkte in der Interventionsphase sind nicht mit Datenpunkten der Grundrate identisch, was einem PND von
55.56% entspricht (siehe Tabelle 29). Dieser liegt bei einem Maximum von 100
im Mittelfeld. Laut Kern (1997) spricht ein PND zwischen 50 und 70% lediglich
für einen fragwürdigen Interventionseffekt.

Tabelle 29: Teilnehmerin B: Prozentsatz-Nichtüberlappender-Daten zwischen Grundrate und Interventionsphase für die Subskala Planen

Nicht-überlappende Datenpunkte der Interventionsphase	Datenpunkte Interventionsphase insgesamt	PND
5	9	5/9*100=55.56

Effektstärke Subskala Planen

Die Effektstärke für den Interventionseffekt liegt bei Teilnehmerin B bei d = -1.08 und damit im hohen Bereich (vgl. Tabelle 30). Aufgrund der Ergebnisse der visuellen Datenanalyse sowie der Berechnung von PND und Effektstärke, kann also eine Verminderung der Alltagsbelastung im Anforderungsbereichs Planen bei Teilnehmerin B angenommen werden.

Tabelle 30: Teilnehmerin B: Berechnung der Effektstärke zwischen Grundrate und Interventionsphase für die Subskala Planen

Teilnehmerin B	Grundrate M (SD)	Interventionsphase M (SD)
Planen	14.75 (1.91)	12.44 (2.35)
Effektstärke Cohens d	-1.08	

Visuelle Datenanalyse Subskala Gedächtnis

Die dritte abhängige Variable in dieser Untersuchung zu Teilnehmerin B bildet die Subskala Gedächtnis des „Fragebogens zum Funktionsniveau". Abbildung 14 zeigten den Verlauf der Kurve dieser Subskala während Grundrate und Interventionsphase: Es zeigt sich eine deutliche Abnahme der erlebten Belastung während der Interventionsphase. Während der Grundrate pendeln die Werte zwischen 13 und 17, sie liegen also im oberen Drittel der Skala. Schon nach der ersten Trainingssitzung mit dem Titel „Was soll sich ändern, was kann so bleiben?" (Messzeitpunkt 9) senkt sich die erlebte Belastung deutlich, wenn auch während der gesamten Interventionsphase große Schwankungen zu erkennen sind. Die dritte Trainingssitzung mit dem Titel „Gedächtnis, Konzentration und Co." beschäftigt sich vorwiegend mit Gedächtnisstrategien. Zu diesem Zeitpunkt (Messzeitpunkt 11) steigt die erlebte deutlich und erreicht mit 15 Punkten wieder das Niveau der Grundrate. Ab Messzeitpunkt 12, zwischen der dritten und vierten Trainingssitzung pendeln sich die Messwerte dann auf einem Niveau von

8 bis 10 Punkten ein und liegen damit deutlich niedriger als zu Beginn der Messung während der Grundrate.

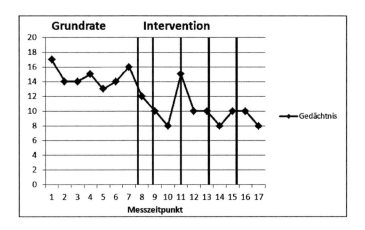

Abbildung 14: Teilnehmerin B: Subskala Gedächtnis: Grundrate und Interventionsphase

Die Differenzen zwischen den Mittelwerten der einzelnen Phasen der Interventionsphase der Subskala Gedächtnis und dem Mittelwert der Grundrate liegen durchweg im positiven Bereich zwischen 2.88 und 4.38 Punkten, das heißt, dass es eine Abnahme der erlebten Belastung nach Einsetzen der Intervention gab (vgl. Tabelle 31). Die Unterschiede der gesamten Interventionsphase ($M = 9.89$, $SD = 2.15$) werden im Folgenden mittels Berechnung der Effektstärke Cohens *d* mit denen der Grundrate ($M = 14.38$, $SD = 1.6$) verglichen. Zunächst wird aber der PND betrachtet.

Tabelle 31: Teilnehmerin B: Mittelwerte und Standardabweichungen von Grundrate und Interventionsphase der Subskala Gedächtnis sowie Differenzen zur Grundrate

Teilnehmerin B	Grundrate M (SD)	Interventionsphase M (SD)					
Messzeitpunkt	1 -8	9 Sitzung 1	10, 11 Sitzung 2	12,13 Sitzung 3	14,15 Sitzung 4	16,17 Sitzung 5	Gesamt
Gedächtnis	14.38 (1.60)	10.0 (0)	11.5 (4.95)	10.0 (0)	9.0 (1.41)	9.0 (1.41)	9.89 (2.15)
Differenz zur Grundrate	-	4.38	2.88	4.38	3.38	3.38	4.49

Prozentsatz-Nichtüberlappender-Daten (PND) Subskala Gedächtnis

Tabelle 32 zeigt die Werte, die in die Formel des PND mit eingehen: Diese erreichen hier mit 8 von 9 Punkten der Interventionsphase, die sich nicht mit Punkten der Grundrate überlappen, einen Wert von 88.89%. Dies spricht für einen hoch reliablen Interventionseffekt (Kern, 1997).

Tabelle 32: Teilnehmerin B: Prozentsatz-Nichtüberlappender-Daten zwischen Grundrate und Interventionsphase für die Subskala Gedächtnis

Nicht-überlappende Datenpunkte der Interventionsphase	Datenpunkte Interventionsphase insgesamt	PND
8	9	8/9*100=88.89

Effektstärke Subskala Gedächtnis

Es ergibt sich eine Effektstärke von $d = -2.37$ (vgl. Tabelle 33), was nach Cohen (1988) im hohen Bereich liegt: Hypothese 1a kann für den Bereich „Gedächtnis" angenommen werden: Die erlebte Alltagsbelastung in diesem Bereich sinkt nach dem Einsetzen der Intervention deutlich.

Tabelle 33: Teilnehmerin B: Berechnung der Effektstärke zwischen Grundrate und Interventionsphase für die Subskala Gedächtnis

Teilnehmerin B	Grundrate *M (SD)*	Interventionsphase *M (SD)*
Gedächtnis	14.38 (1.60)	9.89 (2.15)
Effektstärke Cohens *d*	-2.37	

Veränderung der ADHS-Symptomatik im Verlauf des Trainings

Zusätzlich zu den Änderungen der erlebten Alltagsbelastung im Verlauf des Trainings sollen Änderungen der ADHS-Symptomatik, erhoben zu insgesamt vier Messzeitpunkten (warte, prä, post und follow-up) mittels Fragebogen „Verhaltensmerkmale der ADHS" (Lauth & Minsel, 2009), betrachtet werden. Von Teilnehmerin B liegt der Fragebogen Verhaltensmerkmale der ADHS (Lauth & Minsel, 2009) nur zu den Messzeitpunkten warte, prä und post (vier Wochen vor Beginn des Trainings, vor der ersten Trainingssitzung sowie nach der fünften Trainingssitzung) vor, da sie nur die ersten fünf Trainingssitzungen besucht hatte. Abbildung 15 zeigt den Verlauf der ADHS-Symptomatik zu den genannten Messzeitpunkten. Das Training fand zwischen den Messzeitpunkten prä und post statt. Es zeigen sich keine sichtbaren Effekte des Trainings auf die ADHS-Symptomatik.

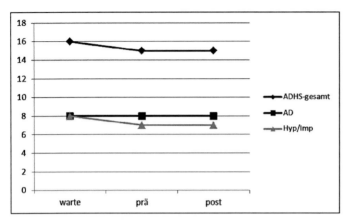

Abbildung 15: Teilnehmerin B: Verlauf der ADHS-Symptomatik: Mittelwerte der Ge-
samtskala sowie der Subskalen Aufmerksamkeitsdefizit (AD) und Hyperaktivität / Impulsivität
(Hyp/Imp) zu den drei Messzeitpunkten

Zufriedenheit mit dem Training:

Der „Fragebogen zur Zufriedenheit mit dem ADHS-Training" (Lauth &
Minsel, 2009) wurde in der fünften Trainingssitzung erhoben. Er wird deskriptiv
ausgewertet, wobei die Antworten Prozentangaben sind. Teilnehmerin B gibt an,
dass sie 30 % der im Kurs entwickelten Ideen in die Tat umgesetzt hat. Ihr Verständnis für ADHS sowie ihr Befinden haben sich zu 80% verbessert. Sie hat
sich in der Gruppe sowie vom Gruppenleiter zu 90% verstanden und wohl gefühlt. Sie hat nur 30% ihrer selbst gesetzten Hausaufgaben in die Tat umgesetzt
und der Kurs hat ihr zu 50% geholfen, ihr Verhalten zu verbessern. Die Frage
danach, wie sehr sich das Verhalten verbessert hat beantwortet sie mit 40%. Sie
gibt an, dass ihre Teilnahme am ADHS-Training keinen Einfluss auf ihren Partner und ihre Familie hatte. Mit Kursaufbau, Materialien und Durchführung zeigt
sie sich zu 90% zufrieden. In den offenen Fragen gibt sie an, dass einige Fragestellungen in den Unterlagen unklar ausgedrückt waren. Das Beste an dem Kurs
war nach Teilnehmerin B, dass sie sich mit „Gleichgesinnten" austauschen und
gemeinsam Lösungsmöglichkeiten für Alltagsprobleme finden konnte. Sie gibt
an, dass sich die Teilnahme am Kurs zu 80% gelohnt habe, und dass sie ihn zu
100% einem Freund weiterempfehlen würde.

Zusammenfassung der Ergebnisse der Einzelfallanalyse von Teilnehmerin B

Für Teilnehmerin B können sowohl Hypothese 1a, die erwartet, dass sich das Ausmaß der subjektiv empfundenen Belastung in den drei Anforderungsbereichen, die vor Beginn der Intervention als am stärksten belastend empfunden wurde, im Verlauf des Trainings verringert, als auch Hypothese 1b, die erwartet, dass sich das Ausmaß der subjektiv empfundenen Gesamtbelastung im Alltag im Verlauf des Trainings verringert, in weiten Teilen angenommen werden.

Es lässt sich zusammenfassend festhalten, dass Teilnehmerin B vom behavioralen Training für Erwachsene mit ADHS profitieren konnte. Auch wenn die durch den Summenscore des „Fragebogens zum Funktionsniveau" erhobene Gesamtbelastung augenscheinlich sowohl während der Grundrate als auch während der Interventionsphase schwankt, sprechen der mittlere PND von 55.56% gepaart mit der hohen Effektstärke von $d = -1.57$ für einen positiven Interventionseffekt im Sinne einer Verringerung der erlebten Gesamtbelastung im Alltag, wie Hypothese 1b annimmt.

Die abhängigen Variablen als die drei Anforderungsbereiche mit der stärksten subjektiv empfundenen Belastung während der Grundrate sind bei Teilnehmerin B Anfangen, Planen und Gedächtnis. Im Anforderungsbereich Anfangen kann Hypothese 1a nur teilweise angenommen werden, da die visuelle Datenanalyse des Kurvenverlaufs keine eindeutige Abnahme der erlebten Belastung erkennen lässt und auch der PND von 0% gegen einen bedeutsamen Interventionseffekt spricht. Lediglich die Effektstärke von $d = -0.86$ stützt Hypothese 1a, wobei die rein deskriptive Betrachtung der Mittelwerte von Grundrate und Interventionsphase zeigt, dass es sich nur um einen Unterschied von 1.5. Punkten handelt. Im Bereich Anfangen zeigen sich also nur moderate Ergebnisse bei Teilnehmerin B. Für den Anforderungsbereich Planen sind die Ergebnisse eindeutig im Sinne von Hypothese 1a: Schon die bloße visuelle Analyse zeigt eine deutliche Abnahme der erlebten Belastung in diesem Anforderungsbereich. Der PND von 55.56% spricht jedoch lediglich für fragwürdige Interventionseffekte (Kern, 1997), die durch die recht hohen Schwankungen in beiden Phasen der Untersuchung und die dadurch recht häufigen Überlappungen der Werte von Grundrate und Interventionsphase bedingt sind. Die Effektstärke liegt wiederum bei $d = -1.08$ und damit im hohen Bereich. Aufgrund der Ergebnisse von visueller Datenanalyse sowie Berechnung von PND und der Effektstärke für die Subskala Planen kann also eine Verminderung des Anforderungsbereichs

Planen bei Teilnehmerin B angenommen werden. Die dritte abhängige Variable in dieser Untersuchung zu Teilnehmerin B bildet die Subskala Gedächtnis. Alle drei verwendeten Analysen sprechen für einen bedeutsamen Interventionseffekt und damit für eine Annahme von Hypothese 1a für diesen Anforderungsbereich. Die visuelle Datenanalyse zeigt deutliche Abnahme der Belastung nach Einsetzen der Intervention. Der Prozentsatz-Nichtüberlappender-Daten liegt mit einem Wert von 88.89% in einem Bereich, der nach Kern (1997) für einen sehr reliablen Interventionseffekt spricht. Die sehr hohe Effektstärke von $d = -2.37$ stützt diese Ergebnisse: Die erlebte Alltagsbelastung in diesem Bereich sinkt nach dem Einsetzen der Intervention deutlich und Hypothese 1a kann für den Bereich Gedächtnis bei Teilnehmerin B angenommen werden.

Nun stellt sich die Frage, welche Trainingssitzungen einen positiven Einfluss auf die erlebte Alltagsbelastung von Teilnehmerin B hatten, das heißt welche Trainingsbausteine sich hier als besonders wirksam erwiesen. Für den Anforderungsbereich Anfangen lässt sich kein Zusammenhang mit den speziellen Trainingsinhalten zu diesem Thema erkennen: Die moderate Abnahme der erlebten Belastung in diesem Bereich findet bereits nach der ersten Trainingssitzung statt, die mit dem Thema „Was soll sich ändern – was kann so bleiben?" eine Art Bestandsaufnahme darstellt. Im Speziellen wird das Thema „Anfangen" in der zweiten Trainingssitzung mit dem Titel „Anfangen und Umsetzen" behandelt, bevor es in der vierten Sitzung mit dem Titel „Prioritäten setzen und einteilen" wieder aufgegriffen wird. Ähnlich sieht es für den Anforderungsbereich „Planen" bei Teilnehmerin B aus: Dieses Thema wird schwerpunktmäßig in Sitzung vier behandelt, die Abnahme der erlebten Belastung stellt sich hier aber früher ein, nach der ersten und nach der dritten Sitzung ist ein Rückgang der Belastung zu verzeichnen. Beim Thema Gedächtnis zeigt sich ein deutlicher Zusammenhang der erlebten Belastung mit den Trainingsinhalten: Nach der dritten Sitzung mit dem Titel „Gedächtnis, Konzentration und Co." lässt sich eine deutliche Abnahme der erlebten Belastung in der Subskala „Gedächtnis" erkennen.

Die ADHS-Symptomatik zeigt bei Teilnehmerin B keine Veränderungen im Vergleich vor und nach der Teilnahme am behavioralen ADHS-Training. Im „Fragebogen zur Zufriedenheit mit dem ADHS-Training" (Lauth & Minsel, 2009), der nach der fünften Trainingssitzung erhoben wurde, gibt Teilnehmerin B an, dass sie sehr zufrieden mit dem Kurs war und dass sich ihr Befinden, was ja letztendlich auch mit der hier untersuchten erlebten Alltagsbelastung einher geht, zu 80% verbessert habe. Zudem gibt sie an, dass sich ihr Verhalten nur zu 40% geändert habe, was auch zu dem zuvor berichteten nicht veränderten Niveau der ADHS-Symptomatik passt.

3.4.2.3 Einzelfallanalyse Teilnehmer C

3.4.2.3.1 Demografische Merkmale Teilnehmer C

Teilnehmer C ist 27 Jahre alt und studiert nach einer abgeschlossenen Berufsausbildung. Er hat bereits seit seiner Kindheit die Diagnose ADHS und ist seit mehreren Jahren in psychotherapeutischer Behandlung. Zum Zeitpunkt des Trainings nimmt er Termine bei seiner Psychotherapeutin nur in unregelmäßigen Abständen wahr. Er ist medikamentös mit Methylphenidat eingestellt und sagt zu, die Dosis über den Zeitraum des Trainings und darüber hinaus im Sinne einer Konstanthaltung möglicher Störvariablen stabil zu halten.

Im ersten Teil des Fragebogens für junge Erwachsene YASR (Achenbach, 1997), in dem es um demografische, die allgemeine Lebenssituation betreffende Merkmale geht, gibt er an, dass er sich durchschnittlich gut mit seiner Mutter und seinen Geschwistern versteht und dass er keinen Kontakt zu seinem Vater hat. Er hat zum Zeitpunkt des Trainings keine Partnerschaft oder Beziehung. Bei der Frage nach Krankheiten oder körperlichen Beeinträchtigungen gibt er an, an Lebensmittelallergien und Asthma zu leiden. Bei der Frage nach Problemen bei der Arbeit nennt er die Angst davor zu scheitern, den Abschluss an der Hochschule nicht zu bekommen sowie Probleme bei der Selbsteinschätzung, Antriebslosigkeit und Unmotiviertheit. Die Frage, was ihm an sich am besten gefällt beantwortet er damit, dass er bis jetzt wenn auch häufig auf Umwegen trotz seiner Schwierigkeiten alle seine Ziele verwirklichen konnte.

3.4.2.3.2 Klinische Merkmale Teilnehmer C

Teilnehmer C erreicht im ASRS-V1.1-Screening 4 Punkte und liegt damit genau auf dem Cut-Off-Wert der klinischen Bedeutsamkeit. Die retrospektive Erfassung der ADHS-Symptomatik in der Kindheit liegt mit 31 Punkten über dem klinisch relevanten Cut-Off-Wert von 30 Punkten. Der Fragebogen „Ver-

haltensmerkmale der ADHS" (Lauth & Minsel, 2009) ergibt während der Eingangsdiagnostik 6 Punkte auf der Skala „Unaufmerksamkeit" und 4 Punkte auf
der Skala „Hyperaktivität / Impulsivität". Damit gehört Teilnehmer C dem unaufmerksamen Subtypus an. Nach eigenen Angaben war seine Hyperaktivität
früher ein zentrales Problem, seitdem er mit Methylphenidat behandelt wird,
haben diese Schwierigkeiten jedoch deutlich nachgelassen. Im „Fragebogen zum
Funktionsniveau" erreicht er während der Eingangsdiagnostik 58 von 160 möglichen Punkten und liegt damit eher im unteren mittleren Bereich.

 Im Selbstbeurteilungsfragebogen Young Adult Self Report (YASR,
Achenbach, 1997) liegt Teilnehmer C in zwei der klinischen Subskalen über
dem klinischen Grenzwert: In der Subskala „Aufmerksamkeitsprobleme" erreicht er 8 Punkte. Er gibt an, häufig Schwierigkeiten zu haben, sich zu konzentrieren oder länger aufzupassen und dass seine Leistungen in Schule oder Beruf
häufig schlecht seien. Diese Items beantwortet er mit der höchstmöglichen
Punktzahl von 2. Zudem gibt er an, dass er sich manchmal zu jung für sein Alter
verhält, dass er manchmal zu abhängig von anderen Menschen ist, dass er
manchmal Dinge nicht zu Ende bringt und dass sein Verhalten manchmal ver-
antwortungslos ist. Es kann als Bestätigung der ADHS-Diagnose betrachtet
werden, dass Teilnehmer C in der Subskala „Aufmerksamkeitsprobleme" über
dem klinischen Grenzwert liegt.

 In der Subskala „Bizarre Gedanken" erreicht er zwei Punkte, die dem klinischen Grenzwert entsprechen. Er gib an, manchmal Dinge zu sehen, die andere nicht zu sehen scheinen und manchmal Gedanken und Ideen zu haben, die
andere Leute seltsam fänden. Bei der Frage, um was es sich dabei handeln würde, gibt er an, „voraus zu denken". Da seine Aufmerksamkeitsprobleme im Vordergrund stehen und bis auf einen leichten Hang zu bizarren Gedanken keine
anderen komorbiden Störungen diagnostiziert werden konnten, ist Teilnehmer C
ein geeigneter Teilnehmer für das behaviorale Gruppentraining für Erwachsene
mit ADHS.

3.4.2.3.3 Ergebnisdarstellung der Einzelfallanalyse Teilnehmer C

 Teilnehmer C nimmt an allen sechs Trainingssitzungen teil und beantwortet die Fragebögen mit wenigen Ausnahmen regelmäßig zweimal in der Woche über einen Gesamtzeitraum von vier Monaten. Insgesamt liegen 24 Messzeitpunkte vor, wobei 9 die Grundrate, 7 die Interventionsphase und 8 die

Follow-up-Phase ausmachen. Bei der Auswertung werden Interventionsphase und Follow-Up-Phase zusammengefasst betrachtet, da die sechste Trainingssitzung ja dem letzten Messzeitpunkt entspricht. Dennoch können erste Langzeiteffekte erkannt werden: Zwischen Trainingssitzung fünf und sechs liegt ein Zeitraum von vier Wochen, in denen keine Intervention stattfand. Die sechste Sitzung stellt dann als Abschlusssitzung eine Auffrischungssitzung dar.

Abbildung 16 zeigt den Verlauf der Gesamtbelastung, erhoben durch den Summenscore des „Fragebogens zum Funktionsniveau" von Teilnehmer C. Hypothese 1a nimmt an, dass sich die Gesamtbelastung im Laufe des Trainings verringert. Dies lässt sich durch eine visuelle Analyse des Kurvenverlaufs nicht erkennen: Zunächst fällt auf, dass sich die Belastung insgesamt eher im mittleren und unteren Bereich befindet. Nach einer instabilen Grundrate, in der die Datenpunkte um den Bereich zwischen 16 und 90 Punkten von 160 möglichen Punkten streuen, geht die erlebte Belastung zunächst auf 30 bis 40 Punkte zurück, bevor sie ab der dritten Trainingssitzung wieder deutlich zunimmt und sich zwischen Sitzung 3 und 5 auf einem Niveau zwischen 50 und 65 Punkten bewegt. Nach einer kurzen Spitze kurz nach der fünften Sitzung auf einem Niveau von 89 Punkten fällt die Kurve deutlich und pendelt sich zum Ende des Untersuchungszeitraums zwischen 20 und 34 Punkten ein.

Visuelle Datenanalyse Gesamtbelastung

Bei Betrachtung des Kurvenverlaufs der Gesamtbelastung von Teilnehmer C, ermittelt durch den Summenscore des „Fragebogens zum Funktionsniveau", fällt eine deutlich „gezackte" Linie mit mehreren Spitzen und Tälern sowohl während der Grundrate als auch während der Interventionsrate auf. Es lässt sich keine eindeutige Aussage über eine Annahme oder Ablehnung von Hypothese 1b treffen. Durch Hinzunahme der Differenzen zwischen Grundrate und Interventionsphase, durch die Berechnung des PND sowie der Effektstärke soll eine Entscheidung diesbezüglich getroffen werden.

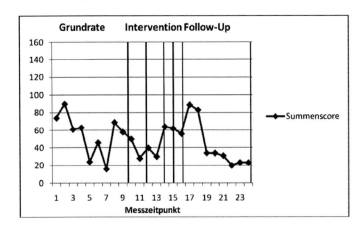

Abbildung 16: Teilnehmer C: Gesamtbelastung (Summenscore des Fragebogens zum Funktionsniveau): Grundrate und Interventionsphase

Tabelle 34 zeigt die Mittelwerte und Standardabweichungen sowie die jeweiligen Differenzen zur Grundrate der einzelnen Phasen der Untersuchung zu Teilnehmer C. Auch hier zeigen sich die starken Schwankungen in der erlebten Gesamtbelastung: Die Differenzen schwanken zwischen -8.33 und 20.67, wobei ein negativer Wert für eine höhere Belastung während der Interventionsphase im Vergleich zur Grundphase und damit gegen die Annahme von Hypothese 1a spricht. Betrachtet man jedoch die Mittelwerte von der Interventionsphase insgesamt im Vergleich zur Grundrate, zeigt sich eine Differenz von 11.2 Punkten, was für eine Verminderung der erlebten Alltagsbelastung spricht.

Tabelle 34: Teilnehmer C: Mittelwerte und Standardabweichungen von Grundrate und Interventionsphase der Gesamtbelastung sowie Differenzen zur Grundrate

Teilnehmer C	Grund-rate M (SD)	Interventionsphase und Follow-Up-Phase M (SD)						
Messzeitpunkt	1 -9	10-11 Sitzung 1	12-13 Sitzung 2	14 Sitzung 3	15 Sitzung 4	16-23 Sitzung 5	24 Sitzung 6	Gesamt
Gesamtbelastung	55.67 (23.59)	39.0 (15.56)	35.0 (7.07)	64.0 (0)	62.0 (0)	46.25 (26.82)	23.0 (0)	44.47 (21.94)
Differenz zur Grundrate	-	16.67	20.67	-8.33	-6.33	9.42	32.67	11.2

Prozentsatz-Nichtüberlappender-Daten (PND) Gesamtbelastung

Ein Aussagekräftiger PND kann nach Kern (1997) nur nach einer stabilen Grundrate berechnet werden. Da die Grundrate bei Teilnehmer C jedoch um mehr als 42% schwankt (zwischen 16 und 90 von 160 Punkten) und damit in hohem Maße instabil ist, wäre dieser Wert hier nicht aussagekräftig und wird nicht berechnet. Die Auswertung der Ergebnisse kann also lediglich auf Basis der visuellen Analyse und der Effektstärke stattfinden.

Effekstärk Gesamtbelastung

Nun soll die Berechnung der Effektstärke als Unterschiedsmaß zwischen Grundrate und Interventionsphase eingesetzt werden: Es ergibt sich eine Effektstärke von $d = -0.49$ (Tabelle 35), was nach Cohen (1988) für einen schwachen Effekt spricht. Vor allem die durch die großen Schwankungen zustande kommenden Standardabweichungen von $SD = 23.59$ und $SD = 21.94$ wirken sich mindernd auf die Effektstärke aus.

Tabelle 35: Teilnehmer C: Berechnung der Effektstärke zwischen Grundrate und Interventionsphase

Teilnehmer C	Grundrate M (SD)	Interventionsphase und Follow-Up-Phase M (SD)
Gesamtbelastung	55.67 (23.59)	44.47 (21.94)
Effektstärke Cohens *d*	-0.49	

Nach der Auswertung der Gesamtbelastung sollen die drei Anforderungsbereiche im Sinne von abhängigen Variablen detailliert untersucht werden, die Teilnehmer C während der Grundrate als am stärksten belastend empfand. Tabelle 36 zeigt die Mittelwerte und Standardabweichungen der acht Subskalen des „Fragebogens zum Funktionsniveau", Abbildung 17 stellt die acht Subskalen im Verlauf der Untersuchung grafisch dar. Die abhängigen Variablen bilden hier die Subskalen Ordnen ($M = 7.44$, $SD = 4.33$), Anfangen ($M = 10.89$, $SD = 6.19$) und Planen ($M = 13.78$, $SD = 5.89$). Auch hier fallen die großen Standardabweichungen aufgrund der großen Schwankungen ins Auge.

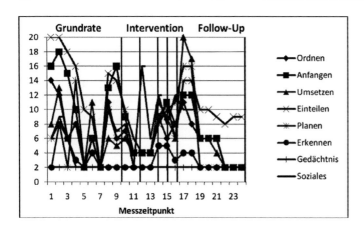

Abbildung 17: Teilnehmer C: Die acht Subskalen des Fragebogens zum Funktionsniveau: Grundrate und Interventionsphase

Tabelle 36: Teilnehmer C: Mittelwerte und Standardabweichungen der Grundraten aller 8 Subskalen des Fragebogens zum Funktionsniveau

	M	*SD*
Subskala Ordnen	7.44	4.22
Subskala Anfangen	10.89	6.19
Subskala Umsetzen	6.78	3.70
Subskala Einteilen	13.78	5.89
Subskala Planen	6.22	4.06
Subskala Erkennen	3.44	2.19
Subskala Gedächtnis	2.00	0.00
Subskala Soziales	5.11	3.22

Visuelle Datenanalyse Subskala Ordnen

Zunächst wird die Subskala Ordnen geprüft, welche in ihrem Verlauf in Abbildung 18 dargestellt ist. Die visuelle Analyse ergibt neben einer stark schwankenden Grundrate zwischen 2 und 14 Punkten eine Abnahme der Belastung nach der zweiten Trainingssitzung auf ein Niveau von 4 Punkten, mit einer anschließenden Zunahme auf ein Niveau zwischen 6 und 9 Punkten zwischen der dritten und fünften Trainingssitzung. In der Follow-up-Phase zwischen der fünften und sechsten Trainingssitzung nimmt die Belastung im Bereich Ordnen stetig ab, bis sie auf einem Niveau von 2 Punkten stabil bleibt. Betrachtet man nur den Ausgangs- und Endwert der Untersuchung lässt sich eine deutliche Abnahme der Belastung erkennen. Mit dem Anforderungsbereich „Ordnen" beschäftigen sich vor allem die zweite und vierte Trainingssitzung („Anfangen und Umsetzen"; „Prioritäten setzen und einteilen"). Die visuelle Analyse der Interventionsphase lässt jedoch keinen besonderen Effekt nach diesen beiden Sitzungen erkennen. Die Betrachtung der Differenzen zwischen den Mittelwerten der einzelnen Phasen der Intervention zur Grundrate sollen weitere Informationen zur Beurteilung des Interventionseffekts auf die Subskala Ordnen bringen (siehe Tabelle 37). Die Differenzen liegen mit Ausnahme von Sitzung 3 im positiven Bereich und schwanken zwischen 1.31 und 5.44. Die Differenz für die gesamte Interventionsphase von Sitzung eins bis Sitzung sechs liegt bei 1.77.

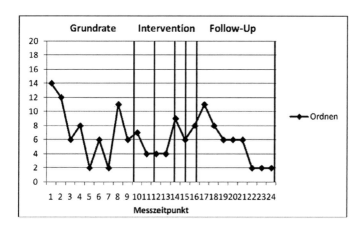

Abbildung 18: Teilnehmer C: Subskala Ordnen: Grundrate und Interventionsphase

Tabelle 37: Teilnehmer C: Mittelwerte und Standardabweichungen von Grundrate und Interventionsphase der Subskala Ordnen sowie Differenzen zur Grundrate

Teilnehmer C	Grund-rate M (SD)	Interventionsphase und Follow-Up-Phase M (SD)						
Messzeitpunkt	1 -9	10-11 Sitzung 1	12-13 Sitzung 2	14 Sitzung 3	15 Sitzung 4	16-23 Sitzung 5	24 Sitzung 6	Gesamt
Ordnen	7.44 (4.22)	5.50 (2.12)	4.0 (0)	9.0 (0)	6.0 (0)	6.13 (3.04)	2.0 (0)	5.67 (2.69)
Differenz zur Grundrate	-	1.94	3.44	-1.56	1.44	1.31	5.44	1.77

Prozentsatz-Nichtüberlappender-Daten (PND) Subskala Ordnen

Ebenso wie für die durch den Summenscore des „Fragebogens zum Funktionsniveau" erhobene Gesamtbelastung kann für die Subskala Ordnen kein PND berechnet werden, da die Grundrate nicht annähernd stabil ist (vgl. Abbildung 18).

Effektstärke Subskala Ordnen

Die Effektstärke für den Mittelwertunterschied zwischen Grundrate (M = 7.44, SD = 4.22) und Interventionsphase (M = 5.67, SD = 2.69), dargestellt in Tabelle 38, liegt bei d = -0.50, was nach Cohen (1988) für einen mittleren Effekt spricht. Hypothese 1a kann daher zum Teil angenommen werden.

Tabelle 38: Teilnehmer C: Berechnung der Effektstärke zwischen Grundrate und Interventionsphase für die Subskala Ordnen

Teilnehmer C	Grundrate M (SD)	Interventionsphase M (SD)
Ordnen	7.44 (4.22)	5.67 (2.69)
Effektstärke Cohens d	-0.50	

Visuelle Datenanalyse Subskala Anfangen

Betrachtet man den Verlauf der Subskala Anfangen fallen zunächst die großen Schwankungen auf. Während der Grundrate schwanken die Werte zwischen 2 und 18 von 20 möglichen Punkten, wobei sich zwei „Spitzen" der erlebten Belastung zu Beginn der Messung sowie kurz zu Beginn der Intervention befinden. Zwischen der ersten und dritten Trainingssitzung nimmt die Belastung deutlich ab, bevor sie ab der vierten Sitzung wieder auf einen Bereich um 12 Punkte steigt und eine Woche nach der fünften Sitzung zum Messzeitpunkt 19 wieder deutlich fällt. Während der Follow-up-Phase liegt die wahrgenommene Belastung zunächst bei einem Niveau von 6 Punkten und nimmt dann weiter ab, bis sie zum Ende der Messung während der sechsten Trainingssitzung bei 2 Punkten liegt. Mit der Thematik des Anfangens beschäftigt sich vor allem die zweite Trainingssitzung mit dem Titel „Anfangen und Umsetzen". Teilnehmer C beurteilt seine erlebte Alltagsbelastung im Bereich „Anfangen" aber nach dieser Sitzung nicht niedriger als zuvor, vielmehr befindet sich die Kurve wie Abbildung 19 zeigt schon vorher auf dem niedrigen Niveau von 4 Punkten.

Insgesamt ist trotz der großen Schwankungen ein durchaus positiver Verlauf zu erkennen: Die Belastung im Bereich Anfangen nimmt im Verlauf der Intervention deutlich ab.

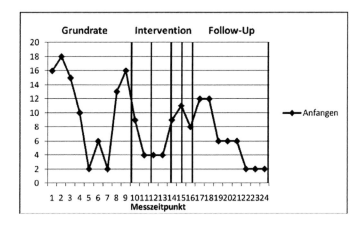

Abbildung 19: Teilnehmer C: Subskala Anfangen: Grundrate und Interventionsphase

Der oben beschriebene Verlauf der Subskala „Anfangen" zeigt im Sinne von Hypothese 1a die erwartete Abnahme der Belastung. Dies belegt auch die Betrachtung der Differenzen zwischen der Grundrate und den einzelnen Phasen der Intervention (vgl. Tabelle 39). Mit der Ausnahme von Sitzung 4 (Differenz von -0.11) liegen die Differenzen durchweg im positiven Bereich, was eine höhere Belastung vor Beginn der Intervention als zu den einzelnen Phasen der Intervention belegt. Sie bewegen sich - Sitzung vier herausgenommen -, bedingt durch die großen Schwankungen, zwischen 1.89 und 8.89 Punkten. Die Differenz zwischen der gesamten Interventionsphase und der Grundrate beträgt 4.42 Punkte.

Tabelle 39: Teilnehmer C: Mittelwerte und Standardabweichungen von Grundrate und Interventionsphase der Subskala Anfangen sowie Differenzen zur Grundrate

Teilnehmer C	Grund-rate M (SD)	Interventionsphase und Follow-Up-Phase M (SD)						
Messzeitpunkt	1 -9	10-11 Sitzung 1	12-13 Sitzung 2	14 Sitzung 3	15 Sitzung 4	16-23 Sitzung 5	24 Sitzung 6	Gesamt
Anfangen	10.89 (6.19)	6.50 (3.54)	4.0 (0)	9.0 (0)	11.0 (0)	6.75 (3.85)	2.0 (0)	6.47 (3.54)
Differenz zur Grundrate	-	4.39	6.89	1.89	-0.11	4.14	8.89	4.42

Prozentsatz-Nichtüberlappender-Daten (PND) Subskala Anfangen

Nach Kern (1997) sollte für die Berechnung des PND die Grundrate um nicht mehr als 15% schwanken. Da hier Schwankungen zwischen 2 und 18 von 20 möglichen Punkten vorliegen, was einer Schwankung von 80% entspricht, wäre der PND wenig aussagekräftig. Aus diesem Grunde wird hier darauf verzichtet.

Effektstärke Subskala Anfangen

Um den durch die visuelle Analyse festgestellten Interventionseffekt auf die Subskala Anfangen genauer zu untersuchen, wird die Berechnung der Effektstärken hinzugezogen (vgl. Tabelle 40). Die Mittelwerte von Grundrate (M = 10.89, SD = 6.19) und Interventionsphase (M = 6.47, SD = 3.54) ergeben eine Effektstärke von d = -0.88, was nach Cohen (1988) für einen starken Effekt spricht.

Tabelle 40: Teilnehmer C: Berechnung der Effektstärke zwischen Grundrate und Interventionsphase für die Subskala Anfangen

Teilnehmer C	Grundrate M (SD)	Interventionsphase M (SD)
Anfangen	10.89 (6.19)	6.47 (3.54)
Effektstärke Cohens d	-0.88	

Die erlebte Belastung im Anforderungsbereich Anfangen konnte also durch die Teilnahme am behavioralen Gruppentraining für Erwachsene mit ADHS verringert werden. Hypothese 1a kann für den Bereich „Anfangen" daher angenommen werden.

Visuelle Datenanalyse Subskala Einteilen

Die visuelle Analyse der Subskala Einteilen bei Teilnehmer C zeigt, wie die beiden vorher beschriebenen Subskalen Ordnen und Anfangen, große Schwankungen während der gesamten Untersuchungsphase (vgl. Abbildung 20). Bei Betrachtung der Grundrate fällt besonders auf, dass die Belastung zu Beginn der Grundrate zu den Messzeitpunkten eins und zwei in diesem Bereich maximal ist und danach vor Beginn der Intervention deutlich abnimmt. Zudem fällt ein Tiefpunkt zum 7. Messzeitpunkt ins Auge, der bei 2 Punkten liegt. Zu den übrigen Messzeitpunkten bewegt sich die Kurve der Grundrate zwischen 9 und 20 Punkten. Die gesamte Schwankung während der Grundrate liegt also zwischen 2 und 20 von 20 möglichen Punkten, was einer Schwankung von 90% entspricht. Die Kurve der Interventionsphase schwankt zwischen 4 und 14 Punkten, was einer Schwankung um 50% entspricht. Es ist zu beobachten, dass die Belastung im Anforderungsbereich Einteilen zwischen der ersten und dritten Trainingssitzung abnimmt, bevor sie ab der vierten Sitzung wieder ansteigt und sich in der Follow-Up-Phase zwischen fünfter und sechster Sitzung auf einem

Niveau um 9 Punkte einpendelt. Mit dem Themenbereich „Einteilen" beschäftigt sich vor allem die vierte Trainingssitzung mit dem Titel „Prioritäten setzen und einteilen". Zwischen vierter und fünfter Sitzung gibt es auch eine deutliche Abnahme der Belastung von 11 auf 6 Punkte, danach steigt sie jedoch wieder auf 14 Punkte an. Ein direkter Zusammenhang zwischen Trainingsinhalt und Abnahme der Belastung in diesem Anforderungsbereich lässt sich daher nicht erkennen.

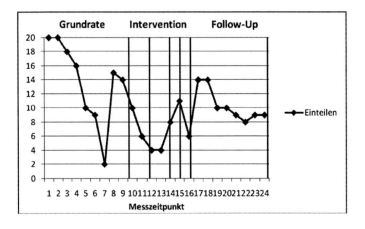

Abbildung 20: Teilnehmer C: Subskala Einteilen: Grundrate und Interventionsphase

Um die großen Schwankungen im Bereich „Einteilen" im Hinblick auf die Annahme von Hypothese 1a besser einordnen zu können, werden in Tabelle 41 Mittelwerte und Standardabweichungen von Grundrate und den einzelnen Interventionsphasen sowie die jeweiligen Differenzen zur Grundrate dargestellt. Alle Differenzen liegen im positiven Bereich zwischen 2.78 und 9.78 Punkten. Das positive Vorzeichen der Differenzen spricht für eine Annahme von Hypothese 1a, nämlich, dass die Belastung im Anforderungsbereich „Einteilen" während der Grundrate höher ist als während der Interventionsphase.

Tabelle 41: Teilnehmer C: Mittelwerte und Standardabweichungen von Grundrate und Interventionsphase der Subskala Einteilen sowie Differenzen zur Grundrate

Teilnehmer C	Grund-rate M (SD)	Interventionsphase und Follow-Up-Phase M (SD)						
Messzeitpunkt	1 -9	10-11 Sitzung 1	12-13 Sitzung 2	14 Sitzung 3	15 Sitzung 4	16-23 Sitzung 5	24 Sitzung 6	Gesamt
Einteilen	13.78 (5.89)	8.0 (2.83)	4.0 (0)	8.0 (0)	11.0 (0)	10.0 (2.78)	9.0 (0)	8.80 (3.01)
Differenz zur Grundrate	-	5.78	9.78	5.78	2.78	3.78	4.78	4.98

Prozentsatz-Nichtüberlappender-Daten (PND) Subskala Einteilen

Aufgrund der oben dargestellten Schwankung der Kurve um 80% während der Grundrate kann der PND nicht berechnet werden, da dies laut Kern (1997) zu einer Überschätzung des Effekts führen kann und daher zu vermeiden ist.

Effektstärke Subskala Einteilen

Um die visuelle Analyse weiter zu stützen, wird wie in Tabelle 42 dargestellt, die Berechnung der Effektstärke hinzugezogen. Es ergibt sich eine Effektstärke von $d = -1.06$, was nach Cohen (1999) für einen starken Effekt spricht: Die Belastung im Bereich „Einteilen" wird von Teilnehmer C vor Beginn der Intervention als stärker eingeschätzt als während und nach der Intervention. Hypothese 1a kann also für diesen Anforderungsbereich angenommen werden.

Tabelle 42: Teilnehmer C: Berechnung der Effektstärke zwischen Grundrate und Interventionsphase für die Subskala Einteilen

Teilnehmer C	Grundrate M (SD)	Interventionsphase M (SD)
Einteilen	13.78 (5.89)	8.80 (3.01)
Effektstärke Cohens d	-1.06	

Veränderung der ADHS-Symptomatik im Verlauf des Trainings

Wie in Kapitel 3.2.4 dargestellt, handelt es sich bei dem Fragebogen „Verhaltensmerkmale der ADHS" (Lauth & Minsel, 2009) um einen Selbstbeurteilungsfragebogen zur ADHS-Symptomatik nach DSM-IV-TR. Teilnehmer C hat den Fragebogen zu allen vier untersuchten Messzeitpunkten ausgefüllt: Während der Eingangsdiagnostik (Messzeitpunkt 1 = warte), vor der ersten Trainingssitzung (Messzeitpunkt 9 = prä), nach der fünften Trainingssitzung (Messzeitpunkt 16 = post) und nach der sechsten Trainingssitzung (Messzeitpunkt 24 = follow-up). Der Verlauf ist in Abbildung 21 grafisch dargestellt. Es zeigt sich eine leichte Abnahme der ADHS-Symptomatik zwischen den Messzeitpunkten warte und post für den Summenscore der Skala. Bei der ersten Messung beträgt er 10 Punkte, beim Messzeitpunkt post 8 Punkte. Zum Messzeitpunkt warte löst sich dieser positive Effekt wieder auf und der Summenscore liegt mit 10 Punkten auf dem gleichen Niveau wie vor Beginn der Intervention. Teilnehmer C gehört dem Unaufmerksamen Subtypus an. In diesem Bereich nimmt die Symptomatik zwischen den Messzeitpunkten prä und post leicht ab, so dass er bei 5 Punkten und damit im subklinischen Bereich liegt. Der kritische klinische Wert für beide Subskalen liegt nach DSM-IV-TR bei 6 Punkten. Diese Abnahme bleibt zum Messzeitpunkt follow-up stabil. Im Bereich „Hyperaktivität / Impulsivität" liegt Teilnehmer C zu Beginn der Untersuchung mit 4 Punkten im subklinischen Bereich. Nach einer Abnahme auf drei Punkte zu den Messzeitpunkten prä und post steigt die Symptomatik auf dieser Subskala jedoch an, so dass sie schließlich auf 5 Punkten und damit höher als zu Beginn der Intervention liegt. Zum Messzeitpunkt follow-up erreicht Teilnehmer C also auf beiden Subskalen des Fragebogens „Verhaltensmerkmale der ADHS" 5 Punkte und liegt damit im subklinischen Bereich.

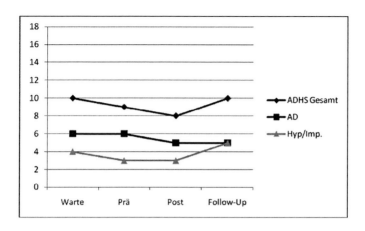

Abbildung 21: Teilnehmer C: Verlauf der ADHS-Symptomatik: Mittelwerte der Gesamtskala sowie der Subskalen „Aufmerksamkeitsdefizit" (AD) und „Hyperaktivität/ Impulsivität" (Hyp/Imp) zu den vier Messzeitpunkten

Zufriedenheit mit dem Training

Nach der fünften Trainingssitzung wurde der Zufriedenheitsfragebogen (Lauth & Minsel, 2009) ausgefüllt. Er wird rein deskriptiv ausgewertet, die Ergebnisse von Teilnehmer C werden im Folgenden kurz dargestellt: Teilnehmer C zeigt sich in hohem Maße mit dem behavioralen Gruppentraining für Erwachsene mit ADHS zufrieden. Er gibt an, dass er 60% der Ideen, die im Kurs aufkamen, in die Tat umgesetzt hat und dass er 60% seiner Hausaufgaben umgesetzen konnte. Auf die Frage, in wie weit ihm der Kurs geholfen hat, ein besseres Verständnis für seine Problematik zu bekommen, antwortet Teilnehmer C mit 70%. Auf die Frage, wie viel der Kurs ihm geholfen hat, sein Verhalten zu verbessern, gibt er an, um 70% und die Frage nach der Verbesserung des Befindens, beantwortet er mit 80%. Die Frage, um wie viel sein Verhalten sich tatsächlich verbessert habe, beantwortet er mit 40%. In der Gruppe und mit dem Gruppenleiter hat er sich sehr verstanden und wohl gefühlt (90%, 85%) und Kursaufbau und Materialien beurteilt er mit 80% als sehr gut. Das Beste an dem Kurs war nach Teilnehmer C, „neue Menschen und Techniken kennenzulernen", und er gibt an, dass der Kurs sich zu 80% gelohnt habe und er ihn zu 100% einem Freund empfehlen würde.

Zusammenfassung der Ergebnisse der Einzelfallanalyse von Teilnehmer C

Es lässt sich festhalten, dass Teilnehmer C von der Teilnahme am behavioralen Gruppentraining für Erwachsene mit ADHS profitieren konnte. Wenn auch die Einzelfallmessungen große Schwankungen aufweisen, weshalb auf die Auswertung mittels Prozentsatz-Nichtüberlappender-Daten verzichtet werden musste, zeigen sich doch deutliche Verminderungen der erlebten Belastung während Interventionsphase und Follow-Up-Phase im Vergleich zur Grundrate. Es fällt auf, dass sich kein direkter Einfluss der Themen einzelnen Sitzungen auf die untersuchten Anforderungsbereiche erkennen lässt.

Für die Gesamtbelastung zeigt sich aufgrund der großen Schwankungen der einzelnen Subskalen jedoch nur ein schwacher Interventionseffekt, die Effektstärke Cohens d beträgt -0.49 und liegt damit nach Cohen (1988) im schwachen Bereich. Hypothese 1b kann damit nicht angenommen werden. Die Gesamtbelastung nimmt während der Interventionsphase zwar leicht, jedoch nicht deutlich ab. Die drei untersuchten Subskala Ordnen, Anfangen und Einteilen bilden hier die abhängigen Variablen, da sie während der Grundrate die höchsten Mittelwerte aufweisen, also die den Anforderungsbereichen mit der stärksten Belastung entsprechen. Für die Subskala Ordnen kann Hypothese 1a teilweise angenommen werden: Die Effektstärke für den Mittelwertunterschied zwischen Grundrate (M = 7.44, SD = 4.22) und Interventionsphase (M = 5.67, SD = 2.69) liegt bei -0.50. Dies entspricht nach Cohen (1992) einem mittleren Effekt. Die Belastung im Anforderungsbereich Anfangen nimmt zwar im Verlauf der Intervention grundsätzlich ab, dieser Verlauf ist jedoch von starken Schwankungen beeinflusst und daher nicht deutlich erkennbar. Für die Subskala Anfangen kann Hypothese 1a angenommen werden: Sowohl die visuelle Analyse als auch die Betrachtung der Differenzen zwischen der Grundrate und den einzelnen Phasen der Intervention zeigen eine Abnahme der Belastung in diesem Anforderungsbereich. Die Effektstärke von d = -0.88 (Grundrate M = 10.89, SD = 6.19; Interventionsphase M = 6.47, SD = 3.54) spricht ebenfalls für einen starken Effekt (Cohen, 1988), wenn die Schwankungen auch bei dieser Subskala beträchtlich sind. Für die Subskala Einteilen lässt sich Hypothese 1a ebenfalls bestätigen: Die Alltagsbelastung in diesem Bereich nimmt während der Interventionsphase deutlich ab. Die visuelle Analyse ist durch große Schwankungen geprägt, zeigt aber dennoch eine grundsätzliche Abnahme der Belastung. Dieses Ergebnis wird durch die starke Effektstärke von d = -1.06 unterstützt. Auch die ADHS-Symptomatik, zu vier Messzeitpunkten mittels „Verhaltensmerkmale der ADHS"

(Lauth &Minsel, 2009) erhoben wurde, nimmt grundsätzlich während der Interventionsphase ab. Vor Beginn der Intervention gehört Teilnehmer C dem Unaufmerksamen Subtypus an, nach dem Ende liegt er in beiden Subskalen mit je 5 Punkten nur noch im subklinischen Bereich. Teilnehmer C zeigt sich zudem in hohem Maße mit dem Training zufrieden: Sein Verhalten als Befinden hat sich nach eigenen Angaben in hohem Maße (zu 80%) verbessert und er hat sich in der Gruppe und mit dem Gruppenleiter sehr wohl gefühlt (90%, 85%). Sein Verhalten konnte er immerhin um 40% verbessern.

3.4.2.4   *Einzelfallanalyse Teilnehmer D*

3.4.2.4.1   Demografische Merkmale Teilnehmer D

Teilnehmer D ist zum Zeitpunkt der Eingangsdiagnostik 40 Jahre alt und arbeitet neben seinem Studium. Er wandte sich mit bestehender ADHS-Diagnose an das Projekt. Bisher war er aber weder medikamentös noch psychotherapeutisch in Behandlung. Er gibt an, häufig Schwierigkeiten mit Vorgesetzten zu haben und dass es ihm vielfach schwer falle, bei der Arbeit Dinge zu Ende zu bringen. Außerdem gibt er an, häufig Dinge zu tun, die dazu führen könnten, dass er seine Arbeit verliere und dass er oft bei der Arbeit fehle ohne krank oder beurlaubt zu sein. Er ist momentan nicht in einer festen Beziehung. Seine letzte Beziehung war nur von kurzer Dauer, er bezeichnet sie als „Affäre". Auf die offene Frage nach Krankheiten oder sonstigen Beeinträchtigungen antwortet er mit „Kurzsichtigkeit". Die offene Frage nach Sorgen und Problemen in Bezug auf seine Arbeit nennt er die Sorge, selbstverschuldet den Arbeitsplatz zu verlieren und die Sorge, wegen fehlender Einnahmen sein Haus zu verlieren. Die Frage danach, was ihm an sich selbst am besten gefällt, beantwortet er wörtlich mit „wenig", jedoch „sein Äußeres" fände er „ganz okay".

3.4.2.4.2   Klinische Merkmale Teilnehmer D

Die bereits bestehende ADHS-Diagnose konnte auch während der Eingangsdiagnostik bestätigt werden. Wie Tabelle 5 in Abschnitt 3.4.1.1 (Stichprobencharakteristik) auflistet, sprechen sowohl die Wender-Utah-Rating-Scale (Retz-Junginger et al., 2003) mit 58 Punkten (klinischer Cut-Off = 30 Punkte) für eine retrospektiv erfasste ADHS-Diagnostik in der Kindheit als auch das Screening ASRS-V1 (WHO, 2003) mit 5 Punkten (klinischer Cut-Off = 4 Punkte) für eine aktuelle ADHS-Symptomatik. Der Fragebogen „Verhaltensmerkmale der ADHS" (Lauth & Minsel, 2009) wurde mit der maximal möglichen Punktzahl von 18 beantwortet, damit gehört Teilnehmer D dem Mischtypus an, bei dem gleichermaßen Unaufmerksamkeit und Hyperaktivität / Impulsivität im Vordergrund der Symptomatik stehen. Während der Eingangsdiagnostik erreicht er 121 von 160 möglichen Punkten im Summenscore des „Fragebogens zum Funktionsniveau", was für eine relativ hohe erlebte Alltagsbelastung spricht.

Im Young-Adult-Self-Report (YASR, Achenbach, 1997) erreicht Teilnehmer D in drei der acht klinischen Subskalen Werte oberhalb des klinischen Grenzwerts. In der Skala „ängstlich, depressiv" liegt er mit 20 Punkten gerade auf dem klinischen Grenzwert. Die Fragen, ob er sich einsam fühlt, ob ihn seine Zukunft beunruhigt, ob er sich wertlos oder unterlegen fühlt, ob er kein Selbstvertrauen hat, ob er unglücklich, traurig oder niedergeschlagen ist und ob er sich zu viele Sorgen macht, beantwortet er mit der höchstmöglichen Punktzahl von 2, was der Antwort „genau oder häufig zutreffend" entspricht. Bei der Skala „introvertiertes Verhalten" liegt er mit 12 Punkten weit oberhalb des kritischen klinischen Wertes von 7. Er gibt an, kein Selbstvertrauen zu haben, häufig Schwierigkeiten zu haben, Freunde zu finden oder Freundschaften aufrecht zu erhalten, verschlossen zu sein und Dinge häufig für sich zu behalten, schüchtern, scheu und häufig zurückhaltend zu sein und keinen Kontakt zu anderen aufzunehmen. In der Subskala „Aufmerksamkeitsprobleme" liegt Teilnehmer D mit 8 Punkten knapp über dem kritischen klinischen Wert von 7.5 Punkten für Männer. Dies bestätigt noch einmal die zuvor beschriebene und bereits durch andere Fragebögen sowie durch an anderer Stelle zuvor erfasst ADHS-Diagnose.

Aufgrund dieser Ergebnisse des YASR bekommt Teilnehmer D die Emp-
fehlung, differentialdiagnostisch untersuchen zu lassen, ob es sich um eine
komorbide Depression handelt, die behandlungsbedürftig sei. Dennoch wurde er
in die Trainingsgruppe der Erwachsenen ADHS-betroffenen mit aufgenommen.

3.4.2.4.3   Ergebnisdarstellung der Einzelfallanalyse Teilnehmer D

Teilnehmer D nimmt an allen sechs Trainingssitzungen teil und beant-
wortet die Fragebögen, mit wenigen Ausnahmen, regelmäßig zweimal in der
Woche über einen Gesamtzeitraum von 18 Wochen. Insgesamt liegen 26 Mess-
zeitpunkte vor, von denen 10 die Grundrate, 8 die Interventionsphase und 8 die
Follow-Up-Phase bilden. Für die Auswertung werden Interventionsphase und
Follow-Up-Phase zusammengefasst.

Visuelle Analyse der Gesamtbelastung

Abbildung 22 stellt die Gesamtbelastung, erhoben durch den Summenscore des „Fragebogens zum Funktionsniveau", über den oben beschriebenen
Untersuchungszeitraum dar. Die Belastung ändert sich augenscheinlich durch
den Einsatz der Intervention nicht. Sie bleibt ohne größere Schwankungen während Grundrate und Interventionsphase stabil auf einem Niveau zwischen 110
und 128 von 160 möglichen Punkten, was einer hohen Belastung entspricht. Es
lässt sich sogar ein Trend entgegen der erwarteten Richtung erkennen: Die Belastung scheint nach Einsetzen der Intervention minimal zuzunehmen, was durch
eine leichte Aufwärtsbewegung der Kurve ab Messzeitpunkt 11 zu erkennen ist.

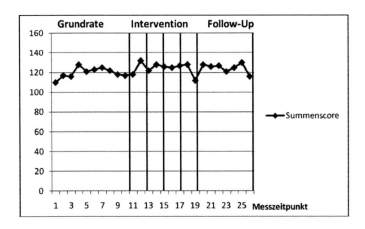

Abbildung 22: Teilnehmer D: Gesamtbelastung (Summenscore des Fragebogens zum Funktionsniveau): Grundrate und Interventionsphase

Um die Ergebnisse der visuellen Auswertung zu stützen, werden nun die Mittelwerte und Standardabweichungen von Grundrate und den einzelnen Phasen der Intervention dargestellt sowie die jeweiligen Differenzen der Mittelwerte der Interventionsphasen zum Mittelwert der Grundrate. Es zeigt sich, dass die Interventionsphase insgesamt tatsächlich die Phase der höher erlebten Gesamtbelastung ist (Tabelle 43): Die Differenzen tragen bis auf die sechste Trainingssitzung (M = 116) negative Vorzeichen, was eine höhere Belastung der Interventionsphase in Bezug zur Grundrate belegt. Betrachtet man die gesamte Interventionsphase, also Messzeitpunkt 11 bis 26, was dem Zeitraum zwischen Trainingssitzung eins und sechs entspricht, ergibt sich eine Differenz von -4.94 Punkten (Grundrate M = 119.70, SD = 5.17, Interventionsphase M = 124.64, SD = 5.02). Dieses Ergebnis ist der Annahme von Hypothese 1b, die eine Verringerung der erlebten Gesamtbelastung durch die Teilnahme am ADHS-Training postuliert genau entgegengesetzt. PND und Effektstärken sollen als weitere Belege hierfür hinzugezogen werden.

Tabelle 43: Teilnehmer D: Mittelwerte und Standardabweichungen von Grundrate und Interventionsphase der Gesamtbelastung sowie Differenzen zur Grundrate

Teilnehmer D	Grundrate M (SD)	Interventionsphase und Follow-Up-Phase M (SD)						
Messzeitpunkt	1 -10	11-12 Sitzung 1	13-14 Sitzung 2	15-16 Sitzung 3	17-18 Sitzung 4	19-25 Sitzung 5	26 Sitzung 6	Gesamt
Gesamtbelastung	119.70 (5.17)	125.0 (10.0)	125.0 (4.24)	125.5 (0.71)	127.5 (0.71)	124.14 (6.04)	116.0	124.64 (5.02)
Differenz zur Grundrate	-	-5.3	-5.3	-5.8	-7.8	-4.44	3.7	-4.94

Prozentsatz-Nichtüberlappender-Daten (PND) Gesamtbelastung

Da die Grundrate lediglich um 18 Punkte schwankt, was einer Schwankung von 11.25% entspricht, kann von einer stabilen Grundrate gesprochen werden. Der PND, dessen Berechnung in Tabelle 44 dargestellt ist, liegt bei 7%, da nur ein Datenpunkt der Interventionsphase nicht mit den Datenpunkten der Grundrate überlappt und dieser auch noch, entgegen der Erwartung in der Grundrate, unterhalb der Werte der Interventionsphase liegt. Es handelt sich also hierbei um einen unreliablen Interventionseffekt.

Tabelle 44: Teilnehmer D: Prozentsatz-Nichtüberlappender-Daten zwischen Grundrate und Interventionsphase für die Gesamtskala

Nicht-überlappende Datenpunkte der Interventionsphase	Datenpunkte Interventionsphase insgesamt	PND
1	15	1/15*100=7

Effekstärke Gesamtbelastung

Tabelle 45 stellt die Mittelwerte und Standardabweichungen von Grundrate und Interventionsphase dar, die in die Berechnung der Effektstärke eingehen (Grundrate $M = 119.70$, $SD = 5.17$, Interventionsphase $M = 124.64$, $SD = 5.02$). Es ergibt sich eine Effektstärke von $d = 0.97$, was nach Cohen (1992) für einen starken Effekt spricht. Das positive Vorzeichen der Effektstärke kommt dadurch zustande, dass der Mittelwert der Interventionsphase, der als „Experimentalgruppe" in die Formel zur Berechnung der Effektstärke eingeht (Cohen, 1988), höher ist als der der Grundrate, welcher in der Formel die „Kontrollgruppe" repräsentiert. Der starke Effekt ist also entgegen der Annahme von Hypothese 1b ein Beleg für die Zunahme der erlebten Gesamtbelastung im Verlauf des ADHS-Trainings.

Tabelle 45: Teilnehmer D: Berechnung der Effektstärke zwischen Grundrate und Interventionsphase

Teilnehmer C	Grundrate M *(SD)*	Interventionsphase und Follow-Up-Phase M *(SD)*
Gesamtbelastung	119.70 (5.17)	124.64 (5.02)
Effektstärke Cohens d	0.97	

Zusammenfassend lässt sich festhalten, dass Hypothese 1b zurückgewiesen werden muss: Anstatt der erwarteten Verringerung der Gesamtbelastung während der Interventionsphase erhöht sie sich. Im Folgenden sollen die drei Subskalen genauer ausgewertet werden, die während der Grundrate als am stärksten belastend wahrgenommen werden. Abbildung 23 zeigt alle acht Subskalen des „Fragebogens zum Funktionsniveau" über den gesamten Untersuchungszeitraum, Tabelle 46 bildet die Mittelwerte und Standardabweichungen der Grundphase aller acht Subskalen ab. Die abhängigen Variablen für die weiteren Einzelfallanalysen bilden die Subskalen Anfangen, Planen und Gedächtnis, da sie die höchsten Mittelwerte während der Grundrate erreichen. An ihnen soll Hypothese 1a untersucht werden, die annimmt, dass die erlebte Alltagsbelastung in den durch die Subskalen repräsentieren Anforderungsbereichen abnimmt.

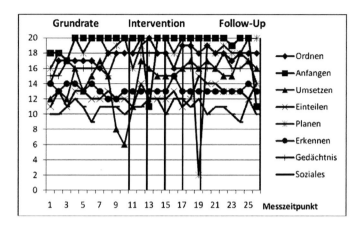

Abbildung 23: Teilnehmer D: Die acht Subskalen des Fragebogens zum Funktionsniveau: Grundrate und Interventionsphase

Tabelle 46: Teilnehmer D: Mittelwerte und Standardabweichungen der Grundraten aller 8 Subskalen des Fragebogens zum Funktionsniveau

	M	SD
Subskala Ordnen	16.90	1.20
Subskala Anfangen	19.30	1.16
Subskala Umsetzen	12.70	3.47
Subskala Einteilen	12.20	0.79
Subskala Planen	18.60	1.43
Subskala Erkennen	13.20	0.79
Subskala Gedächtnis	16.20	1.14
Subskala Soziales	10.60	0.84

Visuelle Datenanalyse Subskala Anfangen

Die Subskala Anfangen liegt bei Teilnehmer D bis auf zwei Ausreißerwerte (11 Punkte zu Messzeitpunkt 13 und 26) während des gesamten Untersuchungszeitraums im sehr hohen Bereich, zu weiten Teilen der Datenreihe sogar auf der maximalen Punktzahl von 20 (Abbildung 24). Die beiden vergleichsweise niedrigen Werte liegen in der Interventionsphase und wurden nach der zweiten sowie nach der sechsten Trainingssitzung erhoben. Vor allem Sitzung zwei beschäftigt sich mit dem Thema „Anfangen und Umsetzen". Falls die Abnahme der Belastung durch die in dieser Sitzung erlernten Techniken zum Umgang mit dem Problem beim Beginnen von Arbeitsvorhaben zusammenhängt, ist sie nicht von Dauer, da sie bereits beim nächsten Messung wieder auf das gewohnte Niveau von 20 Punkten ansteigt. Die erneute Abnahme der Belastung im Bereich „Anfangen" liegt auf dem letzten Messzeitpunkt. Ob die Belastung danach weiter auf einem niedrigeren Niveau bleibt oder ob es sich lediglich um einen „Ausreißerwert" handelt, kann leider nicht mehr nachvollzogen werden, da die Datenreihe hier endet.

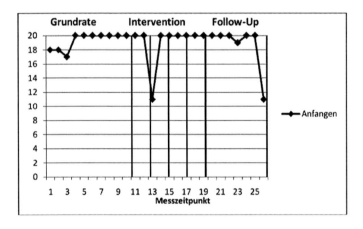

Abbildung 24: Teilnehmer D Subskala Anfangen: Grundrate und Interventionsphase

In Tabelle 47 sind die Mittelwerte und Standardabweichungen der Grundrate sowie der einzelnen Phasen der Interventionsrate der Subskala Anfangen dargestellt, des Weiteren die Differenzen der Phasen der Intervention zur Grundrate. Die Differenzen sind deutlich durch die oben beschriebenen Ausreißerwerte zu Messzeitpunkt 13 und 26 geprägt (Sitzung 2: Differenz = 3.80, Sitzung sechs: Differenz = 8.30). Betrachtet man aber die gesamte Interventionsphase im Vergleich zur Grundrate zeigt sich kein Unterschied, die Differenz der Mittelwerte der beiden Phasen liegt lediglich bei 0.01. Zur weiteren Überprüfung von Hypothese 1a sollen im Folgenden der PND sowie die Berechnung von Effektstärken hinzugezogen werden.

Tabelle 47: *Teilnehmer D: Mittelwerte und Standardabweichungen von Grundrate und Interventionsphase der Subskala Anfangen sowie Differenzen zur Grundrate*

Teilnehmer D	Grund-rate M (SD)	Interventionsphase und Follow-Up-Phase M (SD)						
Messzeitpunkt	1 -10	11-12 Sitzung 1	13-14 Sitzung 2	15-16 Sitzung 3	17-18 Sitzung 4	19-25 Sitzung 5	26 Sitzung 6	Gesamt
Anfangen	19.30 (1.16)	20.0 (0)	15.50 (6.36)	20.0 (0)	20.0 (0)	19.86 (0.38)	11.0 (0)	19.29 (2.40)
Differenz zur Grundrate	-	-0.70	3.80	-0.70	-0.70	-0.56	8.30	0.01

Prozentsatz-Nichtüberlappender-Daten (PND) Subskala Anfangen

Die Grundrate ist mit Schwankungen um lediglich 2 Punkte (entspricht 10%) als stabil zu betrachten und der PND kann berechnet werden: Es ergibt sich ein Wert von PND = 13%, was nach Kern (1997) nicht für einen reliablen Interventionseffekt spricht (vgl. Tabelle 48).

Tabelle 48: *Teilnehmer D Prozentsatz-Nichtüberlappender-Daten zwischen Grundrate und Interventionsphase für die Subskala Anfangen*

Nicht-überlappende Datenpunkte der Interventionsphase	Datenpunkte Interventionsphase insgesamt	PND
2	15	2/15*100=13

Effektstärke Subskala Anfangen

Schließlich soll für die Subskala Anfangen für Teilnehmer D die Effektstärke für die Mittelwertunterschiede zwischen Grundrate und Interventionsphase berechnet werden. Wie die in Tabelle 49 dargestellten Differenzen zwischen diesen beiden Phasen bereits erwarten ließen, ist die Effektstärke mit $d = -0.01$ extrem klein und spricht gegen einen Effekt.

Tabelle 49: Teilnehmer D: Berechnung der Effektstärke zwischen Grundrate und Interventionsphase- für die Subskala Anfangen

Teilnehmer D	Grundrate M (SD)	Interventionsphase M (SD)
Anfangen	19.30 (1.16)	19.29 (2.40)
Effektstärke Cohens d	-0.01	

Hypothese 1a muss für die erste untersuchte Subskala Anfangen also zurückgewiesen werden: Es zeigt sich bei Teilnehmer D keine nennenswerte Abnahme der Alltagsbelastung in diesem Anforderungsbereich.

Visuelle Datenanalyse Subskala Planen

Die zweite untersuchte abhängige Variable bildet die Subskala Planen. Der Kurvenverlauf über den gesamten Untersuchungszeitraum von 18 Wochen mit 26 Messzeitpunkten ist in Abbildung 25 dargestellt.

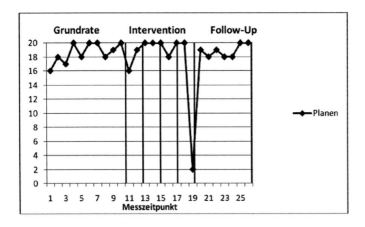

Abbildung 25: Teilnehmer D: Subskala Planen: Grundrate und Interventionsphase

Es zeigt sich eine relativ stabile Kurve sowohl während der Grundrate als auch während der Interventionsphase auf einem hohen Belastungsniveau zwischen 16 und 20 Punkten. Zudem lässt sich ein Ausreißerwert mit dem Wert von 2 Punkten zu Messzeitpunkt 19 beobachten. Dieser Messzeitpunkt entspricht der Erhebung am Ende der fünften Trainingssitzung. Die in Tabelle 50 dargestellten Mittelwerte und Standardabweichungen der Grundrate (M = 18,60, SD = 1.43) im Vergleich zu den Maßen der einzelnen Trainingsphasen (zwischen M = 17.5, SD = 2.12 und M = 20.0, SD = 0)zeigt ebenfalls die Stabilität des Kurvenverlaufs sowie den Ausreißerwert in der fünften Trainingssitzung (M = 16.29, SD = 6.43). Die Differenz zwischen Grundrate und Interventionsphase insgesamt liegt mit 0.96 Punkten im geringen Bereich: Es sind kaum Veränderung der Belastung im Bereich Planen während der Interventionsphase zu erkennen. Dies soll mit dem Prozentsatz-Nichtüberlappender-Daten sowie mit dem Maß der Effektstärke nach Cohen (1988) weiter untersucht werden.

Tabelle 50: Teilnehmer D: Mittelwerte und Standardabweichungen von Grundrate und Interventionsphase der Subskala Planen sowie Differenzen zur Grundrate

Teilnehmer C	Grund-rate M (SD)	Interventionsphase und Follow-Up-Phase M (SD)						
Messzeitpunkt	1 -10	11-12 Sitzung 1	13-14 Sitzung 2	15-16 Sitzung 3	17-18 Sitzung 4	19-25 Sitzung 5	26 Sitzung 6	Gesamt
Planen	18.60 (1.43)	17.50 (2.12)	20.00 (0)	19.00 (1.41)	20.00 (0)	16.29 (6.43)	20.00 (0)	17.64 (4.65)
Differenz zur Grundrate	-	1.1	-1.4	-0.4	-1.4	2.31	-1.4	0.96

Prozentsatz-Nichtüberlappender-Daten (PND) Subskala Planen

Es gibt nur einen Datenpunkt in der Interventionsphase, der nicht mit einem Datenpunkt in der Grundrate überlappt. Dies ergibt bei 15 Datenpunkten während der Interventionsphase einen PND von 6.67, der nach Kern (1997) gegen einen Interventionseffekt spricht (vgl. Tabelle 51). Die Annahmen von Hypothese 1a, dass sich die erlebte Belastung in den einzelnen Anforderungsbereichen durch das Training verringert, kann für die Subskala Planen für Teilnehmer C also nicht angenommen werden.

Tabelle 51: Teilnehmer D: Prozentsatz-Nichtüberlappender-Daten zwischen Grundrate und Interventionsphase für die Subskala Planen

Nicht-überlappende Datenpunkte der Interventionsphase	Datenpunkte Interventionsphase insgesamt	PND
1	15	1/15*100=6.67

Effektstärke Subskala Planen

Die zuvor dargestellten Ergebnisse der visuellen Analyse und des PND für die Subskala Planen bei Teilnehmer C sprechen für eine Zurückweisung von Hypothese 1a, die eine Verringerung der erlebten Belastung in den einzelnen Anforderungsbereichen während der Interventionsphase annimmt. Die aus den Mittelwerten von Grundrate und Interventionsphase berechnete Effektstärke nach Cohen (1988) spricht mit dem geringen Wert von $d = -0.28$ für eine Zurückweisung der Hypothese (Tabelle 52).

Tabelle 52: Teilnehmer D: Berechnung der Effektstärke zwischen Grundrate und Interventionsphase für die Subskala 2

Teilnehmer D	Grundrate M (SD)	Interventionsphase M (SD)
Planen	18.60 (1.43)	17.64 (4.65)
Effektstärke Cohens d	-0.28	

Visuelle Datenanalyse Subskala Gedächtnis

Die visuelle Analyse der Subskala Gedächtnis bei Teilnehmer C zeigt zunächst keine Änderung der erlebten Belastung in die erwartete Richtung: Die Kurve steigt nach einer recht stabilen Grundrate mit Schwankungen zwischen 15 und 18 Punkten, was einer Schwankung von lediglich 15% entspricht, zunächst zwischen Trainingssitzung eins und drei an und verbleibt auf einem Niveau von 18 von 20 möglichen Punkten. Anschließend nimmt sie ab Messzeitpunkt 16 wieder leicht ab und pendelt dann um einen Wert von 16 Punkten, was ungefähr dem Ausgangsniveau während der Grundrate entspricht (Abbildung 26).

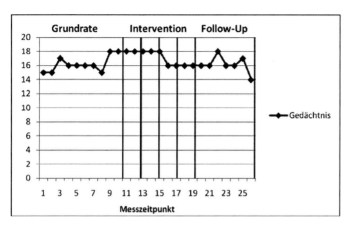

Abbildung 26: Teilnehmer D: Subskala Gedächtnis: Grundrate und Interventionsphase

Der Vergleich der Mittelwerte und Standardabweichungen während der Grundrate und der einzelnen Phasen der Interventionsrate, aufgelistet in Tabelle 53, bestätigt die zuvor beschriebene Beobachtung des Kurvenverlaufs: Es zeigt sich keine Abnahme der Belastung im Bereich Gedächtnis während der Interventionsphase im Vergleich zur Grundrate. Die Differenz zwischen den Mittelwerten der beiden Zeiträume beträgt -0.66 Punkte, was gegen den in Hypothese 1a angenommenen Interventionseffekt im Sinne einer Belastungsabnahme spricht.

Tabelle 53: Teilnehmer D: Mittelwerte und Standardabweichungen von Grundrate und Interventionsphase der Subskala „Gedächtnis" sowie Differenzen zur Grundrate

Teilnehmer D	Grund-rate M (SD)	Interventionsphase und Follow-Up-Phase M (SD)						
Messzeitpunkt	1 -10	11-12 Sitzung 1	13-14 Sitzung 2	15-16 Sitzung 3	17-18 Sitzung 4	19-25 Sitzung 5	26 Sitzung 6	Gesamt
Gedächtnis	16.20 (1.14)	18.00 (0)	18.00 (0)	17.00 (1.41)	16.00 (0)	16.43 (0.79)	14.00 (0)	16.86 (1.03)
Differenz zur Grundrate	-	-1.8	-1.8	-0.8	0.2	-0.23	2.20	-0.66

Prozentsatz-Nichtüberlappender-Daten (PND) Subskala Gedächtnis

Der PND für die Subskala Gedächtnis ergibt wie in Tabelle 54 dargestellt lediglich einen Wert von 6.67. Ebenso wie bei der zuvor dargestellten Subskala Planen gibt es für die Subskala „Anfangen" nur einen Datenpunkt während der Interventionsphase, der nicht mit einem Punkt der Grundrate überlappt. Dies spricht deutlich für die Zurückweisung von Hypothese 1a.

Tabelle 54: Teilnehmer D: Prozentsatz-Nichtüberlappender-Daten zwischen Grundrate und Interventionsphase für die Subskala Gedächtnis

Nicht-überlappende Datenpunkte der Interventionsphase	Datenpunkte Interventionsphase insgesamt	PND
1	15	1/15*100=6.67

Effektstärke Subskala Gedächtnis

Die Effektstärke nach Cohen (1988) ergibt, berechnet aus den Mittelwerten und Standardabweichungen von Grundrate und Interventionsphase der Subskala Gedächtnis, bei Teilnehmer C einen Wert von $d = 0.61$, was nach Cohen (1988) für einen mittleren Effekt spricht (vgl. Tabelle 55). Betrachtet man die Mittelwerte der Belastung im Bereich Gedächtnis von $M = 16.2$ während der Grundrate und $M = 16.86$ während der Interventionsphase fällt auf, dass sie sich kaum unterscheiden: Die Differenz der beiden Mittelwerte beträgt lediglich -0.66 Punkte. Die recht geringen Standardabweichungen von $SD = 1.14$ bzw. SD

= 1.03 führen dazu, dass der Wert von d = 0.61 dennoch im mittleren Bereich liegt.

Tabelle 55: Teilnehmer D: Berechnung der Effektstärke zwischen Grundrate und Interventionsphase für die Subskala Gedächtnis

Teilnehmer D	Grundrate M (SD)	Interventionsphase M (SD)
Gedächtnis	16.20 (1.14)	16.86 (1.03)
Effektstärke Cohens d	0.61	

Allerdings zeigt das positive Vorzeichen des Wertes d für die Effektstärke, was auch beim bloßen Betrachten der Mittelwerte auffällt: die Belastung während der Interventionsphase – zusammengefasst über alle sechs Trainingssitzungen – ist minimal höher als während der Grundrate vor Beginn der Intervention. Hypothese 1a muss – wie auch die visuelle Analyse und die Berechnung des Prozentsatzes-Nichtüberlappender-Daten gezeigt haben – zurückgewiesen werden. Es ergibt sich keine Verringerung der Belastung im Anforderungsbereich Gedächtnis für Teilnehmer D.

Veränderung der ADHS-Symptomatik im Verlauf des Trainings

Bei Teilnehmer D wurde der Fragebogen „Verhaltensmerkmale der ADHS" (Lauth & Minsel, 2009), ein Selbstbeurteilungsfragebogen zur Erfassung der aktuellen ADHS-Symptomatik nach DSM-IV-TR (Saß et al., 2003), zu vier Messzeitpunkten erhoben. Messzeitpunkt warte wurde während der Eingangsdiagnostik fünf Wochen vor Beginn des Trainings erhoben, Messzeitpunkt prä vor der ersten Trainingssitzung, Messzeitpunkt post nach der fünften Sitzung und Messzeitpunkt follow-up nach der sechsten Trainingssitzung, vier Wochen nach der fünften Sitzung. In Abbildung 27 sind die Werte der Gesamtskala (ADHS Gesamt) des Fragebogens (Maximum 18 Punkte) und der beiden Subskalen Aufmerksamkeitsdefizit (AD) und Hyperaktivität / Impulsivität aufgezeigt. Es zeigt sich ein Anstieg der Gesamt-Symptomatik zwischen den Messzeitpunkten prä und post von 8 Punkten auf 11 Punkte mit anschließendem Abfall auf 10 Punkte zum Messzeitpunkt follow-up. Die beiden Subskalen, aus denen sich der Subtyp der ADHS nach DSM-IV-TR ableiten lässt, soll detaillierter beschrieben werden: Zwischen den Messzeitpunkten warte und prä bleibt die Symptomatik in der Subskala Hyperaktivität / Impulsivität stabil auf dem niedrigen und damit subklinischen Niveau von 3 Punkten (Maximum 9, kritischer klinischer Wert = 6 Punkte). Danach steigt die Symptomatik im Selbsturteil von Teilnehmer D zunächst auf 4 Punkte zum Messzeitpunkt post und dann auf 6 Punkte zum Messzeitpunkt follow-up an. Umgekehrt verhält es sich mit der Skala Unaufmerksamkeit: Bei der Eingangsdiagnostik wurde Teilnehmer D als unaufmerksamer Subtypus der ADHS nach DSM-IV-TR eingestuft, er erreichte zum Messzeitpunkt warte 6 Punkte auf dieser Subskala. Zum Messzeitpunkt prä sinkt die Symptomatik im Selbsturteil auf 5 Punkte und damit in den subklinischen Bereich, anschließend steigt er zum Messzeitpunkt post, also nach der fünften Trainingssitzung, auf 7 Punkte an. Zum Messzeitpunkt follow-up sinkt er wieder auf das Niveau von 4 Punkten, so dass Teilnehmer D nach Ende der Teilnahme am behavioralen Gruppentraining für Erwachsene mit ADHS dem Hyperaktiven Subtypus nach DSM-IV-TR angehört. Auch wenn sich bei Teilnehmer C keine Verminderung der ADHS-Symptomatik im Selbsturteil während der Interventionsphase zeigt, so ist doch zumindest eine Bewegung darin zu erkennen.

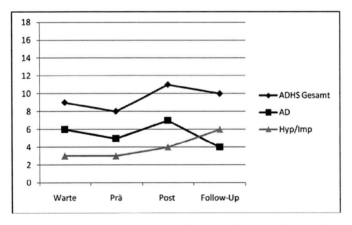

Abbildung 27: Teilnehmer D: Verlauf der ADHS-Symptomatik: Mittelwerte der Gesamtskala sowie der Subskalen „Aufmerksamkeitsdefizit" (AD) und „Hyperaktivität/ Impulsivität" (Hyp/Imp) zu den vier Messzeitpunkten

Zufriedenheit mit dem Training

Teilnehmer D zeigt sich teilweise mit dem Training zufrieden, wie er im „Fragebogen zur Teilnehmerzufriedenheit" (Lauth & Minsel, 2009) angibt. Hier zeigt sich ein deutlicher Unterschied zwischen der wahrgenommenen Verhaltensänderung, die er eher als gering bezeichnet und der generellen Zufriedenheit mit dem Training. Teilnehmer D gibt an, dass er 15% der im Kurs entwickelten Ideen und 30% der selbst gesetzten Hausaufgaben in die Tat umsetzen konnte. Auf die Frage, wie sehr der Kurs ihm geholfen habe, sein eigenes Verhalten zu ändern antwortet er mit 20%. Sein Befinden habe sich nur zu 5% verbessert und sein Verhalten um 10%. Aber er macht auch durchaus positive Aussagen in Bezug auf das Training: Er gibt an, dass der Kurs ihm zu 90% geholfen habe, ein besseres Verständnis für seine Problematik zu entwickeln. In der Gruppe und mit dem Gruppenleiter habe er sich zu 80 bzw. zu 95% wohl gefühlt und Kursaufbau, Materialien und Durchführung beurteilt er mit 80% als gut. Auf die offene Frage, was das Beste an dem Kurs war, antwortet er mit „die Geschichten und der Austausch mit den anderen", sowie „offen zu sprechen" und „Anregungen zu den verschiedenen Problembereichen" zu bekommen. Was er sich außerdem noch gewünscht hätte wären mehr als die sechs Termine und mehr aktives trainieren von bestimmten Fertigkeiten. Als Beispiel nennt er hier Smalltalk. Verglichen mit dem Zeitaufwand des Kurses hat sich die Teilnahme zu 100% gelohnt und er würde den Kurs zu 100% einem Freund weiter empfehlen.

Zusammenfassung der Ergebnisse der Einzelfallanalyse von Teilnehmer D

Teilnehmer D konnte insgesamt gesehen nicht wie erwartet von der Teilnahme am behavioralen Gruppentraining für Erwachsene mit ADHS in Bezug auf eine Abnahme seiner Belastung im Alltag, erhoben durch den „Fragebogen zum Funktionsniveau" profitieren. Weder die Gesamtbelastung, noch die Belastung in den drei Anforderungsbereichen, die von Teilnehmer D vor Beginn der Intervention als am stärksten belastend erlebt wurden nahmen ab. So müssen sowohl Hypothese 1a als auch 1b zurückgewiesen werden.

Der Verlauf der ADHS-Symptomatik, erhoben durch den Selbstbeurteilungsfragebogen „Verhaltensmerkmale der ADHS" (Lauth & Minsel, 2009) zeigt auch keine Verminderung im Verlauf der Intervention. Während es auf der Subskala „Unaufmerksamkeit" zu einer Verringerung der Symptomatik zwischen den Messzeitpunkten warte und follow-up kommt, nimmt die Symptoma-

tik auf der Subskala Hyperaktivität / Impulsivität über den gesamten Messzeitpunkt zu. Davon beeinflusst steigt auch der Summenscore der Skala. Teilnehmer
D gehört vor Beginn des Trainings dem Unaufmerksamen Subtypus der ADHS
an, nach Ende der Erhebung wird er dem Hyperaktiven Subtypus nach DSM-IV-
TR (Saß et al. 2003) zugeordnet.

Trotz dieser Ergebnisse zeigt sich Teilnehmer D in weiten Teilen mit dem
Training zufrieden. Im Zufriedenheitsfragebogen (Lauth & Minsel, 2009) gibt er
an, dass der Kurs ihm zu 90 % geholfen habe, ein besseres Verständnis für seine
Problematik zu entwickeln. Er hat sich in der Gruppe und mit dem Gruppenleiter sehr wohl gefühlt und beurteilt Kursaufbau, Materialien und Durchführung
als gut. Abschließend gibt er an, dass sich der Kurs für ihn gelohnt habe und
dass er ihn zu 100 % einem Freund weiter empfehlen würde.

3.4.2.5   *Einzelfallanalyse Teilnehmerin E*

3.4.2.5.1   Demografische Merkmale Teilnehmerin E

Teilnehmerin E ist zum Zeitpunkt des Trainings 29 Jahre alt und Studentin. Sie meldet sich mit bestehender ADHS-Diagnose beim Gruppentraining an.
Sie ist weder in psychotherapeutischer noch in medikamentöser Behandlung. Sie
ist sozial gut eingebettet, im allgemeinen Teil des Young-Adult-Self-Report
(YASR, Achenbach, 1997) gibt sie an, vier oder mehr gute Freunde zu haben,
die sie dreimal oder häufiger pro Woche sieht. Sie versteht sich sehr gut mit ihren Freunden und lädt sie dreimal oder häufiger pro Monat nach Hause ein. In
Bezug auf ihr Studium gibt sie an, dass sie sich gut mit den anderen Studierenden versteht. Sie gibt an, dass ihre Leistungen nicht ihren Fähigkeiten entsprechen und dass es ihr häufig schwer fällt, ihre Aufgaben zu Ende zu bringen. Sie
ist mit ihrer Ausbildungssituation insgesamt nicht zufrieden und gibt an, dass sie
manchmal Dinge tut, die dazu führen könnten, dass sie scheitert. Über ihre Arbeit gibt sie an, gut mit anderen zusammenzuarbeiten aber manchmal Schwierigkeiten mit Vorgesetzten zu haben. Die Frage, ob sie ihre Arbeit gut mache,
beantwortet sie mit „häufig zutreffend". Sie tut keine Dinge, die dazu führen
könnten, dass sie ihre Arbeit verliert und fehlt auch nicht ohne krank oder beurlaubt zu sein. In Bezug auf ihre Familie gibt Teilnehmerin E an, sich besser als

andere mit ihren Geschwistern und ihrer Mutter zu verstehen. Sie lebt in einer festen Beziehung und gibt an, sich meist gut mit ihrem Partner zu verstehen und den Freundeskreis ihres Partners zu mögen. Die offene Frage nach einer Krankheit oder sonstigen Beeinträchtigung beantwortet sie mit „ADHS", da sie ja schon mit an anderer Stelle gestellter Diagnose zur Eingangsdiagnostik erschien. Auf die Frage nach Dingen, die ihr in Bezug auf ihr Studium Sorgen machen schreibt sie, dass sie Sorgen hat, ihr Studium nicht zu schaffen beziehungsweise Probleme mit der Magisterarbeit zu bekommen. Die offene Frage, was ihr an sich selbst am besten gefällt beantwortet Teilnehmerin E mit „Kreativität, Spontaneität, neugierig, flexibel und begeisterungsfähig" zu sein.

3.4.2.5.2   Klinische Merkmale Teilnehmerin E

Während der Eingangsdiagnostik lag Teilnehmerin E im subklinischen Bereich der ADHS. Im Fragebogen „Verhaltensmerkmale der ADHS" (Lauth & Minsel, 2009) erreicht sie auf den beiden Subskalen „Unaufmerksamkeit" und „Hyperaktivität/ Impulsivität" je 5 Punkte, der klinische Cut-Off-Wert liegt für beide Skalen bei 6 Punkten. Im Screening ASRS-V1.1 (WHO, 2003) erreicht sie 4 Punkte, was dem Cut-Off-Wert entspricht. Im WURS-k für die retrospektive Selbstbeurteilung der ADHS im Kindesalter (Retz-Junginger et al., 2003) erreicht sie 55 Punkte, was deutlich über dem Cut-Off-Wert von 30 Punkten liegt. Die Alltagsbelastung insgesamt, erhoben durch den Summenscore des „Fragebogens zum Funktionsniveau" ist mit 68 von 160 möglichen Punkten vergleichsweise niedrig.

Um komorbide Störungen zu erfassen wurde der YASR (Achenbach, 1997) verwendet. Hier liegt Teilnehmerin E lediglich auf einer Subskala im kritischen klinischen Bereich und zwar bei der Subskala „bizarre Gedanken", die den kritischen Wert bereit bei 2 Punkten hat. Das einzige Item dieser Skala, dass sie mit dem Höchstwert von 2 Punkten beantwortet ist die Frage „Ich sehe Dinge, die andere nicht sehen". Da der Wert von 2 aber gerade eben den kritischen Wert erreicht und sich auf nur ein Item bezieht und es sonst keine Anzeichen für eine psychische Störung gibt, steht diese Tatsache der Eignung von Teilnehmerin E für das ADHS-Gruppentraining für Erwachsene nicht im Wege. Bei der Subskala „Aufmerksamkeitsprobleme" bleibt Teilnehmerin E mit 5 Punkten unterhalb des kritischen klinischen Wertes von 6.5 Punkten. Dies passt zu den zuvor beschriebenen Ergebnissen der „Verhaltensmerkmale der ADHS" (Lauth & Minsel, 2009), die auch auf eine subklinische Symptomatik hindeuten.

Teilnehmerin E ist insgesamt verglichen mit anderen Teilnehmern des ADHS-Trainings für Erwachsene mit ADHS in ihrem Alltag eher wenig beeinträchtigt. Dennoch berichtet sie über ADHS-typische Schwierigkeiten, vor allem in Bezug auf ihr Studium. Trotz ihres subklinischen Status zum Zeitpunkt der Eingangsdiagnostik wurde sie zur Teilnahme am Training eingeladen, da es sich ja um ein niederschwelliges Angebot handelt. Sie schien auch aus dem Grunde geeignet zu sein, weil sie bereits an anderer Stelle eine ADHS-Diagnose erhalten hatte.

3.4.2.5.3   Ergebnisdarstellung der Einzelfallanalyse Teilnehmerin E

Teilnehmerin E hat an allen sechs Trainingssitzungen teilgenommen, jedoch die Fragebögen nicht zu allen Zeitpunkten beantwortet. So liegen über den Untersuchungszeitraum von 18 Wochen 21 Messzeitpunkte vor, von denen 8 die Grundrate bilden, 8 die Interventionsphase und 5 die Follow-Up-Phase zwischen der fünften und sechsten Trainingssitzung. Für die Auswertung werden Interventions- und Follow-Up-Phase jedoch zusammengefasst betrachtet, so dass sich eine Interventionsphase bestehend aus 13 Messzeitpunkten ergibt.

Visuelle Auswertung der Gesamtbelastung

Zunächst soll die Gesamtbelastung, erfasst durch den Summenscore des „Fragebogens zum Funktionsniveau", visuell ausgewertet werden. Den Kurvenverlauf über die 21 Messzeitpunkte zeigt Abbildung 28. Die Datenpunkte der Grundrate schwanken zwischen 26 und 109 von 160 möglichen Punkten, so dass nicht von einer stabilen Grundrate ausgegangen werden kann. Die höchste Belastung von 109 Punkten gibt Teilnehmerin E zum Messzeitpunkt 8, kurz vor Beginn der Intervention an. Mit Einsetzen der Intervention sinkt die Gesamtbelastung auf ein Niveau um 35 Punkte und bleibt bis auf einen Ausreißerwert mit 56 Punkten zu Messzeitpunkt 16 nach der fünften Trainingssitzung relativ stabil. Eine Abnahme der Gesamtbelastung, wie Hypothese 1b sie postuliert, kann aufgrund der visuellen Analyse nicht nachgewiesen werden.

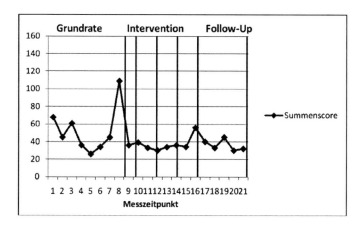

Abbildung 28: Teilnehmerin E: Gesamtbelastung (Summenscore des Fragebogens zum Funktionsniveau): Grundrate und Interventionsphase

In Tabelle 56 sind Mittelwerte und Standardabweichungen der einzelnen Untersuchungsphasen sowie die Differenzen der Interventionsphasen zur Grundrate dargestellt. Es ist zu beachten, dass der Mittelwert der Grundrate ($M = 53$) stark durch den Ausreißerwert zum Messzeitpunkt 8 beeinflusst ist, was auch durch die große Standardabweichung von $SD = 26.54$ zu erkennen ist. Dadurch bedingt ergeben sich durchaus große Differenzen zwischen 12.2 und 21 Punkten zwischen Grundrate und den einzelnen Phasen der Intervention. Die Differenz für die gesamte Interventionsphase liegt bei 16.23 Punkten.

Tabelle 56: Teilnehmerin E: Mittelwerte und Standardabweichungen von Grundrate und Interventionsphase der Gesamtbelastung sowie Differenzen zur Grundrate

Teilnehmerin E	Grundrate M (SD)	Interventionsphase und Follow-Up-Phase M (SD)						
Messzeitpunkt	1 -9	10 Sitzung 1	11-12 Sitzung 2	13-14 Sitzung 3	15-16 Sitzung 4	17-21 Sitzung 5	22 Sitzung 6	Gesamt
Gesamtbelastung	53.00 (26.54)	36.00 (0)	36.00 (4.24)	32.00 (2.83)	35.00 (1.41)	40.8 (10.33)	32.00 (0)	36.77 (7.14)
Differenz zur Grundrate	-	17.00	17.00	21.00	18.00	12.20	21.00	16.23

Prozentsatz-Nichtüberlappender-Daten (PND) Gesamtbelastung

Die die Datenpunkten sich während der Grundrate zwischen 26 und 109 Punkten bewegen, was einer Schwankung von knapp 52% entspricht, kann der Prozentsatz-Nichtüberlappender-Daten nicht als zuverlässiges Maß hinzugezogen werden (Kern, 1997).

Effekstärke Gesamtbelastung

Zur weiteren Überprüfung von Hypothese 1b, die von einer Abnahme der Gesamtbelastung während der Interventionsphase ausgeht, wird das Maß der Effektstärke nach Cohen (1988) hinzugezogen. Die Effektstärke liegt wie in Tabelle 57 dargestellt, mit $d = -0.84$ im hohen Bereich (Cohen, 1988) und spricht für eine Annahme der Hypothese 1b. Die Gesamtbelastung hat sich während der Interventionsphase im Vergleich zur Grundrate verringert.

Tabelle 57: Teilnehmerin E: Berechnung der Effektstärke zwischen Grundrate und Interventionsphase

Teilnehmerin E	Grundrate *M (SD)*	Interventionsphase *M (SD)*
Gesamtbelastung	53.00 (26.54)	36.77 (7.14)
Effektstärke Cohens *d*	-0.84	

Im Folgenden sollen die drei Subskalen des „Fragebogens zum Funktionsniveau" einzelfallanalytisch ausgewertet werden, die während der Grundrate von Teilnehmerin E als am stärksten belastend eingestuft wurden. Abbildung 29 stellt alle acht Subskalen des Fragebogens dar, Tabelle 58 listet die Mittelwerte und Standardabweichungen der Subskalen während der Grundrate (Messzeitpunkt 1 bis 8) auf. Die drei Subskalen mit den höchsten Mittelwerten sind Ordnen ($M = 8.50$, $SD = 5.16$), Anfangen ($M = 9.25$, $SD = 6.72$) und Umsetzen ($M = 6.63$, $SD = 2.83$), die nun in dieser Reihenfolge ausgewertet werden sollen.

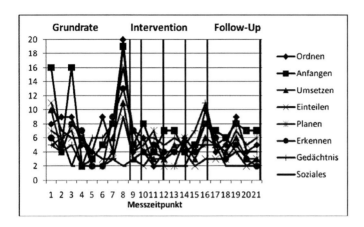

Abbildung 29: Teilnehmerin E: Die acht Subskalen des Fragebogens zum Funktionsniveau: Grundrate und Interventionsphase

Tabelle 58: Teilnehmerin E: Mittelwerte und Standardabweichungen der Grundraten aller 8 Subskalen des Fragebogens zum Funktionsniveau

	M	SD
Subskala Ordnen	8.50	5.16
Subskala Anfangen	9.25	6.72
Subskala Umsetzen	6.63	2.83
Subskala Einteilen	6.12	2.85
Subskala Planen	6.13	5.64
Subskala Erkennen	6.38	3.74
Subskala Gedächtnis	6.50	4.21
Subskala Soziales	3.50	1.85

Visuelle Datenanalyse Subskala Ordnen

Der Kurvenverlauf der Subskala Ordnen über Grundrate und Interventionsphase ist bei Teilnehmerin E durch Schwankungen von mittlerem Ausmaß und durch einen Ausreißerwert mit der maximalen Punktzahl von 20 zu Messzeitpunkt 8 gekennzeichnet (siehe Abbildung 30). Zunächst fällt auf, dass die Kurve sich eher im mittleren unteren Bereich bewegt, was verglichen mit anderen Teilnehmern einer niedrigen Belastung entspricht.

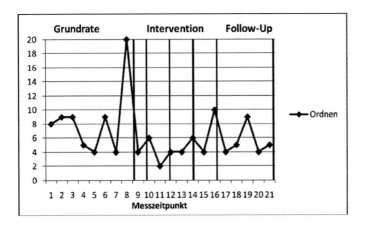

Abbildung 30: Teilnehmerin E: Subskala Ordnen: Grundrate und Interventionsphase

Die durch Hypothese 1a erwartete Abnahme der erlebten Belastung im Anforderungsbereich Ordnen während der Interventionsphase ist nicht deutlich zu beobachten, es zeigt sich lediglich eine leichte Abwärtsbewegung der Kurve, die aber durch einige Spitzen unterbrochen ist. Die Werte liegen zwischen 4 und 20 Punkten während der Grundrate und zwischen 2 und 10 Punkten während der Interventionsphase. Die Betrachtung der Differenzen der einzelnen Phasen der Intervention zur Grundrate sowie die Berechnung der Effektstärke soll weitere Hinweise auf die Annahme oder Zurückweisung von Hypothese 1a bringen. In Tabelle 59 sind die Mittelwerte und Standardabweichungen der Grundrate und der einzelnen Phasen der Intervention sowie der gesamten Interventionsphase und deren Differenzen zur Grundrate aufgelistet. Es zeigen sich durchweg Differenzen im positiven Bereich, die zwischen 2.10 und 4.50 Punkten liegen. Für den Zeitraum der gesamten Intervention (Trainingssitzung eins bis sechs) liegt die Differenz bei 3.35 Punkten. Ebenso wie bei der Auswertung der durch den Summenscore des „Fragebogens zum Funktionsniveau" erhobenen Gesamtbelastung muss bei der Auswertung jedoch beachtet werden, dass der vergleichsweise hohe Mittelwert von $M = 8.50$ ($SD = 5.16$) der Belastung im Anforderungsbereich Ordnen während der Grundrate vor allem durch den Ausreißerwert von 20 Punkten zu Messzeitpunkt 9 zustande kommt.

Tabelle 59: Teilnehmerin E: Mittelwerte und Standardabweichungen von Grundrate und Interventionsphase der Subskala Ordnen sowie Differenzen zur Grundrate

Teilnehmerin E	Grund-rate M (SD)	Interventionsphase und Follow-Up-Phase M (SD)						
Messzeitpunkt	1 -8	9 Sitzung 1	10-11 Sitzung 2	12-13 Sitzung 3	14-15 Sitzung 4	16-20 Sitzung 5	21 Sitzung 6	Gesamt
Ordnen	8.50 (5.16)	4.00 (0)	4.00 (2.83)	4.00 (0)	5.00 (1.41)	6.40 (2.88)	5.00 (0)	5.15 (2.19)
Differenz zur Grundrate	-	4.50	4.50	4.50	3.50	2.10	3.50	3.35

Prozentsatz-Nichtüberlappender-Daten (PND) Subskala Ordnen

Ebenso wie bei der Auswertung des Summenscores des „Fragebogens zum Funktionsniveau" kann der Prozentsatz-Nichtüberlappender-Daten auch bei der Subskala Ordnen nicht berechnet werden, da die Grundrate nicht stabil ist. Die Datenpunkte schwanken zwischen 4 und 20 Punkten, was einer Schwankung von 80% entspricht. Laut Kern (1997) ergibt die Berechnung des PND nur sinnvolle Ergebnisse, wenn die Schwankungen nicht größer als 20% sind.

Effektstärke Subskala Ordnen

Die Effektstärke Cohens *d* (Cohen, 1988), berechnet aus den Mittelwerten und Standardabweichungen der Grundrate und des Mittelwertes der gesamten Interventionsphase (vgl. Tabelle 60), ergibt einen Wert von $d = -0.85$.

Tabelle 60: Teilnehmerin E: Berechnung der Effektstärke zwischen Grundrate und Interventionsphase für die Subskala Anfangen

Teilnehmerin E	Grundrate M (SD)	Interventionsphase M (SD)
Anfangen	8.50 (5.16)	5.15 (2.19)
Effektstärke Cohens *d*	-0.85	

Dieser Wert spricht für einen starken Effekt und zeigt die in der visuellen Analyse und in den Differenzen zwischen Grundrate und Interventionsphase wahrgenommene Abnahme der erlebten Belastung im Anforderungsbereich „Anfangen" bei Teilnehmerin E. Hypothese 1a kann also für den Anforderungsbereich Anfangen angenommen werden, wenn auch der Effekt in seiner Ausprägung eher moderat ist.

Visuelle Datenanalyse Subskala Anfangen

Bei Betrachtung der Subskala Anfangen bei Teilnehmerin E fällt zunächst die unstete Grundrate ins Auge, die zwischen 2 und 19 von 20 möglichen Punkten schwankt. Nach Einsetzen der Intervention wird die Kurve ruhiger, sie pendelt dann um eine Niveau von 6 bis 7 Punkten, was einer erlebten Belastung im unteren mittleren Bereich entspricht (Abbildung 31). Eine Verminderung der Belastung im Anforderungsbereich „Anfangen" wie Hypothese 1a sie annimmt, ist bei Teilnehmerin E aufgrund der visuellen Analyse schon zu erkennen, wenn der Effekt auch durch die großen Schwankungen in der Grundrate verdeckt wird.

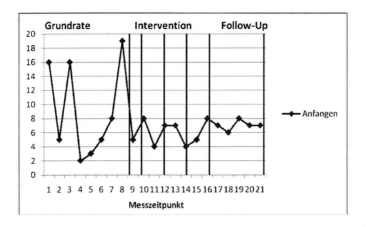

Abbildung 31: Teilnehmerin E: Subskala Anfangen Grundrate und Interventionsphase

Tabelle 61 listet die Mittelwerte und Standardabweichungen der einzelnen Phasen der Intervention (Trainingssitzung eins bis sechs) sowie die Differenzen der Mittelwerte der Interventionsphase zur Grundrate auf. Die Differenzen liegen durchweg im positiven Bereich zwischen 2.05 und 4.25 Punkten: Die Mittelwerte der Phasen der Intervention sind also durchweg niedriger als während

der Grundrate, was für eine Abnahme der erlebten Belastung im Anforderungs-
bereich Anfangen bei Teilnehmerin E im Sinne von Hypothese 1a spricht. Das
Maß der Effektstärke soll hinzugezogen werden, um die Unterschiede zwischen
Grundrate und Interventionsphase noch deutlicher zu beschreiben.

*Tabelle 61: Teilnehmerin E: Mittelwerte und Standardabweichungen von Grundrate und In-
terventionsphase der Subskala Anfangen sowie Differenzen zur Grundrate*

Teilnehmerin E	Grund-rate M (SD)	Interventionsphase und Follow-Up-Phase M (SD)						
Messzeitpunkt	1 -8	9 Sitzung 1	10-11 Sitzung 2	12-13 Sitzung 3	14-15 Sitzung 4	16-20 Sitzung 5	21 Sitzung 6	Gesamt
Anfangen	9.25 (6.71)	5.00 (0)	6.00 (2.83)	7.00 (0)	4.50 (0.71)	7.20 (0.84)	7.00 (0)	6.38 (1.45)
Differenz zur Grundrate	-	4.25	3.25	2.25	4.75	2.05	2.25	2.87

Prozentsatz-Nichtüberlappender-Daten (PND) Subskala Anfangen

Aufgrund der enormen Schwankungen der Datenpunkte während der
Grundrate um 85% (Minimum = 2 Punkte, Maximum = 19 Punkte) kann für die
Subskala Anfangen bei Teilnehmerin E kein PND berechnet werden. Nach Kern
(1997) würde die Berechnung des PND hier eventuell zu einer enormen Überschätzung des Interventionseffekts führen.

Effektstärke Subskala Anfangen

Die aus den Mittelwerten und Standardabweichungen der Grundrate und
der Interventionsphase insgesamt berechnete Effektstärke d nach Cohen (1988)
ergibt einen Wert von $d = -0.59$ (Tabelle 62). Nach Cohen (1988) liegt dieser
Wert im mittleren Bereich: Es ist also ein im Sinne von Hypothese 1a moderate
Verringerung der Belastung im Anforderungsbereich Anfangen nach Einsetzen
der Intervention zu verzeichnen. Hypothese 1a kann daher angenommen werden.

Tabelle 62: Teilnehmerin E: Berechnung der Effektstärke zwischen Grundrate und Interventionsphase für die Subskala Anfangen

Teilnehmerin E	Grundrate *M (SD)*	Interventionsphase *M (SD)*
Anfangen	9.25 (6.71)	6.38 (1.45)
Effektstärke Cohens *d*	-0.59	

Visuelle Datenanalyse Subskala Umsetzen

Die dritte abhängige Variable, die bei Teilnehmerin E einzelfallanalytisch überprüft werden soll, bildet der Anforderungsbereich Umsetzen. Der Kurvenverlauf der Belastung in diesem Anforderungsbereich, erhoben durch die Subskala „Umsetzen" des „Fragebogens zum Funktionsniveau" während der Grundrate und der Interventionsphase, ist in Abbildung 32 dargestellt.

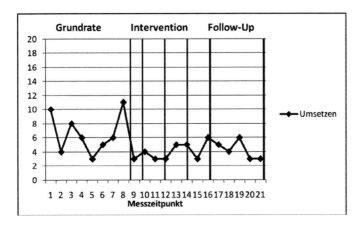

Abbildung 32: Teilnehmerin E: Subskala Umsetzen: Grundrate und Interventionsphase

Es zeigt sich eine leichte Abnahme der erlebten Belastung nach Einsetzen der Intervention. Während der Grundrate pendelt die Kurve zwischen 3 und 11 Punkten, nach der ersten Trainingssitzung bewegt sie sich dann zwischen 3 und 6 Punkten. Die Betrachtung der Differenzen zwischen den Mittelwerten der

Grundrate und den einzelnen Phasen der Intervention, wie in Tabelle 63 dargestellt, belegt diese Beobachtung weiter: Die Differenzen liegen ausschließlich im
positiven Bereich zwischen 1.83 und 3.63 Punkten für die einzelnen Phasen der
Intervention. Für die gesamte Interventionsphase liegt die Differenz zur Grundrate bei 2.55 Punkten. Es ist also eine moderate Verringerung der erlebten Belastung im Anforderungsbereich Umsetzen zu betrachten. Um Hypothese 1a detaillierter zu überprüfen werden der Prozentsatz-Nichtüberlappender-Daten sowie die Berechnung der Effektstärke hinzugezogen.

*Tabelle 63: Teilnehmerin E: Mittelwerte und Standardabweichungen von Grundrate und In-
terventionsphase der Subskala Umsetzen sowie Differenzen zur Grundrate*

Teilnehmerin E	Grund-rate M (SD)	Interventionsphase und Follow-Up-Phase M (SD)						
Messzeitpunkt	1 -8	9 Sitzung 1	10-11 Sitzung 2	12-13 Sitzung 3	14-15 Sitzung 4	16-20 Sitzung 5	21 Sitzung 6	Gesamt
Umsetzen	6.63 (2.83)	3.00 (0)	3.50 (0.71)	4.00 (1.41)	4.00 (1.41)	4.80 (1.30)	3.00 (0)	4.08 (1.19)
Differenz zur Grundrate	-	3.63	3.13	2.63	2.63	1.83	3.63	2.55

Prozentsatz-Nichtüberlappender-Daten (PND) Subskala Umsetzen

Die Grundrate pendelt bei der Subskala Umsetzen 3 und 11 Punkten, was
einer Schwankung von 40% entspricht. Es wird daher auch bei dieser Subskala
auf die Berechnung des PND verzichtet.

Effektstärke Subskala Umsetzen

Die Effektstärke Cohens d (Cohen, 1988) ergibt, wie in Tabelle 64 dargestellt, einen Wert von $d = -1.17$, was für einen starken Effekt spricht. Da der
Mittelwert der Grundrate ($M = 6.63$, $SD = 2.83$) höher ist als der Mittelwert der
Interventionsphase ($M = 4.08$, $SD = 1.19$), geht der Interventionseffekt in die
erwartete Richtung: Die Belastung verringert sich bei Teilnehmerin E während
der Intervention im Anforderungsbereich Umsetzen. Dies spricht für eine Annahme von Hypothese 1a.

Tabelle 64: Teilnehmerin E: Berechnung der Effektstärke zwischen Grundrate und Interventionsphase für die Subskala Umsetzen

Teilnehmerin E	Grundrate M (SD)	Interventionsphase M (SD)
Umsetzen	6.63 (2.83)	4.08 (1.19)
Effektstärke Cohens d	-1.17	

Veränderung der ADHS-Symptomatik im Verlauf des Trainings

Zusätzlich zur Alltagsbelastung in den Bereichen, die von Erwachsenen mit ADHS häufig als problematisch erlebt werden, wurde auch der Verlauf der ADHS-Symptomatik selbst untersucht. Hierfür liegen bei Teilnehmerin E zwei Messzeitpunkte vor: Zu Messzeitpunkt 1 (warte) sowie zu Messzeitpunkt 16 nach der fünften Trainingssitzung (post). Die Messzeitpunkte prä (vor der ersten Trainingssitzung) und follow-up (Messzeitpunkt 21 nach Ende der sechsten Trainingssitzung) bedauerlicherweise nicht vor. Obwohl Teilnehmerin E in allen sechs Trainingssitzungen anwesend war, füllte sie die Fragebögen nur unvollständig aus, so dass diese nicht auswertbar waren.

Teilnehmerin E lag wie in Abschnitt 3.4.2.5.2 beschrieben zum Zeitpunkt der Eingangsdiagnostik im subklinischen Bereich, erhoben mit dem Fragebogen „Verhaltensmerkmale der ADHS" (Lauth & Minsel, 2009). Hier erreicht sie auf den beiden Subskalen „Unaufmerksamkeit" und „Hyperaktivität / Impulsivität" je 5 Punkte, wobei der klinische Cut-Off-Wert für beide Skalen bei jeweils 6 Punkten liegt.

Der Verlauf der ADHS-Symptomatik bei Teilnehmerin E ist in Abbildung 33 als Kurvenverlauf dargestellt: Während die Gesamtbelastung zwischen den Messzeitpunkten warte und post von 10 auf 11 Punkte leicht ansteigt, ergibt sich für die beiden Subskalen ein konträres Bild: Im Bereich Hyperaktivität / Impulsivität nimmt die Symptomatik leicht zu, so dass sie bei der Post-Messung bei 7 Punkten und damit über dem klinischen Cut-Off-Wert von 6 Punkten liegt während bei der Subskala Unaufmerksamkeit der entgegengesetzte Verlauf zu beobachten ist: Die Symptomatik nimmt im Verlauf des Trainings leicht ab, so dass sie nach der fünften Trainingssitzung nur noch bei vier Punkten liegt.

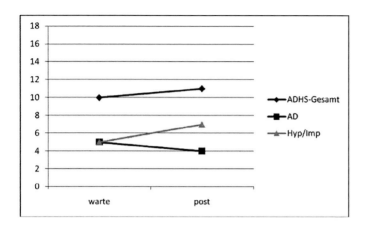

Abbildung 33: Teilnehmerin E: Verlauf der ADHS-Symptomatik: Mittelwerte der Ge-samtskala sowie der Subskalen „Aufmerksamkeitsdefizit" (AD) und „Hyperaktivität/ Impulsi-vität" (Hyp/Imp) zu den zwei Messzeitpunkten

Zufriedenheit mit dem Training

Teilnehmerin E zeigt sich insgesamt mit dem ADHS-Training zufrieden. Sie gibt an, 50% ihrer selbst gesetzten Hausaufgaben in die Tat umgesetzt zu haben. Der Kurs habe ihr zu 30% geholfen, ein besseres Verständnis für ihre Problematik zu erlangen und ihr Verhalten zu 30% sowie ihr Befinden zu 35% zu verbessern. Ihr Verhalten habe sich tatsächlich aber nur um 20% verbessert, gibt sie an. Der Kurs habe keinerlei Einfluss auf Familie oder Partnerschaft ge-habt (0%). Die Fragen, wie sehr sie sich in der Gruppe verstanden und wohl ge-fühlt habe und wie gut sie den Gruppenleiter fand, beantwortet sie beide mit 100%. Wie gut Kursaufbau, Materialien und Durchführung waren, beurteilt sie mit 80%. Als Kommentar dazu schreibt sie, der Kurs war „gut, aber nicht tief gehend genug, nicht für Leute mit schweren ADS-Problemen". Als das Beste an dem Kurs nennt sie die Länge des Kurses und fügt erklärend hinzu „d. h. eine lange Laufzeit, über mehrere Wochen". Als Kritikpunkt nennt sie „mehr über ADS reden, spezifisch". Abschließend gibt sie an, dass sich der Besuch des Trainings verglichen mit dem Zeitaufwand für sie zu 90% gelohnt habe und dass sie ihn zu 80% einem Freund/ einer Freundin weiterempfehlen würde.

Zusammenfassung der Ergebnisse der Einzelfallanalyse von Teilnehmerin E

Zusammenfassend bleibt festzuhalten, dass Teilnehmerin E in allen drei untersuchten Anforderungsbereichen von der Teilnahme am behavioralen Gruppentraining für Erwachsene mit ADHS profitieren konnte, wenn die Effekte auch im moderaten bis niedrigen Bereich liegen. Zunächst muss bei der Betrachtung der Ergebnisse beachtet werden, dass die anfängliche Alltagsbelastung bei Teilnehmerin E eher im mittleren bis niedrigen Bereich lag. Dies gilt sowohl für die Gesamtbelastung als auch für die drei untersuchten Subskalen Ordnen, Anfangen und Umsetzen, die die stärkste Belastung vor Beginn der Intervention bildeten.

Bezogen auf die Gesamtbelastung, erhoben durch den Summenscore der acht Subskalen des „Fragebogens zum Funktionsniveau", kann Hypothese 1b für Teilnehmerin E angenommen werden: Die Gesamtbelastung nimmt im Verlauf des Trainings ab, was die Effektstärke von $d = -0.84$ verdeutlicht. Auch in der Subskala Ordnen nimmt die erlebte Belastung von Teilnehmerin E im Verlauf des Trainings ab, so dass Hypothese 1a für diesen Anforderungsbereich angenommen werden kann. Ebenso wie bei der Gesamtbelastung musste hier auf die Berechnung des PND verzichtet werden, da die Grundrate starke Schwankungen aufzeigt. Die Berechnung der Effektstärke nach Cohen zeigt jedoch recht deutlich, dass die durch Hypothese 1a erwartete Verringerung der Belastung zutrifft: Die Effektstärke von $d = -0.85$ spricht für einen starken Effekt. Ähnliche Ergebnisse zeigen sich bei der zweiten untersuchten abhängige Variable, der Subskala Anfangen: Nach einer stark schwankenden Grundrate, die wiederum die Berechnung des Prozentsatzes-Nichtüberlappender-Daten unmöglich macht, pendeln sich die Werte während der Interventionsphase auf einem niedrigeren Niveau ein als vor Beginn der Intervention. Die Effektstärke von Cohens $d = -0.50$ kann als Effekt mittlerer Stärke eingeordnet werden (Cohen, 1988; Kern, 1997). Der deutlichste Effekt zeigt sich bei Teilnehmerin D bei der dritten untersuchten abhängigen Variablen, dem Anforderungsbereich „Umsetzen". Die Effektstärke von $d = -1.17$, berechnet aus den Mittelwerten und Standardabweichungen von Grundrate und Interventionsphase, spricht für einen starken Effekt und damit für eine Annahme von Hypothese 1a für diesen Anforderungsbereich.

Die Veränderung der ADHS-Symptomatik im Verlauf des Trainings konnte nur über die beiden vorhandenen Messzeitpunkte warte und post ausgewertet werden. Die Gesamtbelastung steigt im Verlauf des Trainings leicht an, was durch die Zunahme der Symptomatik in der Subskala Hyperaktivität /

Impulsivität um 2 Punkte bedingt ist. In der Subskala Unaufmerksamkeit ist der entgegengesetzte Trend zu erkennen: Hier nimmt die Symptomatik im Selbsturteil von Teilnehmerin E im Verlauf des Trainings leicht (um einen Punkt) ab.

Teilnehmerin E zeigt sich vorwiegend mit dem Training zufrieden. Neben anderen positiven Beurteilungen im in der fünften Trainingssitzung erhobenen Zufriedenheitsfragebogen (Lauth & Minsel, 2009) gibt sie an, dass sich der Besuch des Trainings verglichen mit dem Zeitaufwand für sie zu 90% gelohnt habe und dass sie ihn zu 80% einem Freund/ einer Freundin weiterempfehlen würde.

3.4.2.6   Einzelfallanalyse Teilnehmer F

3.4.2.6.1   Demografische Merkmale Teilnehmer F

Teilnehmer F ist zum Zeitpunkt der Eingangsdiagnostik 20 Jahre alt. Er ist Abiturient, Zivildienstleistender und bewirbt sich zum Studium. Er ist gut sozial eingebettet und gibt an, dass er zwei oder drei gute Freunde hat, die er ein- oder zweimal pro Woche trifft. Auf die offene Frage im Young Adult Self Report (YASR, Achenbach 1997), was ihm im Hinblick auf Schule, Arbeit oder Studium Sorgen bereitet antwortet Teilnehmer F, dass er „Angst vor dem Scheitern durch mangelnde Organisation, Motivation und Konzentration" habe und dass er im Zivildienst trotz Motivation immer wieder schlechte, unvollständige oder vollkommen vergessene Arbeiten abliefere. Die Frage, was ihm am besten an sich gefällt, beantwortet er damit, dass er gesellig sei, dass er sich nicht entmutigen lasse, dass er häufig andere Betrachtungsweise der Dinge als seine Mitmenschen habe und ganz allgemein seine Lebenseinstellung. Am Ende des YASR werden die Teilnehmer aufgefordert, ihre Gedanken, Gefühle, ihr Verhalten oder ihre Interessen zu beschreiben. Teilnehmer F füllt den vorhandenen Platz ganz aus. Er schreibt, dass er stark auf sein Erscheinungsbild achtet, dass er respektiert werden will, dass er viel Sport treibt, dass er sich mindestens einmal täglich mit Freunden oder seiner Familie trifft, dass er viele Stunden des Tages mit „Nichts-Tun" verschwendet, dass er sehr viel über Dinge nachdenkt, die andere nicht sonderlich beschäftigen und dass er starke Probleme hat, seine selbst gesteckten Ziele zu erreichen.

3.4.2.6.2   Klinische Merkmale Teilnehmer F

Teilnehmer F hat bereits seit seiner Grundschulzeit eine ADHS-Diagnose und wird sowohl psychotherapeutisch als auch medikamentös behandelt. Er gibt an, über die Dauer der Intervention, die Erhebung der Grundrate eingeschlossen, die Dosis des ihm verschriebenen Methylphenidat-Präparats konstant zu halten.

Die bereits bestehende Diagnose konnte auch während der Eingangsdiagnostik bestätigt werden: Im Screening ASRS-V1.1 (WHO, 2003) erreicht er 5 Punkte; der kritische Wert, aber dem eine ADHS-Diagnose wahrscheinlich ist, liegt bei 4 Punkten. Sein ADHS-typisches Verhalten in der Kindheit, retrospektiv im Selbsturteil erhoben beurteilt Teilnehmer F mit 44 Punkten. Ab einem Wert von 30 Punkten wird von einer ADHS-Diagnose im Kindesalter ausgegangen. Nach dem Selbstbeurteilungsfragebogen „Verhaltensmerkmale der ADHS" (Lauth & Minsel, 2009) gehört er mit 8 von 9 möglichen Punkten auf der Subskala Unaufmerksamkeit und einem Punkt auf der Subskala Hyperaktivtät/ Impulsivität dem unaufmerksamen Subtypus an. Er sagt im Eingangsinterview, dass er vor Einnahme des Medikaments sehr viel hyperaktiver war. Es sei für ihn die deutlich spürbare Wirkung des Medikaments, dass er nun ruhiger sei. Im „Fragebogen zum Funktionsniveau", der in den Einzelfallanalysen ausgewertet wird, erreicht Teilnehmer F zum ersten Messzeitpunkt während des Eingangsinterviews 103 von 160 möglichen Punkten und liegt damit im mittleren Bereich. Alle hier beschriebenen Werte sind in Abschnitt 3.4.1.1 zur Stichprobencharakteristik der Einzelfallanalysen in den Tabellen 4,5 und 6 dargestellt.

Mögliche komorbide Störungen sollten durch den Selbstbeurteilungsfragebogen Young-Adult-Self-Report (YASR, Achenbach, 1997) ermittelt werden. Teilnehmer F liegt hier wie erwartet mit 10 Punkten auf der Subskala „Aufmerksamkeitsprobleme" oberhalb des kritischen klinischen Wertes von 9 Punkten. Er gibt an, dass er häufig Schwierigkeiten habe, sich zu konzentrieren oder länger aufzupassen, dass er zu abhängig von anderen Menschen sei, dass er tagsüber häufig verträumt oder in Gedanken sei, dass er Dinge, die er machen sollte; häufig nicht zu Ende bringt und dass seine Leistungen in Schule oder Beruf schlecht seien. Außerdem liegt er bei der Subskala „ängstlich-depressiv" mit 20 Punkten genau auf dem kritischen klinischen Wert. Er gibt an, sich manchmal einsam zu fühlen, häufig durcheinander oder zerstreut zu sein, dass seine Zukunft ihn häufig beunruhigt, dass er manchmal glaubt, er müsse perfekt sein, dass er manchmal glaubt, dass ihn niemand richtig mag, dass er sich manchmal wertlos oder unterlegen fühlt, dass er wenig Selbstvertrauen habe, dass er manchmal zu furchtsam oder zu ängstlich sei, dass er manchmal befangen oder leicht verlegen sei sowie manchmal unglücklich, traurig oder niedergeschlagen. Er mache sich häufig zu viele Sorgen, zu viele Gedanken um sein eigenes Aussehen sowie zu viele Sorgen um seine Beziehung zum anderen Geschlecht. Da es sonst während des Eingangsinterviews jedoch keine Anzeichen für eine depressive Verstimmung oder eine Angststörung gab und da Teilnehmer F sich ja zum Zeitpunkt des Eingangsgespräches auch schon an anderer Stelle in psychotherapeutischer Behandlung befand, wurden keine weiteren Maßnahmen eingeleitet. Außerdem gibt Teilnehmer F an, dass er in den letzten sechs Monaten sieben Mal täglich geraucht habe und an 15 bis 20 Tagen betrunken gewesen sei. An zwei Tagen habe er in den letzten sechs Monaten Drogen genommen.

3.4.2.6.3   Ergebnisdarstellung der Einzelfallanalyse Teilnehmer F

Teilnehmer F hat an allen sechs Trainingssitzungen teilgenommen. Die Grundrate vor Beginn der ersten Trainingssitzung besteht aus lediglich 6 Messzeitpunkten, die Interventionsrate aus 14 Messzeitpunkten und die Follow-Up-Phase zwischen der fünften und sechsten Trainingssitzung aus 5 Messzeitpunkten, so dass es sich insgesamt um 25 Messzeitpunkte handelt. Im Folgenden wird die Alltagsbelastung insgesamt ausgewertet, bevor die drei Anforderungsbereiche, die Teilnehmer F vor Beginn des Trainings als am stärksten belastend empfand, detailliert betrachtet werden.

Visuelle Datenanalyse Gesamtbelastung

Abbildung 34 zeigt den Verlauf der Gesamtbelastung berechnet aus dem Summenscore des „Fragebogens zum Funktionsniveau" während der Grundrate sowie während der Interventionsphase. Hypothese 1b geht von einer Abnahme der Gesamtbelastung im Verlauf des Trainings aus. Diese lässt sich im Kurvenverlauf jedoch nicht erkennen. Während der Grundrate bewegt sich die Kurve relativ stabil auf einem Niveau zwischen 105 und 112 von maximal 160 Punkten, also im mittleren oberen Bereich. Während der Interventionsphase ändert sich dieses Niveau zunächst nicht, erst zwischen der dritten und fünften Trainingssitzung steigt das Niveau um wenige Punkte an und bewegt sich um einen

Wert von 120 Punkten, bevor es sich in der Follow-Up-Phase wieder auf das Ausgangsniveau um 115 Punkte einpendelt.

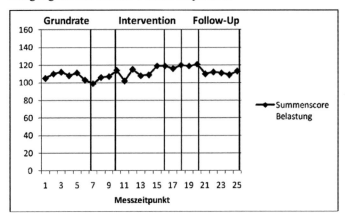

Abbildung 34: Teilnehmer F: Gesamtbelastung (Summenscore des Fragebogens zum Funktionsniveau): Grundrate und Interventionsphase

Die Mittelwerte und Standardabweichungen der Grundrate sowie der einzelnen Phasen der Intervention sind in Tabelle 65 dargestellt, ebenso wie die Differenzen der jeweiligen Phasen der Intervention zur Grundrate. Die Betrachtung der Mittelwerte und Differenzen bestätigt, was in der visuellen Analyse des Kurvenverlaufs in Abbildung 34 vermutet wurde: Es gibt eine moderate Zunahme der Gesamtbelastung im Verlauf des Trainings, was durch die häufigen negativen Vorzeichen der Differenzen gezeigt wird, die zwischen 4.17 und -11.33 liegen. Für die gesamte Interventionsphase beträgt die Differenz zum Mittelwert der Grundrate -3.88, was Hypothese 1b, die eine Abnahme der Gesamtbelastung annimmt, widerlegt.

Tabelle 65: Teilnehmer F: Mittelwerte und Standardabweichungen von Grundrate und Interventionsphase der Gesamtbelastung sowie Differenzen zur Grundrate

Teilnehmer F	Grundrate M (SD)	Interventionsphase M (SD)						
Messzeitpunkt	1 - 6	7-9 Sitzung 1	10-15 Sitzung 2	16,17 Sitzung 3	18,19 Sitzung 4	20-24 Sitzung 5	25 Sitzung 6	Gesamt
Gesamtbelastung	108.17 (3.55)	104.00 (4.36)	111.17 (6.05)	117.50 (2.12)	119.50 (0.71)	112.60 (4.83)	113.00 (-)	112.05 (6.20)
Differenz zur Grundrate	-	4.17	-3.00	-9.33	-11.33	-4.43	-4.83	-3.88

Um zusätzliche Informationen über die Beurteilung von Hypothese 1b zu erhalten, bezogen auf die Gesamtbelastung von Teilnehmer F, sollen im Folgenden der Prozentsatz-Nichtüberlappender Daten sowie die Effektstärke zwischen den Mittelwerten von Grundrate und Interventionsphase berechnet werden.

Prozentsatz-Nichtüberlappender-Daten (PND) Gesamtbelastung

Insgesamt überlappen nur 2 der 19 Datenpunkte der Interventionsphase nicht mit Datenpunkten der Grundraten. Dies ergibt wie in Tabelle 66 dargestellt einen PND von 10.53%. Nach Kern spricht dieser Wert für einen nicht reliablen Interventionseffekt, was auch mit der Betrachtung des Kurvenverlaufs einhergeht: Es handelt sich nicht wie in Hypothese 1b postuliert um eine Abnahme der Gesamtbelastung sondern um eine moderate Zunahme. Der PND = 10.53% belegt also deutlich die Ablehnung von Hypothese 1b bei Teilnehmer F.

Tabelle 66: Teilnehmer F: Prozentsatz-Nichtüberlappender-Daten zwischen Grundrate und Interventionsphase für die Gesamtbelastung

Nicht-überlappende Datenpunkte der Interventionsphase	Datenpunkte Interventionsphase insgesamt	PND
2	19	2/19*100=10.53

Effekstärke Gesamtbelastung

Die Effektstärke wird aus den Mittelwerten und Standardabweichungen der Grundrate sowie der Interventionsphase insgesamt berechnet (Tabelle 67). Es ergibt sich für die Gesamtbelastung bei Teilnehmer F ein Wert von $d = 0.77$. Dieser Wert spricht nach Cohen (1992) für einen mittleren Effekt. Doch wie bei der Auswertung des PND beschrieben, geht dieser Effekt in die entgegengesetzte Richtung wie es Hypothese 1b erwartet, was auch das positive Vorzeichen der Effektstärke *d* belegt.

Tabelle 67 : Teilnehmer F: Berechnung der Effektstärke zwischen Grundrate und Interventionsphase

Teilnehmer F	Grundrate *M (SD)*	Interventionsphase *M (SD)*
Gesamtbelastung	108.17 (3.55)	112.05 (6.20)
Effektstärke Cohens *d*	0.77	

Nun soll ermittelt werden, welche drei Anforderungsbereiche, die durch den „Fragebogen zum Funktionsniveau" erhoben werden, von Teilnehmer F vor Beginn des Gruppentrainings für Erwachsene mit ADHS als am stärksten belastend empfunden wurden. Diese sollen wie unter Punkt 3.4.1.3 beschrieben die abhängigen Variablen für die weiteren Auswertungen der Einzelfallanalyse darstellen. Abbildung 35 zeigt den Verlauf der acht Subskalen des „Fragebogens zum Funktionsniveau" während der Grundrate und Interventionsphase.

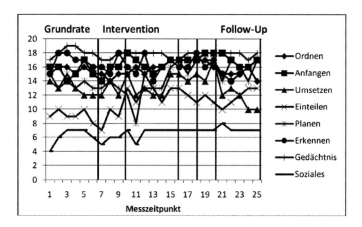

Abbildung 35: Teilnehmer F: Die acht Subskalen des Fragebogens zum Funktionsniveau: Grundrate und Interventionsphase

Bei Betrachtung der Kurvenverläufe der einzelnen Subskalen von Teilnehmer F fällt zunächst auf, dass kein Abwärtstrend im Sinne einer Belastungsabnahme in einem der Anforderungsbereiche zu erkennen ist, wie Hypothese 1a ihn postuliert. Detaillierte Auswertungen der Kurven sollen hier weitere Informationen liefern. Tabelle 68 zeigt die Mittelwerte und Standardabweichungen der Grundraten der acht Subskalen des „Fragebogens zum Funktionsniveau". Hierbei zeigt sich eine Besonderheit: Bei Teilnehmer F müssen nicht die in Abschnitt 3.4.1.3 geforderten drei, sondern vier Subskalen als abhängige Variablen ausgewertet werden. Subskala Ordnen und Umsetzen erreichen während der Grundrate exakt denselben Mittelwert von 15.5 von 20 möglichen Punkten. Damit bilden sie gemeinsam mit den Subskalen Erkennen (M = 16.83, SD = 1.17) und Gedächtnis (M = 18.17, SD = 0.75) die Subskalen mit dem höchsten Mittelwert während der Grundrate.

Tabelle 68: Teilnehmer F: Mittelwerte und Standardabweichungen der Grundraten aller 8 Subskalen des Fragebogens zum Funktionsniveau

	M	SD
Subskala Ordnen	15.50	0.55
Subskala Anfangen	15.50	1.05
Subskala Umsetzen	13.00	0.89
Subskala Einteilen	9.17	0.75
Subskala Planen	13.83	0,98
Subskala Erkennen	16.83	1.17
Subskala Gedächtnis	18.17	0.75
Subskala Soziales	6.17	1.17

Im Folgenden sollen diese vier Anforderungsbereiche anhand von visuellen Analysen, Darstellung von Mittelwerten der einzelnen Interventionsphasen und Differenzen zur Grundrate, PND sowie Effektstärken im Hinblick auf eine Annahme oder Ablehnung von Hypothese 1a, die eine Verringerung der erlebten Alltagsbelastung in den entsprechenden Anforderungsbereichen annimmt, ausgewertet werden.

Visuelle Datenanalyse Subskala Ordnen

Abbildung 36 zeigt den Kurvenverlauf der Subskala Ordnen während der Grundrate vor Beginn des Trainings sowie während der Interventionsphase, wobei die roten Balken die einzelnen Trainingssitzungen darstellen. Insgesamt liegt die Kurve im oberen Bereich der Skala, die Werte liegen während der Grundrate zwischen 15 und 16 Punkten und während der Interventionsphase zwischen 14 und 17 von maximal 20 Punkten. Die Werte beider Untersuchungsphasen sind sehr stabil und es ist keine Abnahme der Belastung im Sinne von Hypothese 1a zu erkennen.

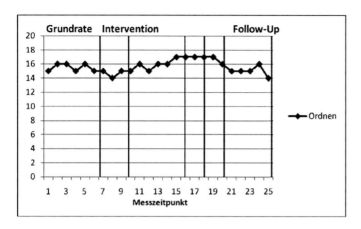

Abbildung 36: Teilnehmer F: Subskala Ordnen: Grundrate und Interventionsphase

Die Mittelwerte und Standardabweichungen der einzelnen Phasen der Untersuchung für die Subskala Ordnen für Teilnehmer F sind in Tabelle 69 dargestellt, ebenso wie die Differenzen der Phasen der Intervention zur Grundrate.

Tabelle 69: Teilnehmer F: Mittelwerte und Standardabweichungen von Grundrate und Interventionsphase der Subskala Ordnen sowie Differenzen zur Grundrate

Teilnehmer F	Grundrate M (SD)	Interventionsphase M (SD)						
Messzeitpunkt	1 - 6	7-9	10-15	16,17	18,19	20-24	25	
		Sitzung 1	Sitzung 2	Sitzung 3	Sitzung 4	Sitzung 5	Sitzung 6	Gesamt
Subskala Ordnen	15.50 (0.55)	14.67 (0.58)	15.83 (0.75)	17.00 (0.0)	17.00 (0.0)	15.40 (0.55)	14.00 (-)	15.68 (1.00)
Differenz zur Grundrate	-	0.83	-0.33	-1.50	-1.50	0.10	1.50	-0.18

Die Mittelwerte aller Phasen der Untersuchung liegen sehr nah beieinander, sie bewegen sich zwischen $M = 14.0$ und $M = 17.0$, wobei die Standardabweichungen mit maximal $SD = 0.75$ sehr gering sind. Auch die Differenzen der Phasen der Intervention zur Grundrate sind minimal, zwischen -1.5 und 0.83

Punkten. Es zeigt sich also auch hier keine nennenswerte Veränderung der Belastung im Verlauf des Trainings, weder in die in Hypothese 1a angenommen Richtung einer Verringerung der Belastung, noch in die entgegengesetzte Richtung.

Prozentsatz-Nichtüberlappender-Daten (PND) Subskala Ordnen

Was bereits die visuelle Analyse sowie die Auswertung der Mittelwerte und Differenzen der einzelnen Untersuchungsphasen gezeigt hat, wird auch durch den PND betätigt: Es ist kein erwähnenswerter Unterschied der Belastung im Bereich Ordnen bei Teilnehmer F festzustellen. Der PND = 10.53% (Tabelle 70) spricht nach Kern (1997) für einen unreliablen Interventionseffekt.

Tabelle 70: Teilnehmer F: Prozentsatz-Nichtüberlappender-Daten zwischen Grundrate und Interventionsphase für die Subskala Ordnen

Nicht-überlappende Datenpunkte der Interventionsphase	Datenpunkte Interventionsphase insgesamt	PND
2	19	2/19*100=10.53

Effektstärke Subskala Ordnen

Die bisherigen Auswertungen der Subskala Ordnen sprechen deutlich für eine Zurückweisung von Hypothese 1a für diesen Anforderungsbereich bei Teilnehmer F. Auch die positive Effektstärke von $d = 0.22$ (vgl. Tabelle 71) bestätigt dies noch einmal: Es zeigt sich keine Abnahme der Alltagsbelastung bei der Subskala Ordnen im „Fragebogen zum Funktionsniveau". Hypothese 1a muss daher abgelehnt werden.

Tabelle 71: Teilnehmer F: Berechnung der Effektstärke zwischen Grundrate und Interventionsphase- für die Subskala Ordnen

Teilnehmer F	Grundrate M (SD)	Interventionsphase $M(SD)$
Subskala Ordnen	15.50 (0.55)	15.68 (1.00)
Effektstärke Cohens d	0.22	

Visuelle Datenanalyse Subskala Anfangen

Der Verlauf der Kurve der Subskala Anfangen über den Gesamten Untersuchungszeitraum zeigt nicht die in Hypothese 1a angenommene Abnahme der Belastung in diesem Anforderungsbereich (vgl. Abbildung 37). Die Belastung liegt sowohl während der Grundrate als auch während der Interventionsphase zwischen 14 und 18 von maximal 20 Punkten, also im oberen Bereich der Skala, wobei es keine größeren Schwankungen gibt. Die Auswertung der Differenzen der Mittelwerte der einzelnen Phasen der Untersuchung zum Mittelwert der Grundrate sowie die Berechnung von PND und Effektstärke sollen weitere Hinweise für die Beurteilung von Hypothese 1a ergeben.

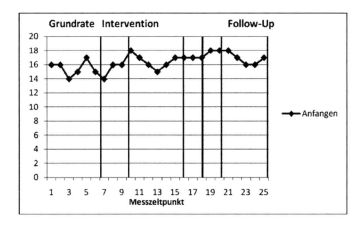

Abbildung 37: Teilnehmer F: Subskala Anfangen: Grundrate und Interventionsphase

Die Mittelwerte der einzelnen Phasen der Intervention liegen zwischen M = 15.33 (SD = 1.16) und M = 17.50 (SD = 0.71), während der Mittelwert der Grundrate M = 15.5 Punkte (SD = 1.05) beträgt (vgl. Tabelle 72). Alle Standardabweichungen sind vergleichsweise gering, was zu der Beobachtung in der visuellen Analyse passt, dass es lediglich geringe Schwankungen im Kurvenverlauf gibt. Die Differenzen der Mittelwerte der Interventionsphasen zum Mittelwert der Grundrate sind durchweg sehr gering (zwischen 0.17 und 2.0 Punkten) und liegen bis auf Sitzung 1 mit 0.17 Punkten im negativen Bereich. Für die gesamte Interventionsphase liegt sie bei -1.13 Punkten. Dies zeigt, dass die Belastung während der Grundrate wider Erwarten geringer war als während der

Intervention. Hypothese 1a muss für den Anforderungsbereich Anfangen bei Teilnehmer F also abgelehnt werden.

Tabelle 72: Teilnehmer F: Mittelwerte und Standardabweichungen von Grundrate und Interventionsphase der Subskala Anfangen sowie Differenzen zur Grundrate

Teilnehmer F	Grundrate M (SD)	Interventionsphase M (SD)						
Messzeitpunkt	1 - 6	7-9 Sitzung 1	10-15 Sitzung 2	16,17 Sitzung 3	18,19 Sitzung 4	20-24 Sitzung 5	25 Sitzung 6	Gesamt
Subskala Anfangen	15.50 (1.05)	15.33 (1.16)	16.50 (1.05)	17.00 (0.0)	17.50 (0.71)	17.00 (1.00)	17.00 (-)	16.63 (1.07)
Differenz zur Grundrate	-	0.17	-1.00	-1.50	-2.00	-1.50	-1.50	-1.13

Prozentsatz-Nichtüberlappender-Daten (PND) Subskala Anfangen

Die Berechnung des PND für die Subskala Anfangen ist in Tabelle 73 dargestellt: Es ergibt sich ein Wert von PND = 21.50%, was für einen unreliablen Interventionseffekt spricht (Kern, 1997). Nach der visuellen Analysen und der Betrachtung der Mittelwertdifferenzen wurde dies erwartet und kann als zusätzliche Bestätigung für die Zurückweisung von Hypothese 1a angesehen werden.

Tabelle 73: Teilnehmer F: Prozentsatz-Nichtüberlappender-Daten zwischen Grundrate und Interventionsphase für die Subskala Anfangen

Nicht-überlappende Datenpunkte der Interventionsphase	Datenpunkte Interventionsphase insgesamt	PND
4	19	4/19*100=21.05

Effektstärke Subskala Anfangen

Die Berechnung der Effektstärke aus Mittelwerten und Standardabweichungen von Grundrate und Interventionsphase *d* nach Cohen (1988) ergibt einen Wert von *d* = 1.07, was für einen starken Effekt spricht (Tabelle 74). Da das Vorzeichen jedoch positiv ist, handelt es sich um eine Effekt entgegen der Annahme dieser Studie: Statt einer Abnahme der erlebten Alltagsbelastung im Anforderungsbereich Anfangen ist bei Teilnehmer F eine Zunahme der Belastung zu verzeichnen.

Tabelle 74: Teilnehmer F: Berechnung der Effektstärke zwischen Grundrate und Interventionsphase für die Subskala Anfangen

Teilnehmer F	Grundrate *M (SD)*	Interventionsphase *M (SD)*
Subskala Anfangen	15.50 (1.05)	16.63 (1.07)
Effektstärke Cohens d	1.07	

Gemäß diesen Ergebnissen muss Hypothese 1a für den Anforderungsbereich Anfangen deutlich zurückgewiesen werden.

Visuelle Datenanalyse Subskala Erkennen

Betrachtet man den Kurvenverlauf der Subskala Erkennen, erhoben durch den „Fragebogen zum Funktionsniveau" bei Teilnehmer F zeigt sich ein Trend in die erwartete Richtung: Während die Datenpunkte der Grundrate sich zwischen 15 und 18 Punkten bewegen, wobei der Wert 15 hier ein einmaliges Ereignis darstellt, zeigen sich in der Interventionsphase mehrere Datenpunkte von 14 und 15, wobei auch hier die höchsten Werte 18 darstellen (vgl. Abbildung 38). Da die visuelle Analyse keine eindeutige Schlussfolgerung in Bezug auf eine Annahme oder Ablehnung von Hypothese 1a für den Anforderungsbereich „Erkennen" zulässt, sollen die Betrachtung der Mittelwerte der einzelnen Untersuchungsphasen, der Prozentsatz-Nichtüberlappender-Daten sowie die Effektstärke zur Entscheidungsfindung hinzugezogen werden.

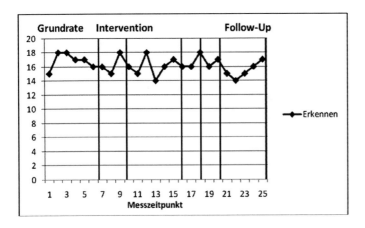

Abbildung 38: Teilnehmer F: Subskala Erkennen: Grundrate und Interventionsphase

Die Mittelwerte der einzelnen Untersuchungsphasen liegen, die Grundrate eingeschlossen, alle sehr nah beieinander. Es gib kaum nennenswerte Unterschiede zwischen den Werten (Minimum Sitzung 5: M = 15.4, SD = 1.14, Maximum Sitzung 4: M = 17.0, SD = 1.41; Tabelle 75), was auch die verschwindend kleinen Differenzen der Mittelwerte der Interventionsphasen zur Grundrate noch unterstreichen, welche zwischen -0.17 und 0.83 Punkten liegen. Diese geringen Unterschiede sprechen gegen den erwarteten Interventionseffekt im Sinne einer Abnahme der erlebten Belastung.

Tabelle 75: Teilnehmer F: Mittelwerte und Standardabweichungen von Grundrate und Interventionsphase der Subskala Erkennen sowie Differenzen zur Grundrate

Teilnehmer F	Grundrate M (SD)	Interventionsphase M (SD)						
Messzeitpunkt	1 - 6	7-9 Sitzung 1	10-15 Sitzung 2	16,17 Sitzung 3	18,19 Sitzung 4	20-24 Sitzung 5	25 Sitzung 6	Gesamt
Subskala Erkennen	16.83 (1.17)	16.33 (1.53)	16.00 (1.41)	16.00 (0.0)	17.00 (1.41)	15.40 (1.14)	17.00 (-)	16.05 (1.22)
Differenz zur Grundrate	-	0.50	0.83	0.83	-0.17	1.43	-0.17	0.78

Prozentsatz-Nichtüberlappender-Daten (PND) Subskala Erkennen

Wie in Tabelle 76 dargestellt ist, überlappen lediglich 2 der 19 Daten-punkte der Interventionsphase nicht mit denen der Grundrate, was einen PND = 10.53% ergibt. Auch dies spricht für eine Ablehnung von Hypothese 1a.

Tabelle 76 : Teilnehmer F: Prozentsatz-Nichtüberlappender-Daten zwischen Grundrate und Interventionsphase für die Subskala Erkennen

Nicht-überlappende Datenpunkte der Interventionsphase	Datenpunkte Interventionsphase insgesamt	PND
2	19	2/19*100=10.53

Effektstärke Subskala Erkennen

Die Effektstärke für die Mittelwerte von Grundrate und Interventions-phase insgesamt liegt bei d = -0.65 (vgl. Tabelle 77). Das negative Vorzeichen spricht zwar für einen Trend in die erwartete Richtung, jedoch liegt die Stärke des Effekts nach Cohen (1988) lediglich im mittleren Bereich und ist rechne-risch wohl hauptsächlich auf die geringen Standardabweichungen anstatt auf valide Mittelwertunterschiede zurückzuführen.

Tabelle 77: Teilnehmer F: Berechnung der Effektstärke zwischen Grundrate und Interven-tionsphase für die Subskala Erkennen

Teilnehmer F	Grundrate *M (SD)*	Interventionsphase *M (SD)*
Subskala Erkennen	16.83 (1.17)	16.05 (1.22)
Effektstärke Cohens d	-0.65	

Betrachtet man die Effektstärke gemeinsam mit den zuvor erhobenen Auswertungsmaßen, muss Hypothese 1a trotz dieses Trends in die erwartete Richtung für den Anforderungsbereich „Erkennen" bei Teillehmen F abgelehnt werden.

Visuelle Datenanalyse Subskala Gedächtnis

Die vierte abhängige Variable bildet die Subskala Gedächtnis des „Frage-bogens zum Funktionsniveau". Die visuelle Analyse anhand der in Abbildung 39 dargestellten Kurven der Datenpunkte über den gesamten Untersuchungszeit-raum zeigt bei Teilnehmer F keine Veränderung der Belastung während seiner Teilnahme am Gruppentraining für Erwachsene mit ADHS.

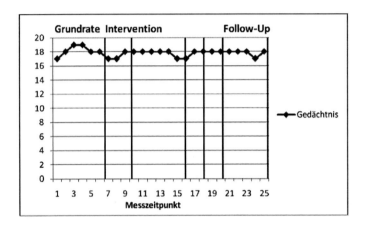

Abbildung 39: Teilnehmer F: Subskala Gedächtnis: Grundrate und Interventionsphase

Passend zu den Beobachtungen der visuellen Analyse fallen auch die Dif-ferenzen der Mittelwerte der einzelnen Phasen der Intervention zum Mittelwert der Grundrate für die Subskala Gedächtnis bei Teilnehmer F, wie sie in Tabelle 78 aufgezeigt werden, sehr gering aus. Sie liegen zwischen 0.17 Punkten bei Sitzung 4 und 6 und 0.84 Punkten bei Sitzung 1. Dies spricht für eine Zurück-weisung von Hypothese 1a, die eine Verringerung der Belastung annimmt.

Tabelle 78: Teilnehmer F: Mittelwerte und Standardabweichungen von Grundrate und Interventionsphase der Subskala 1 sowie Differenzen zur Grundrate

Teilnehmer F	Grundrate M (SD)	Interventionsphase M (SD)						
Messzeitpunkt	1 - 6	7-9	10-15	16,17	18,19	20-24	25	
		Sitzung 1	Sitzung 2	Sitzung 3	Sitzung 4	Sitzung 5	Sitzung 6	Gesamt
Subskala Gedächtnis	18.17 (0.75)	17.33 (0.58)	17.83 (0.41)	17.50 (0.71)	18.00 (0.0)	17.80 (0.45)	18.00 (-)	17.74 (0.45)
Differenz zur Grundrate	-	0.84	0.34	0.67	0.17	0.29	0.17	0.43

Prozentsatz-Nichtüberlappender-Daten (PND) Subskala Gedächtnis

Der PND für die Subskala Gedächtnis ergibt einen Wert von 10.53%, da ebenso wie bei den Subskalen Erkennen und Ordnen lediglich 2 der Datenpunkte der Interventionsphase nicht mit Datenpunkten der Grundrate überlappen (vgl. Tabelle 79). Dies spricht nach Kern (1997) gegen einen Interventionseffekt und damit gegen die Annahme von Hypothese 1a.

Tabelle 79: Teilnehmer F: Prozentsatz-Nichtüberlappender-Daten zwischen Grundrate und Interventionsphase für die Subskala Gedächtnis

Nicht-überlappende Datenpunkte der Interventionsphase	Datenpunkte Interventionsphase insgesamt	PND
2	19	2/19*100=10.53

Effektstärke Subskala Gedächtnis

Die Mittelwerte von Grundrate und Interventionsphase liegen mit M = 18.17 (SD = 0.75) und M = 17.74 (SD = 0.45) sehr nah beieinander, dennoch ergibt sich nach der Formel nach Cohen (1988) ein Effekt mittlerer Stärke Bereich von d = -0.70 (Tabelle 80). Ähnlich wie bei der oben beschriebenen Subskala Erkennen ist dieses Ergebnis aber eher den sehr geringen Standardabweichungen beider Mittelwerte als bedeutsamen Mittelwertunterschieden zwischen Grundrate und Interventionsphase zuzuschreiben.

Tabelle 80: Teilnehmer F: Berechnung der Effektstärke zwischen Grundrate und Interventionsphase für die Subskala Gedächtnis

Teilnehmer F	Grundrate M (SD)	Interventionsphase M(SD)
Subskala Gedächtnis	18.17 (0.75)	17.74 (0.45)
Effektstärke Cohens d	-0.70	

Aufgrund der Ergebnisse der visuellen Analyse, der Betrachtung der Differenzen sowie des PND und der Effektstärke muss Hypothese 1a bei Teilnehmer F für die Subskala Gedächtnis zurückgewiesen werden.

Veränderung der ADHS-Symptomatik im Verlauf des Trainings

Zu vier Messzeitpunkten im Verlauf der Teilnahme am behavioralen Gruppentraining für Erwachsene mit ADHS wurde bei Teilnehmer F der Selbstbeurteilungsfragebogen „Verhaltensmerkmale der ADHS" (Lauth & Minsel, 2009) erhoben, die Ergebnisse sind in Abbildung 40 dargestellt. Beim Messzeitpunkt warte, welcher das diagnostische Eingangsgespräch markiert, erreicht Teilnehmer F 8 Punkte auf der Subskala Unaufmerksamkeit und einen Punkt auf der Subskala „Hyperaktivität / Impulsivität", womit er deutlich zum unaufmerksamen Subtypus nach DSM-IV-TR (Quelle) zuzuordnen ist. Dabei bleibt zu beachten, dass Teilnehmer F über den gesamten Untersuchungszeitraum mit gleichbleibender Dosierung einem Methylphenidat-Präparat behandelt wurde, was nach eigener Auskunft seine vorher stark vorhandene Hyperaktivität verringert hat. Über den Verlauf des Trainings zeigen sich bei der ADHS-Symptomatik im Selbsturteil von Teilnehmer F lediglich geringe Schwankungen um einen Punkt in jeder Subskala. Anhand dieser geringen Veränderungen kann nicht von einer Verringerung der Symptomatik ausgegangen werden.

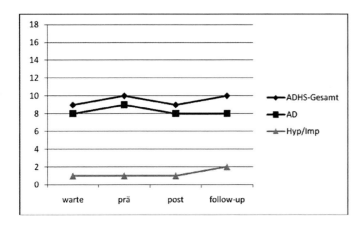

Abbildung 40: Teilnehmer F: Verlauf der ADHS-Symptomatik: Mittelwerte der Gesamtskala sowie der Subskalen „Aufmerksamkeitsdefizit" (AD) und „Hyperaktivität / Impulsivität" (Hyp/Imp) zu den vier Messzeitpunkten

Zufriedenheit mit dem Training

Trotz der geringen Veränderungen in der erlebten Alltagsbelastung und in der ADHS-Symptomatik zeigt sich Teilnehmer F im Allgemeinen zufrieden mit dem ADHS-Training, erhoben in der fünften Trainingssitzung durch den „Fragebogen zur Zufriedenheit mit dem ADHS-Training" (Lauth & Minsel, 2009). Die Antworten auf die zentralen Fragen des Fragebogens sollen im Folgenden kurz dargestellt werden. Teilnehmer F gibt an, dass er Kursaufbau, Materialien und Durchführung zu 70% zugesagt haben, ebenso hat er sich zu 70% in der Gruppe verstanden und wohl gefühlt. Den Gruppenleiter beurteilt er mit 100% als sehr gut. Bei den Fragen nach der Umsetzung des Gelernten in den eigenen Alltag sehen die Ergebnisse anders aus: Er gibt an, dass er 30% der Ideen, die im Kurs aufkamen, in die Tat umgesetzt habe, jedoch 70% der selbst gesetzten Hausaufgaben. Der Kurs hat ihm zu 10% geholfen, sein eigenes Verhalten und zu 15%, sein Befinden zu verbessern. Einfluss auf das Zusammenleben in seiner Familie hatte die Teilnahme am Training jedoch nicht (0%). Die offene Frage „Was war das Beste an dem Kurs" beantwortet er damit „zu sehen, dass es andere gibt, die mit ähnlichen Problemen zu kämpfen haben" und die Frage, was anders hätte gemacht werden sollen mit „eventuell konkretere Lösungsvorschläge geben". Er gibt an, der Besuch des Kurses habe sich verglichen mit dem Zeitaufwand für ihn zu 65 % gelohnt und er würde ihn zu 90% einem Freund weiterempfehlen.

Zusammenfassung der Ergebnisse der Einzelfallanalyse des Teilnehmers F

Zusammenfassend ist festzuhalten, dass Teilnehmer F nicht in den Hypothesen 1a und 1b postulierten Weise von der Teilnahme am behavioralen Gruppentraining für Erwachsene mit ADHS nach Lauth & Minsel (2009) profitieren konnte. Weder die Gesamtbelastung, erhoben durch den Summenscore des „Fragebogens zum Funktionsniveau" noch die vier untersuchten Subskalen Ordnen, Anfangen, Erkennen und Gedächtnis zeigt sich eine Verringerung der Belastung im Verlauf der Intervention, so dass Hypothese 1b für die Gesamtbelastung und Hypothese 1a für die vier durch die genannten Subskalen erhobenen Anforderungsbereiche zurückgewiesen werden müssen. Auch die ADHS-Symptomatik bleibt im Verlaufe des Trainings stabil, wie der Vergleich zu vier Messzeitpunkten zeigt. Dennoch zeigt sich Teilnehmer F mit dem Training zufrieden.

3.4.2.7   *Einzelfallanalyse Teilnehmer G*

Im Folgenden soll die Wirksamkeit des behavioralen Gruppentrainings für Erwachsene mit ADHS nach Lauth & Minsel (2009) einzelfallanalytisch an Teilnehmer G überprüft werden. Nach einer kurzen Darstellung der demografischen und klinischen Merkmale werden die Gesamtbelastung im Alltag sowie die drei als am stärksten belastend erlebten Anforderungsbereiche über einen Untersuchungszeitraum von drei Monaten ausgewertet.

3.4.2.7.1   Demografische Merkmale Teilnehmer G

Teilnehmer G ist zum Zeitpunkt des diagnostischen Eingangsgesprächs 28 Jahre alt. Er studiert und steht kurz vor dem Abschluss, zudem hat er eine abgeschlossene Berufsausbildung und arbeitet nebenbei. Er ist sozial gut eingebettet: Im Fragebogen „Young Adult Self Report" (YASR, Achenbach, 1997) gibt er an, dass er zwei oder drei gute Freunde habe, die er dreimal oder häufiger pro Woche sieht und mit denen er sich sehr gut versteht, die er jedoch nie nach Hause einlädt. In Bezug auf sein Studium gibt er an, dass er sich manchmal gut mit seinen Kommilitonen versteht, dass seine Leistungen aber nicht seinen Fähigkeiten entsprechen und dass es ihm häufig schwer fällt, Aufgaben zu Ende zu bringen. Er gibt an, dass er mit seiner Ausbildungssituation zufrieden ist, dass er jedoch manchmal Dinge tut, die dazu führen könnten, dass er scheitert. In Bezug auf seine Familie gibt er an, dass er sich gleich gut wie andere mit seinen Geschwistern und seiner Mutter versteht, mit seinem Vater dagegen schlechter. Über seine Partnerschaft gibt er an, dass es schwierig sei, sie würden getrennt leben, sich dennoch manchmal gut verstehen, und häufig ähnliche Aktivitäten mögen. Sie seien sich jedoch häufig uneinig in der Frage der gemeinsamen Lebensgestaltung und er habe Probleme mit der Familie seiner Partnerin. Auf die Frage, welche Probleme und Sorgen er in Bezug auf seine Arbeit / sein Studium habe, antwortet er sehr ausführlich, so dass nur ein Teil der Antwort hier stichwortartig dargestellt wird: „fehlendes Selbstvertrauen, Antriebslosigkeit, Disziplinlosigkeit, Versagensangst im Examen, finanzielle Existenzängste, Verlustängste." Was ihm an sich selbst am besten gefällt beantwortet er mit: „Sensibilität, Kreativität und ein gutes Allgemeinwissen".

3.4.2.7.2   Klinische Merkmale Teilnehmer G

Teilnehmer G meldet sich mit einer an anderer Stelle gestellten ADHS-Diagnose für das diagnostische Erstgespräch an, er befindet sich aber weder in psychotherapeutischer noch in medikamentöser Behandlung. Die ADHS-Diagnose konnte auch mit den während der Eingangsdiagnostik verwendeten Instrumenten bestätigt werden: Im Screening ASRS-V1.1 der WHO (2003) erreicht Teilnehmer G 5 Punkte, ab 4 Punkten ist eine ADHS-Diagnose wahrscheinlich. In der Kurzform der Wender-Utah-Rating-Scale (Retz-Juninger et al., 2003) erreicht Teilnehmer G 42 Punkte für die retrospektive Selbsteinschätzung seiner ADHS-Symptomatik in der Kindheit. Der kritische klinische Wert liegt hier bei 30 Punkten, so dass laut dieses Selbstbeurteilungsfragebogen eine ADHS-Diagnose in der Kindheit bestand. Im Hinblick auf die aktuelle ADHS-Symptomatik wird Teilnehmer G ermittelt durch den Selbstbeurteilungsfragebogen „Verhaltensmerkmale der ADHS" (Lauth & Minsel, 2009) zum Mischtypus zugeordnet, da er sowohl auf der Subskala „Unaufmerksamkeit" mit 8 Punkten als auch auf der Subskala „Hyperaktivtät / Impulsivität" mit 6 Punkten über dem klinischen Cut-Off-Wert von jeweils 6 Punkten liegt. Im Summenscore des „Fragebogens zum Funktionsniveau", der die Belastung im Alltag erfasst und der im Folgenden einzelfallanalytisch ausgewertet werden soll, erreicht Teilnehmer G zum Zeitpunkt der Eingangsdiagnostik 76 von maximal 160 Punkten, was einer Belastung im mittleren Bereich entspricht.

Um eventuelle komorbide Störungen zu erfassen und gegebenenfalls auf psychotherapeutische Hilfe verweisen zu können, wurde der ausführliche klinische Fragebogen „Young-Adult-Self-Report" (YASR, Achenbach, 1997) während der Eingangsdiagnostik erhoben. Teilnehmer G liegt hier in drei der acht klinischen Subskalen über dem kritischen klinischen Wert. In der Subskala „ängstlich-depressiv" liegt er mit 27 Punkten deutlich über dem für Männer kritischen Wert von 20 Punkten. Er beantwortet die Items „ich fühle mich einsam", „ich bin durcheinander oder zerstreut", „mich beunruhigt meine Zukunft", „ich glaube, ich muss perfekt sein", „ich fühle mich wertlos oder unterlegen", „ich habe kein Selbstvertrauen", „ich bin zu furchtsam oder zu ängstlich", „ich habe zu starke Schuldgefühle", „ich bin unglücklich, traurig oder niedergeschlagen", „ich mache mir viele Sorgen" und „ich mache mir Sorgen über meine Beziehung zum anderen Geschlecht" mit der höchsten Punktzahl von 2, was bedeutet, dass die jeweilige Aussage genau oder häufig zutrifft.

In der Subskala „introvertiert" liegt er mit 8 Punkten einen Punkt über dem kritischen klinischen Wert von 7. Er gibt an, manchmal lieber allein als mit anderen zusammen zu sein und manchmal nervös, reizbar oder angespannt zu sein. Er habe häufig Schwierigkeiten, Freunde zu finden oder Freundschaften aufrecht zu erhalten und sei manchmal verschlossen und behalte Dinge für sich. Er gibt an, dass er häufig schüchtern oder scheu sei und dass er manchmal zurückhaltend sei und keinen Kontakt mit anderen aufnehme. In der Subskala „Aufmerksamkeitsprobleme" liegt er mit 11 Punkten deutlich über den kritischen klinischen Wert von 7.5 Punkten bei Männern, was seine ADHS-Diagnose noch einmal bestätigt. Bei den Items „Ich habe Schwierigkeiten, mich zu konzentrieren oder länger aufzupassen", „ich bin zu abhängig von anderen Menschen", „ich bin tagsüber verträumt oder in Gedanken", „ich bringe Dinge nicht zu Ende, die ich machen sollte" und „meine Leistungen in Schule oder Beruf sind schlecht" beantwortet er mit dem höchstmöglichen Punktwert von zwei, was für die Antwortkategorie „genau oder häufig zutreffend" steht.

Alle hier dargestellten diagnostischen Ergebnisse sind in den Tabellen 5 und 6 in Abschnitt 3.4.1.1 „Stichprobencharakteristik" dargestellt. Teilnehmer G wurde trotz seiner Introvertiertheit und seinen depressiven Tendenzen als Teilnehmer zum ADHS-Training zugelassen. Seine ADHS-typischen Schwierigkeiten standen im Alltag deutlich im Vordergrund, was die Annahme rechtfertigte, dass er von einer Teilnahme am Training profitieren könnte. Ihm wurde jedoch zu einer zusätzlichen Psychotherapie im Anschluss an das

Training geraten, um die komorbiden Störungen differentialdiagnostisch noch einmal genau abzuklären und psychotherapeutisch zu behandeln.

3.4.2.7.3   Ergebnisdarstellung der Einzelfallanalyse Teilnehmer G

Teilnehmer G hat an allen sechs Trainingssitzungen teilgenommen, wobei der gesamte Untersuchungszeitraum aus 24 Messzeitpunkten besteht und sich über einen Zeitraum von drei Monaten erstreckt. Die Grundrate besteht aus 7 Messzeitpunkten, die Interventionsphase zwischen den Trainingssitzungen eins bis fünf aus 12 Messzeitpunkten und die Follow-Up-Phase zwischen der fünften und sechsten Trainingssitzung aus 5 Messzeitpunkten.

Visuelle Datenanalyse Gesamtbelastung

Zunächst wird der Verlauf der Gesamtbelastung, erhoben durch den Summenscore des „Fragebogens zum Funktionsniveau" ausgewertet. Die visuelle Analyse des Kurvenverlaufs, wie sie in Abbildung 41 dargestellt ist, zeigt die durch Hypothese 1b postulierte Verringerung der Gesamtbelastung während der Interventionsphase nicht. Nach einer recht instabilen Grundrate (Messzeitpunkt 1 bis 7) mit Datenpunkten zwischen 48 und 97 von maximal 160 Punkten bewegt die Kurve sich zu Beginn der Interventionsphase zunächst leicht aufwärts bis sie zwischen der zweiten und dritten Trainingssitzung wieder leicht abfällt und sich schließlich ungefähr auf dem Niveau der Grundrate wieder einpendelt.

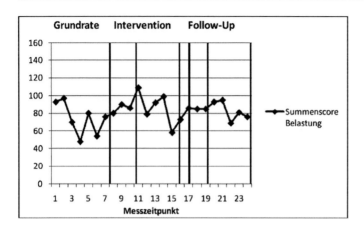

Abbildung 41: Teilnehmer G Gesamtbelastung (Summenscore des Fragebogens zum Funktionsniveau): Grundrate und Interventionsphase

Um zu einer endgültigen Entscheidung über Hypothese 1b bezüglich der Gesamtbelastung bei Teilnehmer G zu gelangen, werden nun die Mittelwerte der einzelnen Phasen der Intervention miteinander verglichen (vgl. Tabelle 81), bevor der Prozentsatz-Nichtüberlappender-Daten und die Effektstärke d nach Cohen berechnet werden.

Die Betrachtung der Mittelwerte und Standardabweichungen der Grundrate sowie der einzelnen Phasen der Intervention zeigen, dass es einen Effekt entgegen der erwarteten Richtung gibt: Die Gesamtbelastung hat sich bei Teilnehmer G im Verlaufe des Trainings erhöht anstatt wie erwartet verringert. Während der Mittelwert der Grundrate bei $M = 74.00$ ($SD = 18.36$) Punkten liegt, liegen die Mittelwerte der einzelnen Trainingssitzungen zwischen $M = 76.0$ (Sitzung 6)und $M = 87.4$ (Sitzung 2, $SD = 19.73$) Punkten. Die einzige Ausnahme bildet Trainingssitzung 2 mit einem Mittelwert von $M = 73.0$ Punkten, der ein Punkt unterhalb dem Mittelwert der Grundrate liegt. Hier ist die Differenz zur Grundrate an einziger Stelle positiv. Die Standardabweichungen der Grundrate sowie der Interventionsphase insgesamt sind, bedingt durch die zuvor beschriebenen starken Schwankungen im Kurvenverlauf mit 18.30 und 11.98 Punkten, sehr groß.

Tabelle 81: Teilnehmer G: Mittelwerte und Standardabweichungen von Grundrate und Interventionsphase der Gesamtbelastung sowie Differenzen zur Grundrate

Teilnehmer G	Grundrate M (SD)		Interventionsphase M (SD)						
Messzeitpunkt	1 -7	8-10 Sitzung 1	11-15 Sitzung 2	16 Sitzung 3	17, 18 Sitzung 4	19-23 Sitzung 5	24 Sitzung 6	Gesamt
Gesamtbelastung	74.00 (18.36)	85.33 (5.03)	87.40 (19.73)	73.00 (-)	85.50 (0.71)	84.60 (10.43)	76.00 (-)	84.47 (11.98)
Differenz zur Grundrate	-	-11.33	-13.40	1.00	-11.50	-10.60	-2.00	-10.47

Prozentsatz-Nichtüberlappender-Daten (PND) Gesamtbelastung

Bei Teilnehmer G kann kein aussagekräftiger PND berechnet werden, da die Grundrate augenscheinlich nicht stabil ist, sie schwankt um knapp 31% der Gesamtskala, was zu einer Überschätzung des Interventionseffektes führen würde (Kern, 1997).

Effekstärke Gesamtbelastung

Wie schon die Darstellung des Mittelwertes der Grundrate und der Interventionsphase insgesamt gezeigt hat, erlebt Teilnehmer G im Laufe der Intervention eine Zunahme der Gesamtbelastung statt der in Hypothese 1b angenommenen Abnahme. Die Berechnung der Effektstärke d nach Cohen (1988) ergibt daher einen positiven Wert von $d = 0.68$ (vgl. Tabelle 82). Dies spricht für einen mittleren Effekt, der jedoch wie oben dargestellt in die entgegengesetzte Richtung der Hypothese geht.

Tabelle 82: Teilnehmer G: Berechnung der Effektstärke zwischen Grundrate und Interventionsphase

Teilnehmer G	Grundrate M (SD)	Interventionsphase M (SD)
Gesamtbelastung	74.00 (18.36)	84.47 (11.98)
Effektstärke Cohens d	0.68	

Im Folgenden sollen die drei Anforderungsbereiche umfassend in Hinblick auf eine Annahme oder Zurückweisung von Hypothese 1a untersucht werden, die Teilnehmer G vor Teilnehmer G während der Grundrate vor Beginn der Intervention als am meisten belastend erlebt hat. Abbildung 42 zeigt alle acht untersuchten Anforderungsbereiche, erhoben durch die acht Subskalen des „Fragebogens zum Funktionsniveau". Es fällt auf, dass alle Subskalen, ebenso wie die Kurve des durch den Summenscore des Fragebogens repräsentierte Gesamtbelastung starke Schwankungen aufweisen.

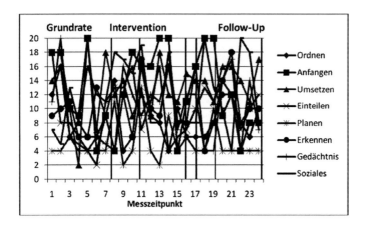

Abbildung 42: Teilnehmer G: Die acht Subskalen des Fragebogens zum Funktionsniveau: Grundrate und Interventionsphase

Tabelle 83 zeigt die Mittelwerte und Standardabweichungen der Grundraten der acht hier untersuchten Subskalen. Die drei Subskalen, die während der Grundrate die höchsten Werte erreichen, sind Anfangen ($M = 12$-57, $SD = 6.05$), Umsetzen ($M = 12.43$, $SD = 6.43$) und Soziales ($M = 10.29$, $SD = 3.82$). Wieder fallen die enorm großen Standardabweichungen ins Auge, die durch die großen Schwankungen in den Kurvenverläufen bedingt sind.

Tabelle 83: Teilnehmer G: Mittelwerte und Standardabweichungen der Grundraten aller 8 Subskalen des Fragebogens zum Funktionsniveau

	M	SD
Subskala Ordnen	9.00	3.79
Subskala Anfangen	12.57	6.05
Subskala Umsetzen	12.43	6.43
Subskala Einteilen	8.14	5.24
Subskala Planen	4.29	0.76
Subskala Erkennen	9.14	2.55
Subskala Gedächtnis	8.14	5.70
Subskala Soziales	10.29	3.82

Visuelle Datenanalyse Subskala Anfangen

Der Kurvenverlauf der Subskala Anfangen ist bei Teilnehmer G als stark wechselnd zu beszeichnen (Abbildung 43). Bereits während der Grundrate bewegt sich die Kurve zwischen einem Minimum von 4 Punkten, was einer geringen Belastung entspricht und 20 Punkten, was dem maximal höchsten Wert auf der Skala entspricht. Auch während der Interventionsphase schwankt die Kurve weiter zwischen diesen Minimal- und Maximal-Werten, so dass es insgesamt während der Untersuchungsphase 3 „Spitzen" gibt, an denen Teilnehmer G seine Belastung als maximal erlebt sowie 3 „Täler", die für eine deutliche Abnahme der Belastung im Bereich Anfangen sprechen. Inhaltlich wird das Thema „Anfangen" vorwiegend in der zweiten („Anfangen und Umsetzen") sowie in der vierten Trainingssitzung behandelt („Prioritäten setzen und einteilen"). Es lässt sich bei bloßer Betrachtung jedoch kein systematischer Effekt dieser Trainingsinhalte auf den Kurvenverlauf erkennen, da die Kurve sich auch an anderen Stellen stark nach oben oder unten bewegt.

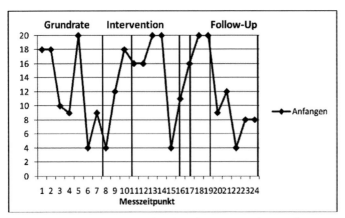

Abbildung 43: Teilnehmer G: Subskala Anfangen: Grundrate und Interventionsphase

Um den Verlauf der Kurve im Hinblick auf eine Entscheidung für oder gegen Hypothese 1a genauer beurteilen zu können, werden in Tabelle 84 die Mittelwerte und Standardabweichungen der einzelnen Untersuchungsphasen dargestellt sowie die Differenzen der Mittelwerte in den Phasen der Intervention zum Mittelwert der Grundrate. Bei der Betrachtung der Mittelwerte fällt auf, was auch die visuelle Analyse gezeigt hat: Es ist kein eindeutiger Interventionseffekt im Sinne von Hypothese 1a zu erkennen, das heißt es gibt keine Abnahme der Belastung im Bereich Anfangen nach Einsetzen der Intervention. Vielmehr schwanken die Differenzen mal ins leicht positive, was für eine Abnahme der Belastung in dieser Untersuchungsphase spricht (Sitzung 1, Differenz: 1.23, Sitzung 3, Differenz = 1.57, Sitzung 5, Differenz = 1.97, Sitzung 6, Differenz = 4.57), dann aber wieder ins Negative, was eine Zunahme der erlebten Belastung im Bereich Anfangen aufzeigt (Sitzung 2, Differenz = -2.63, Sitzung 4, Differenz = -5.43). Betrachtet man die Differenz des Mittelwertes für die gesamte Interventionsphase, von Sitzung eins bis sechs, ergibt sich der minimale Wert von -0.25. Eine Abnahme der Belastung im Verlauf des Trainings konnte im Anforderungsbereich „Anfangen" bei Teilnehmer G also nicht nachgewiesen werden.

Tabelle 84: Teilnehmer G: Mittelwerte und Standardabweichungen von Grundrate und Interventionsphase der Subskala Anfangen sowie Differenzen zur Grundrate

Teilnehmer G	Grundrate M (SD)		Interventionsphase M (SD)						
Messzeitpunkt	1 -7	8-10 Sitzung 1	11-15 Sitzung 2	16 Sitzung 3	17, 18 Sitzung 4	19-23 Sitzung 5	24 Sitzung 6	Gesamt
Subskala Anfangen	12.57 (6.05)	11.33 (7.02)	15.20 (6.57)	11.00 (-)	18.00 (2.83)	10.60 (5.98)	8.00 (-)	12.82 (5.93)
Differenz zur Grundrate	-	1.24	-2.63	1.57	-5.43	1.97	4.57	-0.25

Prozentsatz-Nichtüberlappender-Daten (PND) Subskala Anfangen

Da die Datenpunkte während der Grundrate um 80% der Skala schwanken, kann der Prozentsatz-Nichtüberlappender-Daten zu keinem aussagekräftigen Ergebnis kommen. Daher wird auf seine Berechnung verzichtet.

Effektstärke Subskala Anfangen

Die Effektstärke, berechnet aus Mittelwert und Standardabweichung der Grundrate einerseits und der Interventionsphase insgesamt andererseits ergibt einen Wert von $d = 0.04$, was gegen einen Interventionseffekt spricht (Tabelle 85). Hypothese 1a muss für Teilnehmer G für den Anforderungsbereich Anfangen demnach abgelehnt werden.

Tabelle 85: Teilnehmer G: Berechnung der Effektstärke zwischen Grundrate und Interventionsphase für die Subskala Anfangen

Teilnehmer G	Grundrate M (SD)	Interventionsphase M (SD)
Anfangen	12.57 (6.05)	12.82 (5.93)
Effektstärke Cohens d	0.04	

Visuelle Datenanalyse Subskala Umsetzen

Nun soll die zweite der drei während der Grundrate vor Beginn der Intervention als am stärksten belastend erlebten Subskalen Umsetzen ausgewertet werden. Auch hier zeigen sich während der Grundrate enorme Schwankungen zwischen Werten von 2 und 20 Datenpunkten, wobei 20 den maximalen Wert darstellt. Nach einsetzen der Intervention scheint die Kurve jedoch minimal ruhiger zu werden, sie pendelt dann zwischen Werten von 9 und 18 Punkten (Abbildung 44). Inhaltlich wird das Thema „Umsetzen" vor allem in Sitzung 2 mit dem Titel „Anfangen und Umsetzen" behandelt, sowie in Sitzung vier „Prioritäten setzen und Einteilen" wieder aufgegriffen und vertieft. Die rein visuelle Analyse lässt aber keinen Zusammenhang zwischen diesen Trainingssitzungen und dem Kurvenverlauf im Sinne einer speziellen Ab- oder Zunahme der erlebten Belastung nach diesen Sitzungen erkennen.

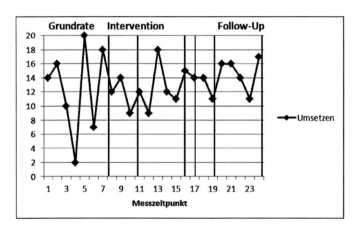

Abbildung 44: Teilnehmer G: Subskala Umsetzen: Grundrate und Interventionsphase

Tabelle 86 zeigt die Mittelwerte und Standardabweichungen der einzelnen Phasen der Untersuchung. Außerdem werden die Differenzen der jeweiligen Interventionsphasen zum Mittelwert der Grundrate ($M = 12.43$, $SD = 6.43$) dargestellt. Was die visuelle Analyse schon zeigte, wird hier bestätigt: Es kann keine Verringerung der erlebten Alltagsbelastung im Anforderungsbereich Umsetzen bei Teilnehmer G nachgewiesen werden: Der Mittelwert der Interventionsphase insgesamt ($M = 13.24$, $SD = 2.66$) liegt sogar um 0.81 Punkte höher als der der Grundrate ($M = 12.43$, $SD = 6.43$).

Tabelle 86: Teilnehmer G: Mittelwerte und Standardabweichungen von Grundrate und Interventionsphase der Subskala Umsetzen sowie Differenzen zur Grundrate

Teilnehmer G	Grundrate M (SD)	Interventionsphase M (SD)						
Messzeitpunkt	1-7	8-10 Sitzung 1	11-15 Sitzung 2	16 Sitzung 3	17, 18 Sitzung 4	19-23 Sitzung 5	24 Sitzung 6	Gesamt
Subskala Umsetzen	12.43 (6.43)	11.67 (2.52)	12.40 (3.36)	15.00 (-)	14.00 (0)	13.60 (2.51)	17.00 (-)	13.24 (2.66)
Differenz zur Grundrate	-	0.76	0.03	-2.57	-1.57	-1.17	-4.57	-0.81

Prozentsatz-Nichtüberlappender-Daten (PND) Subskala Umsetzen

Bei Schwankungen im Kurvenverlauf der Grundrate von 90% der Skala wird auf die Berechnung des PND verzichtet, da dieser laut Kern (1997) stabile Grundraten mit Schwankungen von höchstens 15% bis 20% zulässt.

Effektstärke Subskala Umsetzen

Die geringe positive Effektstärke von Cohens $d = 0.16$ zeigt, dass es keine nennenswerten Unterschiede zwischen Grundrate und Interventionsphase insgesamt im Hinblick auf eine Veränderung der Belastung im Anforderungsbereich Umsetzen bei Teilnehmer G gibt (vgl. Tabelle 87). In diesem Sinne wird Hypothese 1a zurückgewiesen.

Tabelle 87: Teilnehmer G: Berechnung der Effektstärke zwischen Grundrate und Interventionsphase für die Subskala Planen

Teilnehmer G	Grundrate M (SD)	Interventionsphase M (SD)
Umsetzen	12.43 (6.43)	13.24 (2.66)
Effektstärke Cohens d	0.16	

Visuelle Datenanalyse Subskala Soziales

Nun soll die Subskala Soziales detailliert ausgewertet werden. Zunächst zeigt sich während der Grundrate, also vor Beginn der Intervention eine in Stufen stetig ansteigende Kurve, deren Minimum bei Messzeitpunkt 2 (5 Punkte) und deren Maximum bei Messzeitpunkt 5 liegt, bevor sie wieder leicht auf 12, bzw. 11 Punkte abfällt. Mit Einsetzen der Intervention steigt die Kurve drastisch auf 15 bis 18 Punkte an, fällt dann zwischen den Sitzungen zwei und drei wieder auf 8 Punkte zurück, mit einer Spitze von 16 Punkten dazwischen und steigt dann zwischen Sitzung vier und fünf erneut sogar auf das Maximum von 20 Punkten an. In der Follow-Up-Phase gibt es erneut einen großen Sprung zwischen 4 Punkten zu Messzeitpunkt 21 und 20 Punkten zu Messzeitpunkt 22. Danach nimmt der Kurvenverlauf wieder ab und liegt zum letzten Messzeitpunkt, nach Ende der Follow-Up-Sitzung (Sitzung sechs) auf einem mittleren Wert von 8 Punkten. Der Kurvenverlauf wurde graphisch in Abbildung 45 dargestellt. Das Thema „Soziales" wird schwerpunktmäßig in der fünften Trainingssitzung mit dem Titel „Verstehen und Verstanden werden" behandelt. Danach zeigt sich zunächst eine Abnahme der Belastung, deren Effekt dann durch die enorme Zunahme auf 20 Punkte zu Messzeitpunkt 22 wieder aufgelöst wird.

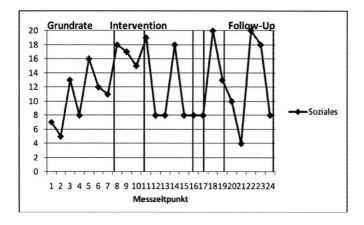

Abbildung 45: Teilnehmer G: Subskala Soziales: Grundrate und Interventionsphase

Ebenso wie bei den vorherigen Subskalen des „Fragebogens zum Funktionsniveau" werden auch hier die Mittelwerte der einzelnen Untersuchungsphasen sowie die dazugehörigen Standardabweichungen und die Differenzen der Mittelwerte der Interventionsphase zum Mittelwert der Grundrate (M = 10.29, SD = 2.83) aufgezeigt (vgl. Tabelle 88). Hier zeigen sich für die Sitzungen eins, zwei, vier und fünf negative Differenzen, das heißt, der Mittelwert der erlebten Belastung ist während der Interventionsphase höher als während der Grundrate, während es bei den Sitzungen drei und sechs umgekehrt ist: Hier liegt der Mittelwert der erlebten Belastung im Anforderungsbereich Soziales wie in Hypothese 1a erwartet während der Interventionsphase unter dem Mittelwert der Grundrate. Betrachtet man aber den Mittelwert der Interventionsphase insgesamt (M = 12.94, SD = 5.14) und vergleicht ihn mit dem Mittelwert der Grundrate, ergibt sich die negative Differenz von -2.65, was gegen die Annahme von Hypothese 1a spricht.

Tabelle 88 : Teilnehmer G: Mittelwerte und Standardabweichungen von Grundrate und Interventionsphase der Subskala Soziales sowie Differenzen zur Grundrate

Teilnehmer G	Grundrate M (SD)		Interventionsphase M (SD)						
Messzeitpunkt	1 -7	8-10 Sitzung 1	11-15 Sitzung 2	16 Sitzung 3	17, 18 Sitzung 4	19-23 Sitzung 5	24 Sitzung 6	Gesamt
Subskala Soziales	10.29 (2.83)	16.67 (1.53)	12.20 (5.76)	8.00 (-)	14.00 (8.49)	13.00 (6.40)	8.00 (-)	12.94 (5.14)
Differenz zur Grundrate	-	-6.38	-1.91	2.29	-3.74	-2.71	2.29	-2.65

Prozentsatz-Nichtüberlappender-Daten (PND) Subskala Soziale

Wie bei den zuvor beschriebenen Subskalen Anfangen und Umsetzen sowie bei der Gesamtbelastung, repräsentiert durch den Summenscore des „Fragebogens zum Funktionsniveau", ist auch die Grundrate der Subskala Soziales nicht stabil genug (Schwankungen um 45%), um einen aussagekräftigen PND zuzulassen (Kern 1997).

Effektstärke Subskala Soziales

Zuletzt wird die Effektstärke nach Cohen (1988) berechnet, in deren Formel die Mittelwerte und Standardabweichungen der Grundrate sowie der Interventionsphase insgesamt eingehen, wie in Tabelle 89 dargestellt. Es ergibt sich ein Wert von $d = 0.64$. Das positive Vorzeichen der Effektstärke ist dadurch begründet, das der Mittelwert der Grundrate ($M = 10.29$, $SD = 2.83$) niedriger ausfällt, also eine geringere Belastung darstellt als der Mittelwert der Interventionsphase ($M = 12.94$, $SD = 5.14$). Es handelt sich also um eine mittlere Effektstärke entgegen der erwarteten Richtung. Hypothese 1a muss demnach für den Anforderungsbereich Soziales bei Teilnehmer G zurückgewiesen werden.

Tabelle 89: Teilnehmer G: Berechnung der Effektstärke zwischen Grundrate und Interventionsphase für die Subskala Gedächtnis

Teilnehmer G	Grundrate M (SD)	Interventionsphase M (SD)
Soziales	10.29 (2.83)	12.94 (5.14)
Effektstärke Cohens d	0.64	

Veränderung der ADHS-Symptomatik im Verlauf des Trainings

Abbildung 46 zeigt die Veränderung der ADHS-Symptomatik, die bei Teilnehmer G zu drei Messzeitpunkten durch den Selbstbeurteilungsfragebogen „Verhaltensmerkmale der ADHS" (Lauth & Minsel, 2009) erhoben wurde (prä: vor der ersten Trainingssitzung, post: nach der fünften Trainingssitzung und follow-up: nach der sechsten Trainingssitzung). Es zeigt sich bei den beiden Subskalen ein entgegengesetztes Muster: Während der Subskala Unaufmerksamkeit (AD) zwischen den Messzeitpunkten prä und post von acht auf sechs Punkte abnimmt, nimmt die Subskala „Hyperaktivität / Impulsivität" von sechs auf neun Punkte zu, um dann beim Messzeitpunkt follow-up leicht unterhalb ihres Ausgangsniveaus bei sieben Punkten zu stehen. Festzuhalten gilt, dass Teilnehmer G nach dem Training genauso starke ADHS-Symptome zeigt wie vor Beginn des Trainings, es fand also keine Symptomverminderung satt.

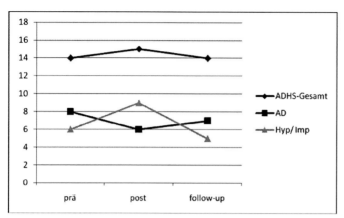

Abbildung 46: Teilnehmer G: Verlauf der ADHS-Symptomatik: Mittelwerte der Gesamtskala sowie der Subskalen „Aufmerksamkeitsdefizit" (AD) und „Hyperaktivität / Impulsivität" (Hyp/Imp) zu den drei Messzeitpunkten

Zufriedenheit mit dem Training

Obwohl sich weder die Belastung im Alltag noch die ADHS-Symptomatik bei Teilnehmer G im Verlaufe des behavioralen Gruppentrainings für Erwachsene mit ADHS verringert haben, beurteilt er das Training im „Fragebogen zur Zufriedenheit mit dem ADHS-Training" (Lauth & Minsel, 2009) nach Ende der fünften Trainingssitzung positiv. Er gibt an, dass er 50% der Ideen, die im Training aufkamen, in die Tat umsetzen konnte. Auf die offene Frage, um welche Ideen es sich dabei handelt, nennt er „Planen, Organisation, Umsetzen und Kommunikation". Er habe 90% der selbst gesetzten Hausaufgaben umsetzen können und der Kurs hat ihm geholfen, ein zu 100% besseres Verständnis für seine Problematik zu erlangen. Der Kurs hat ihm zudem geholfen, sein Verhalten zu 50% und sein Befinden zu 80% zu verbessern. Sein Verhalten habe sich im Verlauf des Kurses um 50% verbessert gibt er an. Das Zusammenleben mit seiner Familie hat sich zu 50 % und das mit seiner Partnerin um 10% verbessert. In der Gruppe hat sich Teilnehmer G zu 100% verstanden und wohl gefühlt und mit dem Kursleiter war er zu 90% zufrieden, ebenso wie mit Kursaufbau, Materialien und Durchführung. Auf die offene Frage, was das Beste an dem Kurs war, antwortet Teilnehmer G damit, dass er „endlich einmal verstanden" wurde. Die Frage, was hätte anders gemacht werden müssen, beantwortet er sinngemäß mit „den Kurs über einen längeren Zeitraum stattfinden lassen". Abschließend gibt er an, dass der Kurs sich verglichen mit dem Zeitaufwand für ihn zu 90% gelohnt habe und dass er ihn zu 100% weiterempfehlen würde.

Zusammenfassung der Ergebnisse der Einzelfallanalyse von Teilnehmer G

Insgesamt konnte Teilnehmer G nicht von der Teilnahme am behavioralen Gruppentraining für Erwachsene mit ADHS nach Lauth und Minsel (2009) profitieren. Bei zwei der drei untersuchten Anforderungsbereichen, Anfangen und Umsetzen zeigt sich keine Verminderung der erlebten Alltagsbelastung im Verlauf der Intervention. Bei der durch den Summenscore des „Fragebogens zum Funktionsniveau" erhobenen Gesamtbelastung sowie bei der Subskala Soziales zeigt sich sogar ein mittlerer Effekt in die entgegengesetzte Richtung der Erwartungen in der Hypothese: Die Belastung nimmt im Verlauf der Intervention zu statt ab. Hypothese 1a und 1b müssen für Teilnehmer G deutlich zurückgewiesen werden.

Dennoch zeigt sich Teilnehmer G zu hohem Maße mit dem Training zufrieden. Die deskriptive Auswertung auf Einzel-Item-Ebene des „Fragebogens zur Zufriedenheit mit dem ADHS-Training" (Lauth & Minsel, 2009) ergibt in allen markanten Items wie „Der Kurs hat geholfen, das eigenen Verhalten und Befinden zu verbessern", „er hat sich in der Gruppe verstanden und wohl gefühlt" oder „der Kurs hat sich gelohnt", „er würde ihn einem Freund weiterempfehlen" hohe Werte zwischen 50 und 100% an. Dies legt die Vermutung nahe, dass der in der Einzelfallanalyse verwendete „Fragebogen zum Funktionsniveau" nicht erfassen konnte, was sich für Teilnehmer G durch die Teilnahme am Training verändert hat. Dieser Aspekt soll in der Diskussion in Kapitel 4.1 genauer erörtert werden.

3.4.2.8 Einzelfallanalyse Teilnehmer H

3.4.2.8.1 Demografische Merkmale Teilnehmer H

Teilnehmer H ist zum Zeitpunkt der Eingangsdiagnostik 26 Jahre alt. Er studiert, befindet sich aber in einer Phase der beruflichen Umorientierung. Im ersten Teil des Selbstbeurteilungsbogen „Young Adult Self Report" (Achenbach, 1997) gibt er an, zwei oder drei gute Freunde zu haben, mit denen er sich ein- oder zweimal die Woche trifft und mit denen er sich sehr gut versteht. In Bezug auf sein Studium macht er im Fragebogen keinerlei Angaben, wohl aber in Bezug auf seine Arbeit. Er gibt an, dass er häufig gut mit anderen zusammenarbeitet und dass er seine Arbeit manchmal gut mache. Auch gibt er an, dass es ihm manchmal schwer falle, seine Arbeit zu Ende zu bringen und dass er manchmal Dinge tut, die dazu führen könnten, dass er seine Arbeit verliert. In Bezug auf seine Familie gibt er an, dass er sich, verglichen mit anderen, gleich gut mit seinen Geschwistern versteht. Über das Verhältnis zu seinen Eltern macht er keine Aussagen, er lässt die Fragen unbeantwortet. Teilnehmer H lebt nicht in einer Partnerschaft. Die Frage nach einer Krankheit, körperlichen Behinderung oder Beeinträchtigung beantwortet er mit „nein". Auf die offene Frage nach Sorgen und Probleme bei Arbeit oder Studium antwortet er mit „häufige Unkonzentriertheit, daher Unsicherheit bei Arbeitsabläufen, sowie Unsicherheit bei der Planung von Abläufen". Die Frage danach, was ihm selbst an sich am besten gefällt beantwortet er mit „Einfühlungsvermögen, Fähigkeit, Interesse und Freude für viele Themen zu empfinden".

3.4.2.8.2 Klinische Merkmale Teilnehmer H

Teilnehmer H kam ohne eine bereits bestehende ADHS-Diagnose zum Eingangsgespräch. Er vermutete seit längerem eine Aufmerksamkeitsstörung und war im Internet auf eine Beschreibung der Symptomatik „ADHS im Erwachsenenalter" gestoßen und erkannte sich mit seinen Alltagsproblemen zu großen Teilen wieder. Er befand sich weder in Psychotherapie noch in medikamentöser Behandlung.

Die diagnostischen Selbstbeurteilungsfragebögen ergaben, dass er sich dem unaufmerksamen Subtypus der ADHS zuordnen lässt. Im Fragebogen „Verhaltensmerkmale der ADHS" (Lauth & Minsel, 2009) erreicht er acht von neun Punkten auf der Skala „Unaufmerksamkeit" und einen von neun Punkten auf der Subskala „Hyperaktivität / Impulsivität". Im Screening der WHO (2003) „ASRS-V1" liegt er mit 3 Punkten im relevanten Bereich unterhalb des Cut-Off-Wertes von 4 Punkten, ebenso wie bei der retrospektiven Erfassung der ADHS-Symptomatik in der Kindheit mittels WURS-k (Retz-Junginger et al., 2002). Hier erreicht er 13 Punkte, der kritische klinische Wert liegt bei 30 Punkten. Die Alltagsbelastung insgesamt, erfasst durch den Summenscore des „Fragebogens zum Funktionsniveau" liegt mit 90 von 160 Punkten im oberen mittleren Bereich.

Um komorbide Störungen zu erfassen, wurde der YASR (Achenbach, 1997) erhoben, welcher als breit angelegtes Selbstbeurteilungsverfahren Hinweise auf verschiedene psychische Störungen geben kann, welche dann entsprechend differentialdiagnostisch genauer abgeklärt werden müssen. Wie Tabelle 6 in Abschnitt 3.4.1.1 (Stichprobencharakteristik) zeigt, liegt Teilnehmer H außer in der Subskala „Aufmerksamkeitsprobleme", was aufgrund der ADHS-Symptomatik zu erwarten war, in der Subskala „körperliche Beschwerden" mit 11 Punkten oberhalb des kritischen klinischen Wertes von 8.5 Punkten bei Männern. Auf der Subskala „Aufmerksamkeitsprobleme" beantwortet er die Items „ich verhalte mich zu jung für meine Alter", „ich habe Schwierigkeiten, mich zu konzentrieren" und „ich bin tagsüber verträumt oder in Gedanken" mit der höchsten Punktzahl von zwei, was für die Antwort „genau oder häufig zutreffend" steht. Das Item „ich bringe Dinge nicht zu Ende, die ich machen sollte", beantwortet er mit einem Punkt, was der Antwortkategorie „manchmal" entspricht. Er gibt an, sich häufig schwindelig oder benommen zu fühlen und immer müde zu sein. Bei Fragen nach Beschwerden ohne bekannte körperliche Ursachen gibt er an, dass er häufig unter Kopfschmerzen und Bauchschmerzen leide sowie manchmal unter Hautproblemen, Herzklopfen oder Herzrasen sowie Taubheitsgefühl oder Kribbeln. Die offene Frage nach anderen körperlichen Beschwerden beantwortet er mit „Durchfälle, Völlegefühl, Trockenheit in Mund und Nase einhergehend mit Kopfschmerz und Müdigkeit". In Bezug auf Rauchen oder Drogenkonsum gibt Teilnehmer H an, in den letzten sechs Monaten weniger als dreimal täglich geraucht zu haben, an zehn Tagen betrunken gewesen zu sein und an zwei Tagen Drogen genommen zu haben. Bei der offenen Frage am Ende des Fragebogens mit der Aufforderung, alles Weitere, was die eigenen Gefühle, das Verhalten oder die Interessen betrifft zu notieren, antwortet er sehr ausführlich. Die Antwort ist sinngemäß im Folgenden wiedergegeben:

er hat große Freude am Zusammensein mit Menschen, fühlt sich aber oft ge-
hemmt oder unfähig; großes Leid in der Welt, z. B. durch Armut hervorgerufen
beeindruckt und bedrückt stark, prägt seine Gedankenwelt; sein eigenes Unver-
mögen, seine Gefühle, Interessen und Fähigkeiten auszuleben, bedrücken sehr.
Da die ADHS-Symptomatik seine Hauptschwierigkeiten im Alltag waren, wurde Teilnehmer H zur Teilnahme am ADHS-Training eingeladen. Nach dem diagnostischen Eingangsgespräch wurde ihm nahegelegt, seine körperlichen Beschwerden nicht außer Acht zu lassen und gegebenenfalls weiter ärztlich abklä-
ren zu lassen.

3.4.2.8.3   Ergebnisdarstellung der Einzelfallanalyse Teilnehmer H

Teilnehmer H nahm an den ersten fünf Trainingssitzungen teil, insgesamt
liegen 23 Messzeitpunkte vor. Die ersten 7 Datenpunkte bilden die Grundrate
vor Beginn der Intervention, die folgenden 12 Punkte bilden die Interventionsphase und die letzten 4 Datenpunkte die Follow-Up-Phase. Für die folgenden
Auswertungen werden Interventions- und Follow-Up-Phase gemeinsam betrachtet.

Visuelle Datenanalyse „Gesamtbelastung"

Zunächst wird die Gesamtbelastung von Teilnehmer H im Alltag, erhoben
durch den Summenscore des „Fragebogens zum Funktionsniveau" ausgewertet.
Die visuelle Analyse des Kurvenverlaufs zeigt einen stabilen Verlauf der Gesamtbelastung über den gesamten Untersuchungszeitraum, also sowohl während
der Grundrate als auch während der Interventions- und Follow-Up-Phase, die im
Folgenden gemeinsam betrachtet werden sollen. Die Datenpunkte pendeln zwischen 83 und 101 von 160 Punkten während der Grundrate und zwischen 88 und
104 Punkten während der Interventionsphase. Es ist augenscheinlich kein Interventionseffekt im Sinne einer Belastungsabnahme zu erkennen, wie Hypothese
1b ihn annimmt (Abbildung 47).

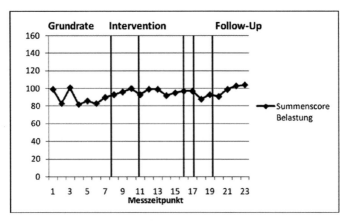

Abbildung 47: Teilnehmer H: Gesamtbelastung (Summenscore des Fragebogens zum Funktionsniveau): Grundrate und Interventionsphase

Um zusätzliche Informationen hinsichtlich der Entscheidung über Hypothese 1b bei Teilnehmer H zu erlangen werden die Mittelwerte und Standardabweichungen der Grundrate und der einzelnen Phasen der Intervention sowie deren Differenz zum Mittelwert der Grundrate dargestellt. Tabelle 90 zeigt die Ergebnisse: Alle Mittelwerte der Interventionsphasen liegen höher als der Mittelwert der Grundrate, was sich auch in den durchgehend negativen Differenzen (Sitzung 1: -7.19, Sitzung 2:-6.64, Sitzung 3: -7.86, Sitzung 4:-3.36, Sitzung 5:-8.86, Interventionsphase insgesamt: -7.05) niederschlägt. Es gibt also statt der in Hypothese 1b postulierten Abnahme der Alltagsbelastung im Laufe der Intervention eher eine Zunahme der Belastung. Dieser Effekt soll im Folgenden durch die Berechnung des Prozentsatz-Nichtüberlappender-Daten sowie die Berechnung der Effektstärke weiter untersucht werden.

Tabelle 90: Teilnehmer H: Mittelwerte und Standardabweichungen von Grundrate und Interventionsphase der Gesamtbelastung sowie Differenzen zur Grundrate

Teilnehmer H	Grundrate M (SD)	Interventionsphase M (SD)					
Messzeitpunkt	1 -7	8-10 Sitzung 1	11-15 Sitzung 2	16 Sitzung 3	17-18 Sitzung 4	19-23 Sitzung 5	Gesamt
Gesamtbelastung	89.14 (7.90)	96.33 (3.51)	95.60 (3.29)	97.00 (-)	92.50 (6.36)	98.00 (5.83)	96.19 (4.40)
Differenz zur Grundrate	-	-7.19	-6.46	-7.86	-3.36	-8.86	-7.05

Prozentsatz-Nichtüberlappender-Daten (PND) Gesamtbelastung

Zwei der insgesamt 16 Datenpunkte der Interventionsphase überlappen nicht mit Datenpunkten der Grundrate, was einen PND = 12.5% ergibt (dargestellt in Tabelle 91). Nach Kern (1997) spricht dies gegen einen Interventionseffekt. Dieses Ergebnis muss gemeinsam mit den zuvor betrachteten Mittelwerten der einzelnen Untersuchungsphasen betrachtet werden: Der minimale Effekt läuft hier in die entgegengesetzte Richtung als gewünscht: Die Alltagsbelastung erhöht sich bei Teilnehmer H im Laufe der Intervention anstatt sich zu verringern.

Tabelle 91: Teilnehmer H: Prozentsatz-Nichtüberlappender-Daten zwischen Grundrate und Interventionsphase für die Gesamtbelastung

Nicht-überlappende Datenpunkte der Interventionsphase	Datenpunkte Interventionsphase insgesamt	PND
2	16	2/16*100=12.5

Effektstärke Gesamtbelastung

Als drittes Maß zur Auswertung der Gesamtbelastung, erhoben durch den Summenscore des „Fragebogens zum Funktionsniveau" bei Teilnehmer H wird die Effektstärke aus Mittelwert und Standardabweichung der Grundrate sowie der Interventionsphase insgesamt berechnet, wie in Tabelle 92 dargestellt ist.

Tabelle 92: Teilnehmer H: Berechnung der Effektstärke zwischen Grundrate und Interventionsphase

Teilnehmer H	Grundrate M (SD)	Interventionsphase M (SD)
Gesamtbelastung	89.14 (7.90)	96.19 (4.40)
Effektstärke Cohens d	1.10	

Es ergibt sich eine Effektstärke nach Cohen (1988) von $d = 1.10$, was für einen hohen Effekt spricht. Allerdings geht dieser Effekt wie oben dargestellt entgegen der erwarteten Richtung. Die Gesamtbelastung wurde während der Interventionsphase bei Teilnehmer H höher statt niedriger wie erwartet, so dass Hypothese 1b deutlich zurückgewiesen werden muss. Im Folgenden werden alle acht Subskalen des „Fragebogens zum Funktionsniveau" in Abbildung 48 graphisch dargestellt. Hier fällt auf, dass alle Kurven relativ stabil verlaufen, ein Trend in Richtung Belastungsverringerung ist nicht zu erkennen. Die drei Anforderungsbereiche, die Teilnehmer H vor Beginn der Intervention als am stärksten belastend empfand werden nun detailliert ausgewertet. Zur Entscheidung darüber werden in Tabelle 93 die Mittelwerte und Standardabweichungen der acht Subskalen, die die acht untersuchten Anforderungsbereiche repräsentieren, dargestellt.

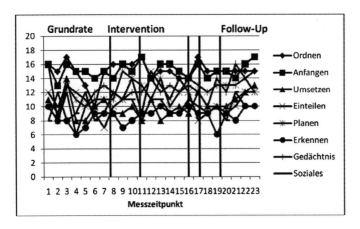

Abbildung 48: Teilnehmer H: Die acht Subskalen des Fragebogens zum Funktionsniveau: Grundrate und Interventionsphase

Tabelle 93: Teilnehmer H: Mittelwerte und Standardabweichungen der Grundraten aller 8 Subskalen des Fragebogens zum Funktionsniveau

	M	SD
Subskala Ordnen	14.43	2.30
Subskala Anfangen	14.86	1.07
Subskala Umsetzen	10.14	2.12
Subskala Einteilen	10.57	2.07
Subskala Planen	11.43	2.51
Subskala Erkennen	8.14	1.35
Subskala Gedächtnis	10.14	2.48
Subskala Soziales	9.43	1.81

Die Subskalen Ordnen (M = 14.43, SD=2.3), Anfangen (M = 14.86, SD = 1.07) und Planen (M = 11.43, SD = 2.51) haben die höchsten Mittelwerte während der Grundrate und werden daher im Folgenden ausgewertet.

Visuelle Datenanalyse Subskala Ordnen

Betrachtet man den Verlauf der Subskala Ordnen über den gesamten Untersuchungszeitraum bei Teilnehmer H fällt zunächst ins Auge, dass es eine Abnahme der Belastung während der Grundrate von 15 Punkten zu Messzeitpunkt drei auf 10 Punkten zu Messzeitpunkt sechs gibt, die aber zum Ende der Grundrate wieder ausgeglichen wird (vgl. Abbildung 49). Während der gesamten Interventionsphase pendeln die Werte zwischen 14 und 17 Punkten, eine Abwärtsbewegung der Kurve im Sinne einer Abnahme der Belastung im Bereich „Ordnen" ist nicht zu erkennen. Tabelle 94 stellt die Mittelwerte und Standardabweichungen der einzelnen Phasen der Untersuchung dar sowie die Differenz des jeweiligen Mittelwerts der Interventionsphase zur Grundrate dar.

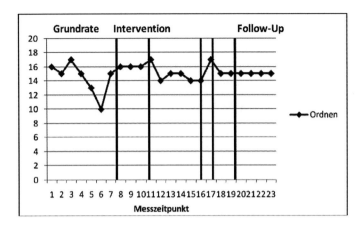

Abbildung 49: Teilnehmer H: Subskala Ordnen: Grundrate und Interventionsphase

*Tabelle 94: Teilnehmer H: Mittelwerte und Standardabweichungen von Grundrate und Inter-
ventionsphase der Subskala Ordnen sowie Differenzen zur Grundrate*

Teilnehmer H	Grundrate M (SD)	Interventionsphase M (SD)						
Messzeitpunkt	1 -7	8-10 Sitzung 1	11-15 Sitzung 2	16 Sitzung 3	17-18 Sitzung 4	19-23 Sitzung 5	Gesamt
Subskala Ordnen	14.43 (2.30)	16.00 (0)	15.00 (1.23)	14.00 (-)	16.00 (1.41)	15.00 (0)	15.25 (0.93)
Differenz zur Grundrate	-	-1.57	-0.57	0.43	-1.57	-0.57	-0.82

Beim deskriptiven Vergleich der Mittelwerte der Grundrate mit den Mittelwerten der Interventionsphase ist keine Abnahme der Belastung im Anforderungsbereich Ordnen während einer Phase der Intervention zu erkennen. Vielmehr liegen die Mittelwerte der Interventionsphasen bis auf die Ausnahme der dritten Trainingssitzung (M = 14.00) oberhalb des Mittelwertes der Grundrate (M = 14.43, SD = 2.30, vgl. Tabelle 94). Hypothese 1a muss für den Anforderungsbereich Ordnen daher zurückgewiesen werden.

Prozentsatz-Nichtüberlappender-Daten (PND) Subskala Ordnen

Die Berechnung des Prozentsatzes-Nichtüberlappender-Daten für die Subskala Ordnen, dargestellt in Tabelle 95, beträgt 12.5%, was nach Kern (1997) für einen unreliablen Interventionseffekt spricht. Ebenso wie bei der zuvor dargestellten Gesamtbelastung geht der minimale Effekt außerdem in die entgegengesetzte Richtung, wie Hypothese 1a annimmt: Die erlebte Belastung im Bereich Ordnen liegt vor Beginn der Intervention niedriger als währenddessen.

Tabelle 95: Teilnehmer H: Prozentsatz-Nichtüberlappender-Daten zwischen Grundrate und Interventionsphase für die Subskala Ordnen

Nicht-überlappende Datenpunkte der Interventionsphase	Datenpunkte Interventionsphase insgesamt	PND
2	16	2/16*100=12.5

Effektstärke Subskala Ordnen

Als zusätzliches Maß wird die Effektstärke nach Cohen (1988) aus Mittelwert und Standardabweichung der Grundrate einerseits und der Interventionsphase insgesamt andererseits hinzugezogen. Tabelle 96 stellt die Werte dar, die in die Berechnung eingehen. Es ergibt sich eine Effektstärke von $d = 0.47$, was für einen geringen Effekt in die entgegengesetzte Richtung der Annahme von Hypothese 1a geht: Die Belastung im Anforderungsbereich Ordnen nahm bei Teilnehmer H im Laufe der Intervention tendenziell eher zu als ab, die Hypothese muss damit verworfen werden.

Tabelle 96: Teilnehmer H: Berechnung der Effektstärke zwischen Grundrate und Interventionsphase für die Subskala Ordnen

Teilnehmer H	Grundrate M (SD)	Interventionsphase M (SD)
Ordnen	14.43 (2.30)	15.25 (0.93)
Effektstärke Cohens d	0.47	

Visuelle Datenanalyse Subskala Anfangen

Die Betrachtung des Kurvenverlaufs für den Anforderungsbereich Anfangen, erhoben durch die gleichnamige Subskala des „Fragebogens zum Funktionsniveau" zeigt eine sehr stabile Kurve zwischen 13 und 17 von 20 möglichen Datenpunkten, ohne Tendenzen nach oben oder unten, also ohne eine Zu- oder Abnahme der Belastung zu irgendeiner Phase der Untersuchung (vgl. Abbildung 50).

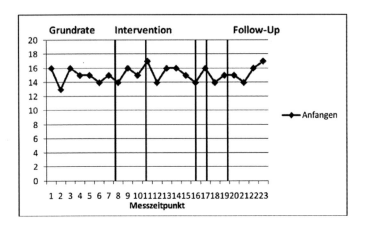

Abbildung 50: Teilnehmer H: Subskala Anfangen: Grundrate und Interventionsphase

Auch die Mittelwerte und deren dazugehörige geringe Standardabweichungen der einzelnen Phasen der Untersuchung, aufgelistet in Tabelle 97, stellen die Stabilität des Kurvenverlaufs auf gleichem Niveau über den gesamten Untersuchungszeitraum dar: Die Differenzen zwischen der Grundrate und den einzelnen Phasen der Intervention sind mit Werten zwischen -0.14 und 0.86 minimal. Die Mittelwerte der Grundrate und der Interventionsphase insgesamt unterscheiden sich mit $M = 14.86$ ($SD = 1$-07) und $M = 15.25$ ($SD = 1.07$) augenscheinlich kaum voneinander. Demnach muss Hypothese 1a für den Anforderungsbereich Anfangen zurückgewiesen werden. Die Berechnung des PND sowie der Effektstärke soll weiteren Aufschluss geben.

Tabelle 97: Teilnehmer H: Mittelwerte und Standardabweichungen von Grundrate und Interventionsphase der Subskala Anfangen sowie Differenzen zur Grundrate

Teilnehmer H	Grundrate M (SD)	Interventionsphase M (SD)					
Messzeitpunkt	1 -7	8-10 Sitzung 1	11-15 Sitzung 2	16 Sitzung 3	17-18 Sitzung 4	19-23 Sitzung 5	Gesamt
Subskala Anfangen	14.86 (1.07)	15.00 (1.00)	15.60 (1.14)	14.00 (-)	15.00 (1.41)	15.40 (1.14)	15.25 (1.07)
Differenz zur Grundrate	-	-0.14	-0.74	0.86	-0.14	-0.54	-0.39

Prozentsatz-Nichtüberlappender-Daten (PND) Subskala Anfangen

Für die Subskala Anfangen bei Teilnehmer H ergibt sich ein PND von 12.5%, was nach Kern (1997) für einen unreliablen Interventionseffekt spricht (Tabelle 98). Auch hier geht der Effekt in die entgegengesetzte Richtung der Annahme, was deutlich für eine Zurückweisung von Hypothese 1 a spricht.

Tabelle 98: Teilnehmer H: Prozentsatz-Nichtüberlappender-Daten zwischen Grundrate und Interventionsphase für die Subskala Anfangen

Nicht-überlappende Datenpunkte der Interventionsphase	Datenpunkte Interventionsphase insgesamt	PND
2	16	2/16*100=12.5

Effektstärke Subskala Anfangen

Nun soll die Effektstärke für den Unterschied der Mittelwerte der Grundrate sowie der Interventionsphase insgesamt hinzugezogen werden (Tabelle 99). Nach Cohen (1988) ergibt sich ein Wert von $d = 0.36$, was als schwacher Effekt zu bezeichnen ist (Kern, 1997). Hypothese 1a, die von einer Verringerung der Belastung im Anforderungsbereich Anfangen ausgeht, wird aufgrund dieser Ergebnisse zurückgewiesen.

Tabelle 99: Teilnehmer H: Berechnung der Effektstärke zwischen Grundrate und
Interventionsphase für die Subskala Anfangen

Teilnehmer H	Grundrate *M (SD)*	Interventionsphase *M (SD)*
Anfangen	14.86 (1.07)	15.25 (1.07)
Effektstärke Cohens *d*	0.36	

Visuelle Datenanalyse Subskala Planen

Die dritte und letzte der von Teilnehmer H untersuchten Subskalen aus dem „Fragebogen zum Funktionsniveau" ist die Subskala Planen. Der Verlauf der Kurve stellt sich etwas „unruhiger" dar als die beiden zuvor dargestellten Subskalen Ordnen und Anfangen, wie Abbildung 51 zeigt. Die Grundrate (Messzeitpunkt 1 bis 7) schwankt zwischen 8 und 16 Punkten, während die Datenpunkte der Interventionsphase sich zwischen 10 und 15 Punkten bewegen. Es ist keine Abwärtsbewegung der Kurve wie Hypothese 1a sie postuliert zu verzeichnen. Um die Werte genauer zu analysieren, sollen zunächst die Mittelwerte der einzelnen Phasen der Untersuchung sowie deren Verhältnis zueinander untersucht werden.

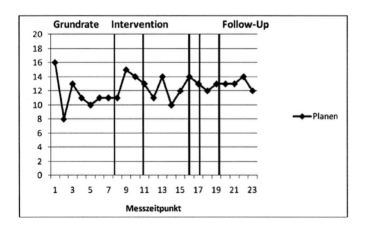

Abbildung 51: Teilnehmer H: Subskala Planen: Grundrate und Interventionsphase

Tabelle 100 stellt die Ergebnisse der Berechnung der Mittelwerte und Standardabweichungen der einzelnen Phasen der Untersuchung sowie die Differenzen der Mittelwerte Interventionsphasen zum Mittelwert der Grundrate. Es ergeben sich ausschließlich geringe negative Differenzen (zwischen -0.50 und -2.50 Punkten), was eine leichte Zunahme der Belastung während der Interventionsphase zeigt. Die Differenz des Mittelwerts der Interventionsphase insgesamt vom Mittelwert der Grundrate beträgt -1.25 Punkte (Grundrate $M = 11.50$, $SD = 2.74$, Intervention $M = 12.75$, $SD = 1.34$). Demnach muss Hypothese 1a auch für den Anforderungsbereich Planen bei Teilnehmer H abgelehnt werden. Es zeigt sich tendenziell eher eine Zunahme der Belastung während der Interventionsphase als die in der Hypothese angenommene Abnahme.

Tabelle 100: Teilnehmer H: Mittelwerte und Standardabweichungen von Grundrate und Interventionsphase der Subskala Planen sowie Differenzen zur Grundrate

Teilnehmer H	Grundrate M (SD)	Interventionsphase M (SD)					
Messzeitpunkt	1 -7	8-10 Sitzung 1	11-15 Sitzung 2	16 Sitzung 3	17-18 Sitzung 4	19-23 Sitzung 5	Gesamt
Subskala Planen	11.50 (2.74)	13.33 (2.08)	12.00 (1.58)	14.00 (-)	12.50 (0.71)	13.00 (0.71)	12.75 (1.34)
Differenz zur Grundrate	-	-1.83	-0.50	-2.50	-1.00	-1.50	-1.25

Prozentsatz-Nichtüberlappender-Daten (PND) Subskala Planen

Der Prozentsatz-Nichtüberlappender-Daten ergibt bei Teilnehmer H bei der Subskala Planen den Wert 0, was durch die große Schwankung zwischen 16 und 8 Punkten während der Grundrate zwischen Datenpunkt 1 und 2 bedingt ist (Tabelle 101).

Tabelle 101: Teilnehmer H: Prozentsatz-Nichtüberlappender-Daten zwischen Grundrate und Interventionsphase für die Subskala Planen

Nicht-überlappende Datenpunkte der Interventionsphase	Datenpunkte Interventionsphase insgesamt	PND
0	16	0/16*100=0

Effektstärke Subskala Planen

Die Effektstärke für die Subskala Planen bei Teilnehmer H, berechnet aus den Mittelwerten und Standardabweichungen von Grundrate und Interventionsphase insgesamt nach Cohen (1988), ergibt einen Wert von $d = 0.63$ (vgl. Tabelle 102). Das positive Vorzeichen zeigt wie auch bei der zuvor ausgewerteten Subskala Anfangen, dass es im Laufe der Intervention eher eine Zunahme der erlebten Belastung im Anforderungsbereich Anfangen gab als die in Hypothese 1a erwartete Belastungsabnahme. Hypothese 1a muss nach diesen Ergebnissen auch für den Anforderungsbereich Planen entsprechend deutlich zurückgewiesen werden.

Tabelle 102: Teilnehmer H: Berechnung der Effektstärke zwischen Grundrate und Interventionsphase für die Subskala Planen

Teilnehmer H	Grundrate M (SD)	Interventionsphase M (SD)
Planen	11.50 (2.74)	12.75 (1.34)
Effektstärke Cohens d	0.63	

Veränderung der ADHS-Symptomatik im Verlauf des Trainings

Abbildung 52 zeigt eine leichte Abnahme der ADHS-Symptomatik, gemessen durch den Selbstbeurteilungsfragebogen „Verhaltensmerkmale der ADHS" (Lauth & Minsel, 2009) im Verlauf des Trainings. Der Fragebogen liegt bei Teilnehmer H zu drei Messzeitpunkten vor. Während die Werte des Summenscores und der beiden Subskalen „Unaufmerksamkeit" und „Hyperaktivität / Impulsivität" zwischen den Messzeitpunkten warte und prä stabil bleiben, was dem Zeitraum der Grundratenerhebung entspricht, ist danach zum Messzeitpunkt post, nach der fünften Trainingssitzung ein Abwärtstrend von zuvor 8 auf dann 7 Punkte in der Subskala „Unaufmerksamkeit" und damit auch im Summenscore zu erkennen. Mit sieben Punkten liegt Teilnehmer H aber auch nach der fünften Trainingssitzung noch im klinischen Bereich, da der Cut-Off-Wert laut DSM-IV-TR (Saß et al. 2003) bei 6 Punkten auf jeder Subskala liegt.

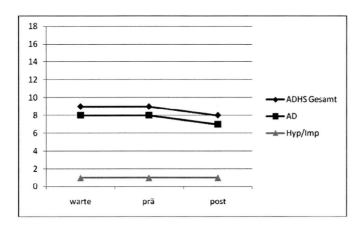

Abbildung 52: Teilnehmer H: Verlauf der ADHS-Symptomatik: Mittelwerte der Gesamtskala sowie der Subskalen „Aufmerksamkeitsdefizit" (AD) und „Hyperaktivität/ Impulsivität" (Hyp/Imp) zu den drei Messzeitpunkten

Zufriedenheit mit dem Training

Der „Fragebogen zur Zufriedenheit mit dem ADHS-Training" (Lauth & Minsel, 2009) kann nur teilweise ausgewertet werden, da Teilnehmer H nicht alle Items ausgefüllt hat. Insgesamt zeigt er sich eher zufrieden mit dem Training, konkret hat ihm die Teilnahme aber was eine Verhaltensänderung in Bezug auf seine Alltagsprobleme angeht, eher wenig genützt. Er gibt an, dass er 50% seiner selbst gesetzten Hausaufgaben in die Tat umgesetzt hat und dass er sich zu 80% in der Gruppe verstanden und wohl gefühlt hat und dass er seinen Kursleiter zu 90% gut fand. Die Fragen nach der Verbesserung für sein Verständnis für die Problematik, der Verbesserung seines eigenen Verhaltens und Befindens und einer Verbesserung des Zusammenlebens mit seiner Familien beantwortet Teilnehmer H mit lediglich 10%. Die offene Frage, was anders hätte gemacht werden sollen beantwortet er damit, dass er für sich er hat für sich keine neuen Erkenntnisse erlangt hat, vielleicht weil er sich schon lange intensiv mit sich auseinandersetzt; er fragt sich, ob ihm ansonsten die Materialen etwas hätten bringen können. Die Frage, was das Beste an dem Kurs war beantwortet er mit „der Austausch mit ähnlichen Betroffenen". Er würde den Kurs zu 60% einem Freund weiterempfehlen.

Zusammenfassung der Ergebnisse der Einzelfallanalyse von Teilnehmer H

Teilnehmer H konnte hinsichtlich einer Verringerung seiner Belastung im Alltag nicht von der Teilnahme am behavioralen Gruppentraining für Erwachsene mit ADHS profitieren. Weder bei der Gesamtbelastung, erhoben durch den Summenscore des „Fragebogens zum Funktionsniveau" noch in einem der drei untersuchten Anforderungsbereichen Ordnen, Anfangen oder Planen verringert sich die Belastung im Selbsturteil im Verlauf der Intervention. Hypothese 1a und 1b wurden für Teilnehmer H deutlich zurückgewiesen.

Tendenziell ist sogar ein gegenteiliger Effekt zu erkennen: So zeigt sich eine hohe Effektstärke von $d = 1.10$ für die Gesamtbelastung entgegen der erwarteten Richtung: Die Belastung liegt während der Interventionsphase höher als während der Grundrate vor Beginn der Intervention. Ebenso zeigen sich Trends in diese Richtung bei allen drei untersuchten Subskalen des „Fragebogens zum Funktionsniveau" Ordnen, Anfangen und Planen.

Im Hinblick auf die Kernsymptomatik der ADHS, erhoben durch den Selbstbeurteilungsfragebogen „Verhaltensmerkmale der ADHS" (Lauth & Minsel, 2009) zeigt sich eine leichte Verbesserung im Verlaufe des Trainings: Zwischen den Messzeitpunkten prä (vor der ersten Trainingssitzung) und post (nach der fünften Trainingssitzung) sinkt die Symptomatik im Bereich Unaufmerksamkeit von acht auf sieben Punkte, womit sie aber immer noch über dem kritischen klinischen Wert von 6 Punkten liegt.

Teilnehmer H zeigt sich insgesamt eher zufrieden mit dem Training, wenn er auch in den verhaltensbezogenen Fragen eher mit geringen Prozentwerten antwortet. Vor allem gibt er in einer offenen Frage an, dass er sich vorher schon sehr intensiv mit sich auseinandergesetzt hatte und dass er darum wenig Neues erfahren konnte.

3.4.3 Zusammenfassung der Ergebnisse von Studie 1

Die Frage nach der Wirksamkeit des behavioralen Gruppentrainings für Erwachsene mit ADHS nach Lauth und Minsel (2009) konnte durch die in den Abschnitten 3.4.2.1 bis 3.4.2.8. dargestellten acht Einzelfallanalysen nicht eindeutig geklärt werden: Bei einigen Teilnehmern verringerte sich die Belastung im Alltag wie in den Hypothesen 1a und 1b angenommen, bei anderen nicht. Tabelle 103 fasst die Ergebnisse der acht Einzelfallanalysen zusammen, indem sie die jeweiligen Subskalen des „Fragebogens zum Funktionsniveau", die die abhängigen Variablen bildeten, die Mittelwerte und Standardabweichungen von Grundrate und Interventionsphase sowie die Effektstärke Cohens d und den Prozentsatz-Nichtüberlappender-Daten (PND) jedes Teilnehmers auflistet, sofern er berechnet werden konnte. Die letzte Spalte zeigt die Entscheidung darüber, ob es sich bei dem jeweiligen Teilnehmer um einen „Responder", das heißt einen guten „Therapie-Nutzer" handelt, der von der Teilnahme am Training in Bezug auf eine Verringerung seiner erlebten Alltagsbelastung profitieren konnte, oder um einen „Non-Responder", der keinen offensichtlichen Nutzen von der Teilnahme am Training hatte. Diese Entscheidung wurde aufgrund der statistischen Kennwerte der Gesamtskala und der jeweils drei betrachteten Subskalen des „Fragebogens zum Funktionsniveau" getroffen, wie sie jeweils unter der Überschrift „Zusammenfassung der Ergebnisse der Einzelfallanalyse" zu jedem Teilnehmer in den Abschnitten 3.4.2.1 bis 3.4.2.8 erläutert wurde.

Die acht Einzelfallanalysen ergaben wie in Tabelle 103 aufgezeigt vier Responder (Teilnehmer A, B, C und E) sowie vier Non-Responder (Teilnehmer D, F, G, H). Auf mögliche Gründe dieser Ergebnislage soll abschließend in der Diskussion dieser Arbeit in Kapitel 4.1 eingegangen werden. Um weitere Informationen hinzuzuziehen, werden in Kapitel 3.4.4 die während der Eingangsdiagnostik erhobenen demografischen und klinischen Daten zu jedem Teilnehmer vor dem Hintergrund der Ergebnisse der Einzelfallanalysen abschließend geprüft.

Tabelle 103: Zusammenfassung der Ergebnisse der acht Einzelfallanalysen: AVen, Mittelwerte und Standardabweichungen von Grundrate und Interventionsphase, Effektstärke d, PND sowie Entscheidung über Responder bzw. Non-Responder

Teil-nehmer	Skala des Fragebogens zum Funktionsniveau	Grundrate M (SD)	Interventions-phase M (SD)	Effektstärke d	PND	Responder
A	Summenscore	88.30 (10.10)	72.0 (6.68)	-1.90	87.5	ja
	Ordnen	13.44 (0.88)	11.38 (1.41)	-1.75	25	
	Planen	10.78 (1.86)	7.75 (1.49)	-1.80	75	
	Gedächtnis	14.78 (1.09)	9.38 (1.77)	-3.67	100	
B	Summenscore	101.50 (8.81)	86.67 (10.05)	-1.57	55.56	ja
	Anfangen	17.5 (2.07)	16.0 (1.32)	-0.86	0	
	Planen	14.75 (1.91)	12.44 (2.35)	-1.08	55.56	
	Gedächtnis	14.38 (1.60)	9.89 (2.15)	-2.37	88.89	
C	Summenscore	55.67 (23.59)	44.47 (21.94)	-0.49	-	ja
	Ordnen	7.44 (4.22)	5.67 (2.69)	-0.50	-	
	Anfangen	10.89 (6.19)	6.47 (3.54)	-0.88	-	
	Einteilen	13.78 (5.89)	8.80 (3.01)	-1.06	-	
D	Summenscore	119.70 (5.17)	124.64 (5.02)	0.97	7	nein
	Anfangen	19.30 (1.16)	19.29 (2.40)	-0.01	13	
	Planen	18.60 (1.43)	17.64 (4.65)	-0.28	6.67	
	Gedächtnis	16.20 (1.14)	16.86 (1.03)	0.61	6.67	
E	Summenscore	53.00 (26.54)	36.77 (7.14)	-0.84	-	ja
	Ordnen	8.50 (5.16)	5.15 (2.19)	-0.85	-	
	Anfangen	9.25 (6.71)	6.38 (1.45)	-0.59	-	
	Umsetzen	6.63 (2.83)	4.08 (1.19)	-1.17	-	
F	Summenscore	108.17 (3.55)	112.05 (6.20)	0.77	10.53	nein
	Ordnen	15.50 (0.55)	15.68 (1.00)	0.22	10.53	
	Anfangen	15.50 (1.05)	16.63 (1.07)	1.07	21.05	
	Erkennen	16.83 (1.17)	16.05 (1.22)	-0.65	10.53	
	Gedächtnis	18.17 (0.75)	17.74 (0.45)	-0.70	10.53	
G	Summenscore	74.00 (18.36)	84.47 (11.98)	0.68	-	nein
	Anfangen	12.57 (6.05)	12.82 (5.93)	0.04	-	
	Planen	12.43 (6.43)	13.24 (2.66)	0.16	-	
	Soziales	10.29 (2.83)	12.94 (5.14)	0.64		
H	Summenscore	89.14 (7.90)	96.19 (4.40)	1.10	12.5	nein
	Ordnen	14.43 (2.30)	15.25 (0.93)	0.47	12.5	
	Anfangen	14.86 (1.07)	15.25 (1.07)	0.36	12.5	
	Planen	11.50 (2.74)	12.75 (1.34)	0.63	0	

3.4.4 Hypothesengenerierende Darstellung von möglicherweise systematischen Effekten zwischen „Respondern" und „Non-Respondern"

In diesem Kapitel sollen die acht Teilnehmer der Einzelfallanalysen, die im vorangegangenen Kapitel als Responder bzw. Non-Responder identifiziert wurden, aufgrund ihrer demografischen und klinischen Merkmale, die während des diagnostischen Eingangsgesprächs erhoben wurden, miteinander verglichen werden. Dabei sollen mögliche systematische Effekte aufgedeckt werden. Es handelt sich um eine Charakterisierung der Gruppenunterschiede beziehungsweise Gemeinsamkeiten von Respondern und Non-Respondern, die als hypothesengenerierend für künftige Untersuchungen betrachtet werden kann. Tabelle 104 zeigt die demografischen Variablen Geschlecht, Alter, Kurs-Nummer, Diagnose vor der Eingangsdiagnostik, Medikation und Psychotherapie. Die oberen vier Zeilen entsprechen den vier Respondern (Teilnehmer A,B,C und E), die unteren vier den Non-Respondern, die nicht in der durch Hypothese 1a und 1b angenommenen Weise von der Teilnahme am ADHS-Training profitieren konnten (Teilnehmer D,F, G und H).

Die beiden Gruppen „Responder" und „Non-Responder" werden nun mittels Chi-Quadrat-Test hinsichtlich ihrer demografischen Merkmale miteinander verglichen, da es sich um Werte auf Nominalskalenniveau handelt. Tabelle 105 stellt die Ergebnisse dar.

Tabelle 104: Demografische Merkmale der acht Teilnehmer der Einzelfallanalysen, aufgeteilt in Responder und Non-Responder

Teilnehmer	Geschlecht	Alter	Kurs-Nummer	Diagnose zuvor	Medikation	Psycho-therapie
R e s p o n d e r A	m	43	10	ja	nein	nein
B	w	27	10	nein	nein	nein
C	m	27	8	ja	ja	ja
E	w	29	8	ja	nein	nein
N o n – R e s p o n d e r D	m	40	8	ja	nein	nein
F	m	20	7	ja	nein	nein
G	m	28	7	ja	ja	ja
H	m	26	7	nein	nein	nein

Tabelle 105: Chi-Quadrat-Tests: Responder/ Non-Responder und demografische Merkmale der acht Teilnehmer der Einzelfallanalysen

	χ^2	df	Asymptotische Signifikanz p (zweiseitig)
Geschlecht	2.67	1	.102
Alter	8.00	6	.238
Kurs-Nummer	5.33	2	.069 *
Diagnose zuvor	0	1	1.0
Medikation	0	1	1.0
Psychotherapie	0	1	1.0

Es ergeben sich keine statistisch bedeutsamen Unterschiede zwischen der Gruppe der Responder und der Gruppe der Non-Responder hinsichtlich der untersuchten demografischen Merkmale. Lediglich für das Merkmal „Kurs-Nummer" ist auf einem Signifikanzniveau von α = .05 ein beinahe signifikanter Trend zu erkennen (p = .069). Die Responder nahmen an den Kursen acht (Teilnehmer C und E) und zehn (Teilnehmer A und B) teil, während drei der Non-Responder an Kurs sieben (Teilnehmer F, G und H) und einer an Kurs acht (Teilnehmer D) teilnahmen. Auch wenn der Chi-Quadrat-Test keinen signifikanten Unterschied zwischen Respondern und Non-Respondern hinsichtlich des Geschlechterverteilung fand, fällt bei der Betrachtung von Tabelle 104 ins Auge, dass die Gruppe der vier Responder aus zwei Frauen und zwei Männern besteht, während es sich bei den Non-Respondern ausschließlich um Männer handelt.

Nun sollen die klinischen Merkmale, erhoben durch die Selbstbeurteilungsfragebögen ASRS-V1.1 (WHO, 2003), Wurs-k (Retz-Junginger et al., 2003), „Verhaltensmerkmale der ADHS" (Lauth & Minsel, 2009) und „Fragebogen zum Funktionsniveau" während der Eingangsdiagnostik zwischen Respondern und Non-Respondern verglichen werden (Tabelle 106). Mögliche Gruppenunterschiede zwischen Respondern und Non-Resopndern werden aufgrund der geringen Stichprobengröße von n = 4 pro Gruppe mittels non-parametrischem Verfahren für zwei unabhängige Stichproben (Mann-Withney-U-Test) berechnet, wobei die Variable „Responder" mit den Kategorien „ja / nein" die Gruppen definiert (Tabelle 107).

Der Vergleich der Responder und der Non-Responder mittels Mann-Withney-U-Tests ergibt für keine der untersuchten klinischen Variablen einen statistisch bedeutsamen Unterschied. Es zeigt sich jedoch auf einem Signifikanzniveau von α = .05 ein beinahe bedeutsamer Trend (p = 0.98) für die Subskala „Unaufmerksamkeit" des Fragebogens „Verhaltensmerkmale der ADHS" (Lauth & Minsel, 2009). Die Responder zeigen hier insgesamt geringere Werte als die Non-Responder (mittlerer Rang Responder = 13, mittlerer Rang Non-Responder = 23).

Tabelle 106: Ergebnisse der ADHS-Diagnostik während des Eingangsgesprächs, aufgeteilt in Responder und Non-Responder

Teilnehmer	ASRS-V1.1-Screening	WURS-k Summenscore	Verhaltensmerkmale der ADHS (Unaufmerksamkeit/ Hyperaktivität - Impulsivität) Typus nach DSM-IV-TR	Fragebogen zum Funktionsniveau Summenscore
Responder A	5	61	8/9 Mischtypus	98
B	6	29	8/8 Mischtypus	99
C	4	31	6/4 unaufmerksamer Subtypus	58
E	4	55	5/5 subklinisch	68
Non-Responder D	5	58	9/9 Mischtypus	121
F	5	44	8/1 Unaufmerksamer Subtypus	103
G	5	42	8/6 Mischtypus	76
H	3	13	8/1 Unaufmerksamer Subtypus	90

Tabelle 107: Mann-Withney-U-Tests: Responder/ Non-Responder und klinische Merkmale der acht Teilnehmer der Einzelfallanalysen

		Mittlerer Rang	Rangsumme	Mann-Withney-U	Asymptotische Signifikanz p (zweiseitig)
ASRS-V1.1	Responder	4.63	18.50	7.50	.877
	Non-Responder	4.38	17.50		
WURS-k	Responder	4.75	19.00	7.00	.773
	Non-Responder	4.25	17.00		
ADHS-AD	Responder	3.25	13.00	3.00	.098 *
	Non-Responder	5.75	23.00		
ADHS-Hyp-Imp.	Responder	5.13	20.50	5.50	.456
	Non-Responder	3.88	15.50		
Summe-Funktionsniveau	Responder	3.50	14.00	4.00	.248
	Non-Responder	5.50	22.00		

Im Folgenden werden die acht Subskalen des klinischen Selbstbeurteilungsfragebogens Young Adult Self Report (YASR, Achenbach, 1997) im Hinblick auf Unterschiede zwischen Respondern und Non-Respondern untersucht. Tabelle 108 stellt die Werte der Subskalen in den oberen vier Zeilen für die vier Responder, in den unteren für die vier Non-Responder dar. Die grau unterlegten Felder symbolisieren ein Überschreiten des im Testmanual festgelegten kritischen klinischen Grenzwertes für die jeweilige Subskala (Achenbach, 1997).

So lässt sich erkennen, dass alle bis auf Teilnehmerin E Werte oberhalb des kritischen klinischen Wertes in der Subskala „Aufmerksamkeitsprobleme" erreichen. Diese Tatsache deckt sich mit der ADHS-Problematik der Teilnehmer und kann als eine weitere Bestätigung ihrer Diagnosen betrachtet werden. Außerdem liegen vier der Teilnehmer auf oder oberhalb des kritischen Wertes auf der Subskala „ängstlich-depressiv" (Teilnehmer A, D, F und G). Hierbei fällt auf, dass drei dieser vier zu den Non-Respondern gehören. Drei Teilnehmer liegen oberhalb des kritischen Wertes auf der Subskala „körperliche Beschwerden" (Teilnehmer A, B und D). Auf der Subskala „bizarre Gedanken" erreichen drei der Teilnehmer (A, C und E) Werte oberhalb des kritischen Wertes, sie gehören alle zur Gruppe der Responder. Nur ein Teilnehmer, Teilnehmer A, liegt auf den Subskalen „aufdringlich" und „aggressiv" oberhalb des kritischen klinischen Wertes. Er hat demnach insgesamt die höchste Ausprägung an komorbiden Störungen (vgl. Abschnitt 3.4.2.1.2).

Die Vergleiche der Subskalen des YASR (Achenbach, 1997) im Hinblick auf einen Unterschied zwischen der Gruppe der Responder und der Non-Responder mittels Mann-Withney-U-Test werden in Tabelle 109 dargestellt. Bei zwei der acht Subskalen zeigen sich Unterschiede zwischen Respondern und Non-Respondern: Bei der Subskala „ängstlich-depressiv" erreichen Non-Responder höhere Werte als Responder (Mittlerer Rang Responder = 3.00; Non-Responder = 6.00). Diejenigen, die nicht von der Teilnahme am Gruppentraining profitieren, schätzen sich im Selbsturteil also tendenziell eher ängstlich-depressiv ein.

Tabelle 108: komorbide Auffälligkeiten, ermittelt durch den Young-Adult-Self-Report (YASR, Achenbach, 1997) während des Eingangsgesprächs, aufgeteilt in Responder und Non-Responder

	Teil-nehmer	YASR-Subskala[1]							
		ängstlich-depressiv	introvertiert	körperl. Beschwerden	bizarre Gedanken	Aumerksamkeits-probleme	aufdring-lich	aggressiv	delin-quent
	♂ ♀	20[2] 21	7 7	8.5 10.5	2 2	7.5 6.5	9 7.5	11 10	7.5 5
R e s p o n d e r	A	20	4	11	5	12	11	12	5
	B	11	0	16	0	9	5	3	1
	C	17	5	6	2	8	7	2	3
	E	11	0	6	2	5	6	7	1
N o n – R e s p o n d e r	D	20	12	3	0	8	0	2	1
	F	20	2	1	0	10	3	3	1
	G	27	8	7	1	11	3	9	3
	H	18	5	11	1	7	0	2	4

[1]*Die grau unterlegten Felder geben an, dass der Wert auf oder oberhalb des kritischen klinischen Wertes liegt*

[2] *kritische klinische Grenzwerte jeweils für Männer (oben) und Frauen (unten)*

Außerdem erreichen die Responder deutlich höhere Werte auf der Subskala „aufdringlich" (Mittlerer Rang Responder = 6.50, Non-Responder = 2.50). Zu dieser Skala gehören die Items „ich gebe an, prahle gern"; „ich versuche, viel Aufmerksamkeit und Beachtung zu bekommen"; „ich werde oft geärgert"; „ich produziere mich gern oder spiele den Clown"; „ich rede zu viel"; ich hänsele Andere gern" und „ich bin lauter als Andere". Diese Skala beschreibt also extravertiertes, nach außen gerichtetes Verhalten, welches bei den Respondern deutlich häufiger vorkommt als bei den Non-Respondern.

Tabelle 109: Mann-Withney-U-Tests: Responder/ Non-Responder und Subskalen des Young-Adult-Self-Report (YASR, Achenbach, 1997) der acht Teilnehmer der Einzelfallanalysen

		Mittlerer Rang	Rangsumme	Mann-Withney-U	Asymptotische Signifikanz p (zweiseitig)
ängstlich-depressiv	Responder	3.00	12.00	2.00	.074 *
	Non-Responder	6.00	24.00		
introvertiert	Responder	4.00	12.50	2.50	.108
	Non-Responder	5.88	23.50		
Körperliche Beschwerden	Responder	5.38	21.50	4.50	.306
	Non-Responder	3.63	14.50		
bizarre Gedanken	Responder	5.75	23.00	3.00	.134
	Non-Responder	3.25	13.00		
Aufmerksamkeits- probleme	Responder	4.38	17.50	7.50	.885
	Non-Responder	4.63	18.50		
aufdringlich	Responder	6.50	26.00	0.0	.019 **
	Non-Responder	2.50	10.00		
aggressiv	Responder	5.13	20.50	5.50	.457
	Non-Responder	3.88	15.50		
delinquent	Responder	4.63	18.50	7.50	.877
	Non-Responder	4.38	17.50		

Zusammenfassend ist festzuhalten, dass ein systematischer Effekt für die Subskala „Unaufmerksamkeit" zwischen Respondern und Non-Respondern gefunden werden konnte, wenn er sich auch auf einem Signifikanzniveau von α = .05 lediglich als nicht-signifikanter Trend niederschlägt. Die Responder zeigen vor Beginn der Intervention auf dieser Skala geringere Werte als die Non-Responder, was dafür spricht, dass die Non-Responder tendenziell diejenigen sind, die stärker von der ADHS-Symptomatik im Bereich Unaufmerksamkeit beeinträchtigt sind. Außerdem kommen die Non-Responder mit einer Ausnahme aus dem Kurs Nummer sieben, während die Responder aus den Kursen Nummer acht und zehn kommen. Die Gruppe der Non-Responder zeichnet sich zudem durch höhere Werte in der Subskala „ängstlich-depressiv" aus, wenn auch hier nur ein beinahe signifikanter Trend von p = .074 zu erkennen ist. Bei der Subskala „aufdringlich" zeigt sich ein entgegengesetzter Effekt: Die Gruppe der Responder erreicht auf dieser Subskala der YASR (Achenbach, 1997) signifikant höhere Werte als die Gruppe der Non-Responder (p = .019).

Inwieweit das Ausmaß der Beeinträchtigung im Alltag durch die ADHS-Symptomatik, gruppendynamische Aspekte innerhalb der Kurse oder durch komorbide Störungen mit ängstlich-depressivem oder aufdringlichem Verhalten auf die Effektivität des Trainings einwirken können, soll abschließend in der Diskussion dieser Studie in Kapitel 4.1 erörtert werden.

3.5 Studie 2: Wirksamkeitsüberprüfung des behavioralen Gruppentrainings für Erwachsene mit ADHS anhand von Mittelwertvergleichen

Die vorliegende Untersuchung beschäftigt sich mit der Wirksamkeit des behavioralen Gruppentrainings für Erwachsene mit ADHS nach Lauth & Minsel (2009) im Hinblick auf die Stärke der ADHS-Symptomatik sowie die erlebte Belastung im Alltag in für Erwachsene ADHS-Betroffene typischerweise problematischen Lebensbereichen wie Anfangen, Organisieren, Planen, Gedächtnis und Soziales anhand von Mittelwertvergleichen (T-Tests für abhängige Stichproben). Es werden fünf Messzeitpunkte miteinander verglichen, wobei alle Teilnehmer dieser Studie das ADHS-Training zwischen dem zweiten und dritten Messzeitpunkt durchlaufen haben.

Aus ethischen Gründen wird auf eine unbehandelte Kontrollgruppe verzichtet. Erstens lässt sich aufgrund der Versorgungslücke für Erwachsene mit ADHS und die dadurch entsprechend große Nachfrage nach einer Teilnahme am Training ein striktes Wartekontroll-Design auf ethisch-moralischer Ebene schwer rechtfertigen und zweitens konnten erste Pilotstudien (Lauth & Minsel, 2009; Lauth, Breuer & Minsel, 2010) bereits eine gewisse Wirksamkeit des Trainings nachweisen. So dient der erste Messzeitpunkt in dieser Untersuchung vier bis sechs Wochen vor Trainingsbeginn als Kontrollzeitpunkt, da die Teilnehmer in diesem Zeitraum keine psychologische ADHS-spezifische Intervention erhielten.

Im Sinne von Hypothese 2a bis 2g wird in dieser Untersuchung erwartet, dass sich die ADHS-Symptomatik im Verlauf des Trainings verringert und dass diese Änderung auch nach Trainingsende stabil bleibt. Außerdem wird in Hypothese 2h bis 2n angenommen, dass sich die erlebte Belastung im Alltag im Verlauf des Training verringert und dass diese Änderung auch nach Trainingsende stabil bleibt (vgl. Kapitel 2.7).

3.5.1 Methoden Studie 2

3.5.1.1   Stichprobencharakteristik und Beschreibung der Dropouts

Im Folgenden wird die Untersuchungsstichprobe anhand ihrer demografischen und klinischen Merkmale dargestellt (Abschnitt 3.5.1.1.1). Im zweiten Schritt sollen in einer Voranalyse die Dropouts genauer charakterisiert werden. Hierbei sollen möglicherweise relevante Merkmale zwischen Adhärenz- und Dropout-Gruppe untersucht werden (Abschnitt 3.5.1.1.2). Vor dem Hintergrund dieser Voranalysen wird anschließend die Untersuchungsstichprobe charakterisiert (Abschnitt 3.5.1.1.3).

3.5.1.1.1   Beschreibung der Ursprungsstichprobe

In diese Untersuchung gehen $N = 77$ Studierende mit ein, bei denen wie in Kapitel 3.2 beschrieben eine ADHS-Diagnostik durchgeführt wurde und die am ADHS-Training teilnahmen. Es handelt sich um 48 Männer und 29 Frauen zwischen 20 und 54 Jahren ($M = 29.9$; $SD = 6.6$), die sich freiwillig dazu bereit erklärten, zum Zwecke der Evaluation des Trainings an der Datenerhebung vor, während und nach dem Training teilzunehmen.

Alle nun beschriebenen Merkmale beziehen sich auf den Messzeitpunkt prä, vor Beginn des Trainings, die Werte sind in Tabelle 110 dargestellt. Bezüglich der ADHS-Subtypen ist Folgendes festzuhalten: 43 der 77 Teilnehmer der ursprünglichen Stichprobe gehören laut Diagnose mittels Selbstbeurteilungsfragebogen „Verhaltensmerkmale der ADHS" (Lauth & Minsel, 2009) dem Mischtypus an, drei dem hyperaktiv-impulsiven Subtypus und 19 dem unaufmerksamen Subtypus. Fünf der Studienteilnehmer blieben aufgrund ihrer Antworten im Verhaltensmerkmale der ADHS (Lauth & Minsel, 2009) im subklinischen Bereich. Da es sich bei dem untersuchten Training jedoch um ein niederschwelliges Angebot handelt, wird der Spezifität hier ein größeres Gewicht beigelegt als der Sensitivität und die Teilnehmer wurden daher nicht ausgeschlossen.

Tabelle 110: Demografische und klinische Variablen der Ursprungsstichprobe

Stichprobengröße *N*	77
Geschlecht *n* ♂ ♀	48 29
Alter *M (SD)*	29.90 (6.60)
Verhaltensmerkmale der ADHS Gesamtscore *M (SD)*	13.59 (3.19)
Subtypen nach DSM-IV-TR	5 Subklinisch, 19 unaufmerksam, 3 hyperaktiv, 43 Mischtypus
Alltagsbelastung Gesamt *M (SD)*	103.21 (19.06)
YASR Subskala introvertiert *M (SD)*	5.65 (2.95)
YASR körperliche Beschwerden *M (SD)*	6.47 (3.99)
YASR Subskala bizarre Gedanken *M (SD)*	1.0 (1.88)
YASR Subskala Aufmerksamkeitsprobleme *M (SD)*	8.90 (2.15)
YASR Subskala aufdringliches Verhalten *M (SD)*	4.97 (2.84)
YASR Subskala aggressives Verhalten *M (SD)*	6.75 (3.65)
YASR Subskala delinquentes Verhalten *M (SD)*	3.49 (2.17)
Substanzmissbrauch *M (SD)* **Rauchen pro Tag: Betrunken in 6 Monaten: Drogen in 6 Monaten:**	3.45 (6.85) 4.65 (5.83) 3.62 (15.26)
Medikation *n*	10 Methylphenidat
Psychotherapie *n*	9 (alle mit Medikation kombiniert)

Das arithmetische Mittel der ADHS-Symptomatik (gemessen mittels „Verhaltensmerkmale der ADHS" nach Lauth & Minsel, 2009) liegt bei der Ursprungsstichprobe bei $M = 13.59$ ($SD = 3.19$) und das Mittel der Gesamtbelastung im Alltag (gemessen mit dem „Fragebogen zum Funktionsniveau") liegt bei $M = 103.21$ ($SD = 19.06$). Während der Eingangsdiagnostik füllten die Teilnehmer zudem den umfangreichen klinischen Fragebogen Young-Adult-Self-Report (YASR, Achenbach, 1997) aus, der in Kapitel 3.2 im Zuge des diagnostischen Prozesses dargestellt wurde. Wie im Handbuch vorgesehen (Achenbach, 1997) wurden einzelne fehlende Werte im YASR ersetzt, sofern es nicht mehr als acht fehlende Werte pro Fragebogen waren. Dies war aber bei keinem der $N = 77$ Teilnehmern der ursprünglichen Stichprobe der Fall. Die fehlenden Werte wurden mittels EM-Algorithmus geschätzt, da es sich hierbei um ein Verfahren handelt, das vergleichsweise geringe Verzerrungen mit sich bringt und das damit der klassischen Ersetzung durch Gruppenmittelwerte überlegen ist (Wirtz,

2004). Der Fragebogen wurde für junge Erwachsene zwischen 17 und 30 Jahren konzipiert und normiert. Die Stichprobe der vorliegenden Untersuchung ist zwar durchschnittlich 29.9 Jahre alt, womit einige deutlich über dem empfohlenen Alter liegen, doch da es sich ausschließlich um Studierende handelt, lässt sich die Verwendung des Instruments inhaltlich gut rechtfertigen.

Abbildung 53 zeigt die Mittelwerte und Standardabweichungen der Ursprungsstichprobe in den acht Subskalen des YASR (Achenbach, 1997) sowie den jeweiligen Grenzwert, ab dem von einer klinischen Auffälligkeit ausgegangen wird. Unterschiedliche klinische Werte für Männer und Frauen, die im Auswertungsbogen der YASR aufgeführt werden, werden hier der Übersicht halber außer Acht gelassen. Um die Sensitivität zu erhöhen, wird der jeweils niedrigere klinische Wert angegeben. Die Abbildung zeigt deutlich, dass die Teilnehmer der Ursprungsstichprobe ($N = 77$) einzig in der Subskala Aufmerksamkeitsprobleme im Bereich der klinischen Auffälligkeiten liegen ($M = 8.90$, $SD = 2.15$, klinischer Grenzwert = 6.6), was die Diagnose wie in Kapitel 3.2 dargestellt mittels DSM-IV-TR (Lauth & Minsel, 2009), Wender-Utah-Rating-Scale (Retz-Junginger et al., 2002, 2003) und ASRS-V1 (WHO, 2003) noch einmal untermauert. In keiner der anderen Subskalen zeigen sich klinische Auffälligkeiten. Es handelt sich hier also um junge Erwachsene, bei denen die ADHS-Symptomatik eindeutig im Vordergrund steht und die daher für eine Teilnahme am ADHS-Gruppentraining geeignet sind. Die relativ großen Standardabweichungen zeigen die Heterogenität des Störungsbildes deutlich.

In der Subskala „Substanzmissbrauch", die hier getrennt für Tabak, Alkohol und illegale Drogen dargestellt ist, liegen die Mittelwerte mit $M = 3.45$ ($SD = 6.85$) für „gerauchte Zigaretten pro Tag", $M = 4.65$ ($SD = 5.83$) für „betrunken in den letzten sechs Monaten" und $M = 3.62$ für „Drogen in den letzten sechs Monaten konsumiert" im unauffälligen Bereich. Die klinischen Grenzwerte liegen laut Handbuch des YASR bei 18 für Tabakkonsum, 13 bei Alkohol- und 10 bei Drogenkonsum, wenn man sich auf die jeweils niedrigsten angegebenen Werte bezieht (Achenbach, 1997). Bei der Frage nach „Drogen konsumiert an wie vielen Tagen der letzten sechs Monate" zeigt sich jedoch eine auffallend große Standardabweichung von $SD = 15.26$. Bei Betrachtung der Rohdaten konnte ein Ausreißerwert gefunden werden. Dieser Teilnehmer gab an, an 100 Tagen in den letzten sechs Monaten Drogen konsumiert zu haben. Da es sich um Marihuanakonsum handelte und derjenige im diagnostischen Interview vordergründig von typischen ADHS-Symptomen in verschiedenen Lebensbereichen berichtete, wurde er dennoch in die Untersuchung mit aufgenommen. Diese gro-

ße Standardabweichung - bedingt durch den Ausreißerwert - soll hier vorerst
außer Acht gelassen werden.

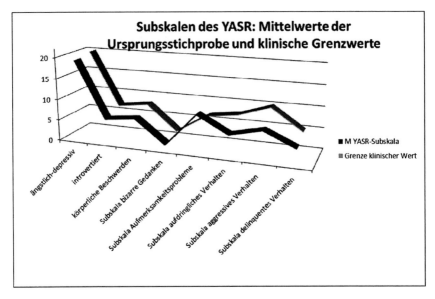

Abbildung 53: Mittelwerte und Standardabweichungen der Ursprungsstichprobe (N = 77) in
den Subskalen des YASR sowie die klinischen Grenzwerte der einzelnen Subskalen

Von den $N = 77$ Teilnehmern der Ursprungsstichprobe waren zehn zum
Zeitpunkt des Trainings aufgrund ihrer ADHS in medikamentöser Behandlung,
sie erhielten ein Methylphenidat-Präparat. Keiner der Teilnehmer erhielt zum
Zeitpunkt des Trainings andere Psychostimulanzien oder andere psychoaktive
Medikamente. Um den Störeffekt des Medikamenteneinflusses so gering wie
möglich zu halten, wurden alle Teilnehmer vor Beginn des Trainings gebeten,
Dosierung und Art der Medikation während des Trainings konstant zu halten.
Neun der zehn medikamentös behandelten Teilnehmer waren zum Zeitpunkt des
Trainings zusätzlich noch in Psychotherapie, einer wurde ausschließlich medi-
kamentös behandelt. Drei der nicht medikamentös behandelten Teilnehmer wa-
ren während des Trainings in Psychotherapie.

Das Einschlusskriterium in die vorliegende Studie ist neben einer wie unter Kapitel 3.2 dargestellten ADHS-Diagnose, an mindestens vier der sechs

Trainingssitzungen teilgenommen zu haben. Von den $N = 77$ Teilnehmern der ursprünglichen Stichprobe fehlten 24 bei zwei oder mehr der sechs Trainingssitzungen oder brachen das Training vollständig ab. Dies entspricht einer Dropout-Quote von mehr als 31%. Diese hohe Quote von Trainingsabbrechern soll im Folgenden genauer analysiert werden.

3.5.1.1.2 Voranalyse: Vergleich von Adhärenz- und Dropout-Gruppe

Im Folgenden sollen die Phänomene von Adhärenz und Dropout im Hinblick auf demografische Variablen wie Alter und Geschlecht sowie auf möglicherweise klinisch relevante Merkmale wie Stärke der ADHS-Symptomatik nach DSM-IV-TR, erlebte Belastung im Alltag, ADHS-Subtyp nach DSM-IV-TR, komorbide Störungen sowie Medikation oder andere Therapien während der Teilnahme am ADHS-Training untersucht werden. Für diese Analysen werden die Daten, die während der Eingangsdiagnostik erhoben wurden, verwendet (siehe Tabelle 111).

Die beiden Gruppen Adhärenz- und Dropout werden nun mittels einfaktorieller Varianzanalysen auf statistisch bedeutsame Unterschiede hin untersucht, wobei das Merkmal „hat an mindestens vier der sechs Sitzungen teilgenommen" die unabhängige Variable darstellt, während die oben aufgeführten möglichen Einflussfaktoren auf einen Trainingsabbruch (Alter, Geschlecht, Stärke der ADHS-Symptomatik nach DSM-IV-TR, erlebte Belastung im Alltag ADHS-Subtyp, komorbide Störungen, Medikation) die abhängigen Variablen bilden. Die Varianzanalysen werden mit Hilfe des Statistik-Programms „IBM SPSS Statistics 19" berechnet. Zur Überprüfung der Homogenität der Varianzen beider Gruppen wurde der Levene-Test verwendet. Mit Ausnahme der Variablen „Rauchen" und „Drogen konsumieren" erwiesen sich die Unterschiede zwischen den Gruppenvarianzen bei $\alpha = .02$ für die untersuchten abhängigen Variablen als insignifikant (siehe Tabelle 112). Die große Varianz der Variable „Drogen konsumieren" ist wie oben beschrieben durch den Ausreißerwert bestimmt.

Tabelle 111: Demografische und klinische Variablen der Adhärenz- und der Dropoutgruppe zum Messzeitzeitpunkt prä

	Adhärenz-Gruppe	Dropout-Gruppe
Stichprobengröße *n*	53	24
Geschlecht *n* ♂ ♀	32 21	16 8
Alter *M (SD)*	30.13 (7.08)	29.46 (5.52)
Verhaltensmerkmale der ADHS Gesamtscore *M (SD)*	13.78 (3.06)	13.10 (3.52)
Subtypen nach DSM-IV-TR *n*	4 Subklinisch, 12 unaufmerksam, 2 hyperaktiv, 32 Mischtyp, 3 fehlend	1 Subklinisch, 7 unaufmerksam, 1 hyperaktiv, 11 Mischtyp,
Alltagsbelastung Gesamt *M (SD)*	103.48 (20.06)	102.55 (16.90)
YASR Subskala Ängstlich-depressiv *M (SD)*	19.82 (15.99)	17.87 (16.85)
YASR Subskala introvertiert *M (SD)*	5.58 (2.84)	5.78 (3.22)
YASR körperliche Beschwerden *M (SD)*	7.14 (3.86)	4.98 (3.87)
YASR Subskala bizarre Gedanken *M (SD)*	1.88 (1.97)	1.94 (1.68)
YASR Subskala Aufmerksamkeitsprobleme *M (SD)*	8.95 (2.01)	8.79 (2.48)
YASR Subskala aufdringliches Verhalten *M (SD)*	4.93 (2.74)	5.04 (3.10)
YASR Subskala aggressives Verhalten *M (SD)*	6.65 (3.64)	6.96 (3.74)
YASR Subskala delinquentes Verhalten *M (SD)*	3.26 (2.11)	3.98 (2.28)
Substanzmissbrauch *M (SD)* Rauchen pro Tag: Betrunken in 6 Monaten: Drogen in 6 Monaten:	 2.15 (4.93) 5.04 (6.17) 1.06 (3.33)	 6.33 (9.37) 3.79 (5.01) 9.24 (26.56)
Medikation *n*	7 Methylphenidat	3 Methylphenidat
Psychotherapie *n*	6 mit Medikation kombiniert	3 mit Medikation kombiniert

Tabelle 112: Test der Homogenität der Varianzen (Levene-Test)

	Levene-Statistik	df1	df2	p
Alter	3.27	1	75	.075
Geschlecht	1.26	1	75	.265
Verhaltensmerkmale der ADHS Gesamtscore	0.407	1	68	.526
Subtypen nach DSM-IV-TR	0.02	1	68	.877
Alltagsbelastung Gesamt	1.37	1	66	.246
YASR Subskala introvertiert	0.907	1	75	0.344
YASR körperliche Beschwerden	0.017	1	75	0.898
YASR Subskala bizarre Gedanken	0.053	1	75	0.818
YASR Subskala Aufmerksamkeitsprobleme	3.952	1	75	0.050
YASR Subskala aufdringliches Verhalten	0.603	1	75	0.440
YASR Subskala aggressives Verhalten	0.327	1	75	0.569
YASR Subskala delinquentes Verhalten	1.310	1	75	0.256
Substanzmissbrauch Rauchen pro Tag:	18.938	1	75	.000 *
Betrunken in letzten 6 Monaten:	1.294	1	75	.259
Drogen in letzten 6 Monaten:	16.648	1	75	.000 *
Medikation	0.03	1	75	.866
Psychotherapie	0.29	1	75	.590

Tabelle 113 zeigt die Ergebnisse der einfaktoriellen Varianzanalysen. Auf einem Signifikanzniveau von $\alpha = .05$ ergeben sich für drei der untersuchten abhängigen Variablen signifikante Mittelwertunterschiede zwischen der Gruppe der Trainingsabbrecher (Dropout-Gruppe), die an weniger als vier der sechs Sitzungen des ADHS-Trainings teilnahmen und der Gruppe der Trainingsnutzer (Adhärenz-Gruppe), die an mindestens vier der sechs Trainingssitzungen teilnahmen. Die Gruppe derjenigen, die am Training teilnahmen, zeigt signifikant mehr körperliche Beschwerden als die Dropout-Gruppe (Dropout: $M = 4.98$, $SD = 3.97$, Adhärenz: $M = 7.14$, $SD = 3.85$, $p = .027$). Zudem raucht die Dropout-Gruppe durchschnittlich signifikant mehr ($p = .012$) und konsumiert mehr Drogen ($p = .028$) als die Adhärenz-Gruppe (Rauchen: Dropout $M=6.33$, $SD = 9.37$; Adhärenz $M = 2.15$, $SD = 4.93$; Drogen: Dropout $M = 9.29$, $SD = 25.26$, Adhärenz $M = 1.06$, $SD = 3.33$). Beim Drogenkonsum zeigt sich, dass der Mittelwertunterschied vor allem durch den unter 3.5.1.1.1 beschriebenen Ausreißerwert bedingt ist. Dieser Teilnehmer, der angab an 100 Tagen in den letzten sechs Monaten Marihuana konsumiert zu haben, brach das Training vorzeitig ab und gehört somit zur Dropout-Gruppe.

Für keine der übrigen untersuchten abhängigen Variablen ergeben sich statistisch signifikante Mittelwertunterschiede zwischen Dropout- und Adhärenz-Gruppe. Systematische Ursachen für die hohe Dropoutquote von 31% in klinisch relevanten Bereichen wie komorbiden Störungen, Stärke der Alltagsbelastung oder Schwere der ADHS-Symptomatik lassen sich nicht finden.

Tabelle 113: einfaktorielle Varianzanalyse zur Überprüfung der Mittelwerte von Adhärenz- und Dropout-Gruppe

N = 77, Dropout n = 24, Adhärenz n = 53		M (SD)	df		F-Wert	p
Alter	Dropout	29.46 (5.52)	zwischen	1	0.170	.681
	Adhärenz	30.13 (7.08)	innerhalb	75		
			gesamt	76		
Geschlecht	Dropout	1.33 (0.48)	zwischen	1	0.272	.603
	Adhärenz	1.40 (0.49)	innerhalb	75		
			gesamt	76		
Verhaltensmerkmale der ADHS Gesamtscore	Dropout	13.10 (3.52)	zwischen	1	0.647	.424
	Adhärenz	13.78 (3.06)	innerhalb	68		
			gesamt	69		
Subtypen nach DSM-IV-TR	Dropout	2.10 (1.07)	zwischen	1	0.241	.625
	Adhärenz	2.24 (1.08)	innerhalb	68		
			gesamt	69		
Alltagsbelastung Gesamt	Dropout	102.55 (16.90)	zwischen	1	0.033	.856
	Adhärenz	103.48 (20.06)	innerhalb	68		
			gesamt	69		
YASR Subskala introvertiert	Dropout	5.78 (3.22)	zwischen	1	0.074	.787
	Adhärenz	5.58 (2.84)	innerhalb	75		
			gesamt	76		
YASR körperliche Beschwerden	Dropout	4.98 (3.97)	zwischen	1	5.094	.027 *
	Adhärenz	7.14 (3.85)	innerhalb	75		
			gesamt	76		
YASR Subskala bizarre Gedanken	Dropout	1.94 (1.68)	zwischen	1	0.015	0.901
	Adhärenz	1.88 (1.97)	innerhalb	75		
			gesamt	76		
YASR Subskala Aufmerksamkeitsprobleme	Dropout	8.79 (2.48)	zwischen	1	0.099	.754
	Adhärenz	8.95 (2.01)	innerhalb	75		
			gesamt	76		
YASR Subskala aufdringliches Verhalten	Dropout	5.04 (3.10)	zwischen	1	0.024	.878
	Adhärenz	4.93 (2.74)	innerhalb	75		
			gesamt	76		
YASR Subskala aggressives Verhalten	Dropout	6.96 (3.74)	zwischen	1	0.112	.739
	Adhärenz	6.65 (3.64)	innerhalb	75		
			gesamt	76		
YASR Subskala delinquentes Verhalten	Dropout	3.98 (2.78)	zwischen	1	1.819	.181
	Adhärenz	3.21 (2.11)	innerhalb	75		
			gesamt	76		
Substanzmissbrauch n Rauchen pro Tag Betrunken 6 Monate Drogen 6 Monate	Dropout	6.33 (9.37) 3.79 (5.21) 9.29 (25.26)	zwischen innerhalb gesamt	1 75 76	6.607	.012 *
Rauchen pro Tag Betrunken 6 Monate Drogen 6 Monate	Adhärenz	2.15 (4.93) 5.04 (6.17) 1.06 (3.33)	zwischen innerhalb gesamt zwischen innerhalb gesamt	1 75 76 1 75 76	0.752 5.001	.389 .028 *
Medikation	Dropout	0.13 (0.338)	zwischen	1	0.007	.933
	Adhärenz	0.13 (0.342)	innerhalb	75		
			gesamt	76		
Psychotherapie	Dropout	0.50 (1.02)	zwischen	1	0.250	.618
	Adhärenz	0.38 (0.99)	innerhalb	75		
			gesamt	76		

3.5.1.1.3   Beschreibung der Untersuchungsstichprobe

Wie in Abschnitt 3.5.1.1 beschrieben, wurden nur diejenigen Teilnehmer der ursprünglichen Stichprobe in die Studie mit aufgenommen, die an mindestens vier der sechs Sitzungen teilgenommen haben. Außerdem gehen mit Ausnahme des YASR, in dem einzelne fehlende Werte wie in Abschnitt 3.5.1.1.1 beschrieben ersetzt wurden, nur vollständig ausgefüllte Fragebögen in die Datenanalyse mit ein, so dass die Stichprobengröße zwischen den einzelnen abhängigen Variablen, die mit unterschiedlichen Messinstrumenten erhoben wurden, zu einem Messzeitpunkt durchaus unterschiedlich ausfallen kann.

Die $n = 53$ Teilnehmer der Studie, die an mindestens vier der sechs Trainingstagen teilnahmen, konnten keinesfalls alle zu allen fünf erhobenen Messzeitpunkten erfasst werden. Tabelle 114 zeigt die Stichprobengröße zu den jeweiligen Messzeitpunkten und charakterisiert die jeweiligen Subgruppen anhand demografischer und klinischer Merkmale. Die hier gezeigten Mittelwerte und Standardabweichungen beziehen sich auf den Messzeitpunkt prä, vor Beginn des Trainings. Die unterschiedlichen Stichprobengrößen sind auch dadurch bedingt, dass die Datenerhebungen ausschließlich zu jeweils vorher festgelegten Zeitpunkten stattfanden. Eine Nacherhebung beim Versäumen einer Trainingssitzung war aus praktischen Gründen nicht möglich (vgl. Abschnitt 3.5.1.2, Design der Untersuchung, insbesondere Abbildung 55). So kann beispielsweise ein Teilnehmer zur Adhärenz-Gruppe gehören, das Training also mit mindestens vier Sitzungen absolviert haben, doch in den Messzeitpunkten post und follow-up 1 ist er nicht erfasst, da er in der fünften (Messzeitpunkt post) und sechsten Trainingssitzung (Messzeitpunkt follow-up 1) gefehlt hat.

Abbildung 54 gibt eine Übersicht über die Subskalen des Young-Adult-Self-Report (YASR, Achenbach, 1997) der Adhärenz-Gruppe. Es lassen sich augenscheinlich keine systematischen Verzerrungen zwischen den Substichproben zu den fünf Messzeitpunkten finden.

Tabelle 114: Stichprobengröße sowie Mittelwerte und Standardabweichungen der demografischen und klinischen Variablen: Vergleich der fünf Messzeitpunkte

Messzeitpunkt	warte	prä	post	follow-up 1	follow-up 2
Stichprobengröße n	36	50	39	19	15
Geschlecht n ♂ ♀	22 14	31 19	25 14	11 8	9 6
Alter M (SD)	30.11 (7.61)	30.10 (7.23)	30.49 (7.28)	28.0 (6.22)	30.87 (6.20)
Verhaltensmerkmale der ADHS Gesamtscore M (SD)	13.06 (2.88)	13.78 (3.06)	13.46 (3.15)	13.89 (2.99)	15.67 (2.58)
Subtypen nach DSM-IV-TR: n subklinisch unaufmerksamer Typ hyperaktiver Typ Mischtyp Missing	4 7 2 20 3	4 12 2 32 -	3 10 1 32 1	2 4 - 12 1	1 2 - 12 -
Alltagsbelastung Gesamt M (SD)	100.41 (20.42)	103.481 (20.06)	103.61 (22.09)	99.65 (20.38)	101.71 (18.46)
YASR Subskala introvertiert M (SD)	5.36 (2.94)	5.78 (2.76)	5.64 (2.95)	6.16 (3.13)	5.73 (2.43)
YASR körperliche Beschwerden M (SD)	7.35 (3.87)	7.38 (3.81)	7.05 (4.23)	6.87 (4.41)	7.57 (4.30)
YASR Subskala bizarre Gedanken M (SD)	1.8 (1.88)	1.84 (2.01)	1.77 (2.05)	1.18 (1.69)	1.67 (1.99)
YASR Subskala Aufmerksamkeitsprobleme M (SD)	8.74 (2.06)	9.06 (1.99)	9.04 (2.03)	8.93 (1.72)	9.13 (2.00)
YASR Subskala aufdringliches Verhalten M (SD)	5.10 (2.68)	4.93 (2.77)	4.69 (2.75)	5.24 (3.25)	5.06 (2.87)
YASR Subskala aggressives Verhalten M (SD)	6.96 (3.90)	6.65 (3.74)	6.72 (3.88)	5.74 (3.51)	6.27 (3.60)
YASR Subskala delinquentes Verhalten M (SD)	3.27 (2.10)	3.22 (2.09)	3.28 (2.25)	3.02 (1.99)	3.22 (2.38)
Substanzmissbrauch M (SD) Rauchen pro Tag Betrunken 6 Monate Drogen 6 Monate	1.69 (4.28) 4.89 (6.33) 1.17 (3.81)	2.28 (5.05) 4.94 (6.17) 1.12 (3.41)	2.51 (5.22) 5.23 (6.11) 1.26 (3.71)	0.58 (1.61) 5.53 (6.99) 1.11 (4.58)	1.80 (4.06) 6.33 (6.58) 0.40 (1.30)
Medikation n	5 Methylphenidat	7 Methylphenidat	6 Methylphenidat	1 Methylphenidat	1 Methylphenidat
Psychotherapie n	5 mit Medikation kombiniert	6 mit Medikation kombiniert	6 mit Medikation kombiniert	1 mit Medikation kombiniert	1 mit Medikation kombiniert

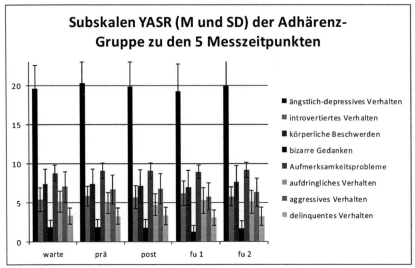

Abbildung 54: Subskalen der YASR (Mittelwerte) der Adhärenz-Gruppe zu den fünf Messzeitpunkten

Die Untersuchungsstichprobe wird in den nun folgenden Abschnitten auf Mittelwertunterschiede zu den jeweiligen Messzeitpunkten untersucht, um die Wirksamkeit des ADHS-Trainings im Hinblick auf Symptomreduktion und Verminderung der erlebten Belastung im Alltag zu überprüfen.

3.5.1.2   Design der Untersuchung

Bei der vorliegenden Hauptuntersuchung handelt es sich um ein Ein-Gruppen-Design mit fünf Messzeitpunkten, zu denen jeweils die abhängigen Variablen ADHS-Symptomatik und Belastung im Alltag erhoben werden. Durch Mittelwertvergleiche (T-Tests für abhängige Stichproben) werden jeweils zwei Messzeitpunkte miteinander verglichen.

Tabelle 114 zeigt die Stichprobengrößen zum jeweiligen Messzeitpunkt. Messzeitpunkt warte findet vier bis sechs Wochen vor Beginn des Trainings statt (n = 36), Messzeitpunkt prä vor der ersten Sitzung (n = 50), Messzeitpunkt post nach der fünften Sitzung (n = 39) und Messzeitpunkt follow-up 1 nach der sechsten Sitzung, also vier bis sechs Wochen nach der fünften Sitzung (n = 19). Follow-up 2 findet vier bis sechs Wochen nach follow-up 1 statt und damit zwei bis vier

Monate nach Trainingsende (n = 15). Abbildung 55 zeigt den Verlauf der Datenerhebung und des Trainings in seiner zeitlichen Abfolge.

Abbildung 55: Design der Untersuchung: die fünf Messzeitpunkte

3.5.1.3 Abhängige Variablen: verwendete Messinstrumente

Um die Wirksamkeit des ADHS-Trainings zu überprüfen, werden wie in den Hypothesen 2a bis 2n in Kapitel 2.7 formuliert, zwei abhängige Variablen betrachtet: Die ADHS-Symptomatik sowie die erlebte Alltagsbelastung. Die ADHS-Symptomatik wird durch den Selbstbeurteilungsbogen „Verhaltensmerkmale der ADHS" (Lauth & Minsel, 2009) erhoben. Um aktuelle Veränderungen in der ADHS-Symptomatik auch erfassen zu können, wurde der Satz aus der Instruktion des Fragebogens entfernt, dass die Verhaltensweise „schon länger als drei Monate beständig" zu beobachten sei.

Die erlebte Alltagsbelastung wird mittels Selbstbeurteilungsfragebogen „Belastende Situationen" erhoben. Der durch die Projektgruppe um Lauth und Minsel 2007 entwickelte Fragebogen erfasst das Belastungsausmaß in acht verschiedenen Anforderungsbereichen auf einer Skala von eins bis zehn („wenig belastend" bis „sehr belastend"). Jeweils zwei Items können einem der acht Anforderungsbereiche „Ordnen, Anfangen, Umsetzen, Einteilen, Planen, Erkennen, Gedächtnis, Soziales" zugeordnet werden. Zudem bildet die Summe der 16 Items einen Gesamt-Belastungsscore, welcher in der vorliegenden Studie verwendet wird. Eine detaillierte Beschreibung der verwendeten Messinstrumente findet sich in den Kapiteln 3.2.4 und 3.2.5, da beide Instrumente auch während der Eingangsdiagnostik eingesetzt wurden.

3.5.1.4   Versuchsdurchführung Studie 2

Alle Teilnehmer wurden wie in Kapitel 3.1 beschrieben rekrutiert und dann wie in Kapitel 3.2 dargestellt in einem diagnostischen Erstgespräch auf ihre Eignung für das Training untersucht. Alle Teilnehmer dieser Untersuchung nahmen nach einer vier- bis sechswöchigen Warteperiode am Gruppentraining für Erwachsene mit ADHS teil (vgl. Kapitel 2.6.3, Abbildung 3). Das Training umfasst fünf Gruppensitzungen im wöchentlichen Abstand sowie eine Auffrischungssitzung vier bis sechs Wochen nach der fünften Sitzung. Als Trainer wurden im Wechsel drei erfahrene und mit dem Projekt vertraute Diplom-Psychologen eingesetzt. Die Daten wurden in Papierform zunächst während des diagnostischen Erstgesprächs erhoben (Messzeitpunkt warte), dann zu Beginn der ersten Trainingssitzung (Messzeitpunkt prä), nach der fünften Sitzung (Messzeitpunkt post) sowie nach der sechsten Sitzung, die vier bis sechs Wochen nach der fünften stattfand (Messzeitpunkt follow-up 1). Schließlich gab es vier bis sechs Wochen nach Abschluss des Trainings eine telefonische Nacherhebung (Messzeitpunkt follow-up 2), während der die Fragebögen durch eine/n Projektmitarbeiter/in mit Einverständnis des Teilnehmers am Telefon abgefragt wurden.

3.5.1.5   Statistische Auswertung

Alle Analysen werden mit dem Statistikprogramm „IBM SPSS Statistics 19" durchgeführt. Es handelt sich um Mittelwertvergleiche (T-Tests für abhängige Stichproben) zwischen jeweils zwei Messzeitpunkten. Um die sieben Hypothesen, die dieser Untersuchung vorausgehen zu überprüfen (vgl. Kapitel 2.7), werden sieben Mittelwertvergleiche für abhängige Stichproben berechnet. Es werden hierfür die Messzeitpunkte warte und prä, prä und post, prä und follow-up 1, prä und follow-up 2, post und follow-up 1, post und follow-up 2 sowie follow-up 1 und follow-up 2 auf signifikante Mittelwertunterschiede verglichen. Da insgesamt sieben Tests mit den abhängigen Variablen gerechnet werden, wird ein nach der Bonferroni-Methode adjustiertes α von $(0.05 / 7) = .0071$ zum Überprüfen der Signifikanz hinzugezogen. Da es sich um gerichtete Hypothesen handelt, wird einseitig getestet. Sowohl bei den signifikanten Mittelwertunterschieden als auch bei beinahe signifikanten Trends werden die Effektstärken d nach Cohen (1988) dargestellt.

3.5.2 Ergebnisse Studie 2

Hypothese 2a nimmt an, dass es zwischen den Messzeitpunkten warte und prä, also vier bis sechs Wochen vor Beginn des Trainings sowie vor der ersten Trainingssitzung keine Unterschiede in der ADHS-Symptomatik gibt. Diese beiden Messzeitpunkte dienen als Kontrollzeitpunkte, zwischen denen keine Intervention stattfand. Hypothese 2h nimmt keine Unterschiede bei der Alltagsbelastung zwischen diesen beiden Messzeitpunkten an. Tabelle 115 zeigt die Ergebnisse der Mittelwertvergleiche (T-Tests für abhängige Stichproben) zwischen den Messzeitpunkten warte und prä. Es finden sich wie erwartet für keine der untersuchten abhängen Variablen signifikante Unterschiede. Die Hypothesen 2a und 2h werden damit bestätigt.

Tabelle 115: T-Tests für abhängige Stichproben zwischen den Messzeitpunkten warte und prä für die AVen ADHS-Symptomatik und Alltagsbelastung

$n = 34$	M (SD) warte	M (SD) prä	t	df	p (einseitig)
Verhaltensmerkmale der ADHS Gesamt	13.06 (2.92)	13.06 (2.88)	0	32	.50
Verhaltensmerkmale der ADHS AD	7.15 (1.52)	7.0 (1.58)	0.709	32	.242
Verhaltensmerkmale der ADHS H/ Imp.	5.59 (2.45)	5.94 (2.34)	-1.307	33	.10
Alltagsbelastung Gesamt	105.36 (19.68)	101.88 (21.23)	1.22	32	.116

Hypothese 2b nimmt an, dass es zwischen den Messzeitpunkten prä (vor Beginn der ersten Sitzung des ADHS-Trainings) und post (nach der fünften Trainingssitzung) eine signifikante Abnahme der ADHS-Symptomatik gibt. Hypothese 2i macht die gleiche Annahme für die erlebte Belastung im Alltag. Hier geht es also um die Kernfrage der Untersuchung, ob das Gruppentraining für Erwachsene mit ADHS einen mildernden Einfluss auf ADHS-Symptomatik und erlebte Alltagsbelastung hat. Tabelle 116 zeigt die Ergebnisse der Mittelwertvergleiche zu diesen Messzeitpunkten. Auf dem Signifikanzniveau von α =

.0071 findet sich gemäß der Hypothesen ein signifikanter Unterschied für die ADHS-Symptomatik insgesamt (M = 13.67, SD = 3.2 prä, M = 12.13, SD = 3.16 post, t = 2.891, df = 38, p = .003). Dies ergibt eine Effektstärke nach Cohen (1988) von d = 0.48. Dieser Effekt liegt im mittleren Bereich (Sedlmeier & Renkewitz, 2007). Ein ebenfalls in die erwartete Richtung beinahe signifikanter Trend lässt sich für die Subskala Unaufmerksamkeit der ADHS-Symptomatik finden (M = 7.39, SD = 1.50 prä, M = 6.48, SD = 1.41 post, t = 2.297, df = 37, p = .013). Die Stärke des Effekts ist mit d = 0.38 jedoch eher als schwach zu bezeichnen. Für die Subskala Hyperaktivität / Impulsivität zeigt sich kein signifikanter Effekt zwischen den Messzeitpunkten prä und post. Somit kann Hypothese 2b teilweise als bestätigt gelten: Auf die Gesamtsymptomatik ADHS sowie auf die Subskala Unaufmerksamkeit scheint das Gruppentraining für Erwachsene mit ADHS einen positiven Einfluss im Sinne einer Symptomreduktion zu haben. Für die Subskala Hyperaktivität / Impulsivität lässt sich dieser Effekt jedoch nicht nachweisen. Die Alltagsbelastung nimmt wie in Hypothese 2i erwartet zwischen den Messzeitpunkten prä und post signifikant ab (M = 102.58, SD = 20.88 prä, M = 95.58, SD = 20.41 post, t = 2.940, df = 35, p = .003), wenn auch die Effektstärke mit d = 0.34 als eher schwach einzustufen ist. Hypothese 2i wird also bestätigt.

Tabelle 116: T-Tests für abhängige Stichproben zwischen den Messzeitpunkten prä und post für die AVen ADHS-Symptomatik und Alltagsbelastung

$n = 39$	$M (SD)$ prä	$M (SD)$ post	t	df	p (einseitig)
Verhaltensmerkmale der ADHS Gesamt	13.67 (3.20)	12.13 (3.16)	2.891	38	.003 ** $d = 0.48$
Verhaltensmerkmale der ADHS AD	7.39 (1.50)	6.84 (1.41)	2.297	37	.013 * $d = 0.38$
Verhaltensmerkmale der ADHS H/ Imp.	6.18 (2.38)	5.72 (2.84)	1.311	38	.099
Alltagsbelastung Gesamt	102.58 (20.88)	95.58 (20.41)	2.940	35	.003 ** $d = 0.34$

Hypothese 2c und 2j beziehen sich auf die Messzeitpunkte prä und follow-up 1, also unmittelbar vor Beginn des Trainings und nach der sechsten Trainingssitzung (vier bis sechs Wochen nach der fünften Sitzung). Hier werden sowohl eine signifikante Abnahme der ADHS-Symptomatik sowie der Belastung im Alltag erwartet. Es wird also erwartet, dass die Wirksamkeit des Trainings auch nach der vier- bis sechswöchigen Interventionspause zwischen der fünften und sechsten Sitzung, der sogenannten Auffrischungssitzung, bestehen bleibt. Tabelle 117 zeigt die Ergebnisse der T-Tests für abhängige Stichproben zwischen den genannten Messzeitpunkten. Es zeigt sich auf dem Signifikanzniveau von $\alpha = .0071$ ein beinahe signifikanter Trend für die ADHS-Symptomatik insgesamt ($M = 14.05$, $SD = 2.99$ prä, $M = 11.74$, $SD = 2.81$ follow-up 1, $t = 2.409$, $df = 18$, $p = .014$). Die Effektstärke kann mit $d = 0.80$ als stark bezeichnet werden (Sedlmeier & Renkewitz, 2007). Der deutlichste und als einziger signifikante Unterschied zwischen den Messzeitpunkten prä und follow-up 1 zeigt sich ist bei der Subskala Unaufmerksamkeit ($M = 7.55$, $SD = 1.40$ prä, $M = 6.15$, $SD = 1.66$ follow-up 1, $t = 3,339$, $df = 19$, $p = .002$). Die Effektstärke liegt mit $d = 0.91$ im hohen Bereich. Für die Subskala Hyperaktivität / Impulsivität lässt sich kein signifikanter Unterschied zwischen den Messzeitpunkten prä und follow-up 1 finden. Hypothese 2c kann also in Teilen bestätigt werden: Es finden sich Verringerungen in der Gesamt-ADHS-Symptomatik sowie in der Subskala Unaufmerksamkeit, jedoch nicht in der Subskala Hyperaktivität / Impulsivität. Für die Alltagsbelastung findet sich beinahe signifikanter Trend in die erwartete Richtung ($M = 100.50$, $SD = 19.30$ prä, $M = 92.80$, $SD = 22.57$ follow-up 1, $t = 2.006$, $df = 19$, $p = .026$). Es zeigt sich für diesen Trend eine eher schwache Effektstärke von $d = 0.37$. Hypothese 2j kann also nicht bestätigt werden.

Tabelle 117: T-Tests für abhängige Stichproben zwischen den Messzeitpunkten prä und follow-up 1 für die AVen ADHS-Symptomatik und Alltagsbelastung

$n = 22$	M (SD) prä	M (SD) follow-up 1	t	df	p (einseitig)
Verhaltensmerkmale der ADHS Gesamt	14.05 (2.99)	11.74 (2.81)	2.409	18	.014 * $d=0.80$
Verhaltensmerkmale der ADHS AD	7.55 (1.40)	6.15 (1.66)	3.339	19	.002 ** $d = 0.91$
Verhaltensmerkmale der ADHS H/ Imp.	6.45 (2.24)	5.86 (2.10)	1.033	21	.157
Alltagsbelastung Gesamt	100.50 (19.30)	92.80 (22.57)	2.006	19	.026 * $d = 0.37$

Entsprechend der Hypothesen 2d und 2k wird angenommen, dass sich die ADHS-Symptomatik sowie die Alltagsbelastung zwischen den Messzeitpunkten prä (vor Beginn des Trainings) und follow-up 2 (vier bis sechs Wochen nach der

Auffrischungssitzung) signifikant verringern. Wie Tabelle 118 zeigt, wird dies
sowohl für die Gesamtskala der ADHS-Symptomatik als auch für die beiden
Subskalen Unaufmerksamkeit und Hyperaktivität / Impulsivität bestätigt, die
Ergebnisse der T-Tetst für abhängige Stichproben liegen sogar im hochsignifi-
kanten Bereich (ADHS-Gesamtskala: $M = 15.57$, $SD = 2.58$ prä, $M = 11.67$, SD
$= 2.85$ follow-up 2, $t = 5.205$, $df = 14$, $p < .001$; Subskala Unaufmerksamkeit: M
$= 8.13$, $SD = 1.25$ prä, $M = 5.67$, $SD = 1.68$ follow-up 2, $t = 5.069$, $df = 14$, $p <$
$.001$; Subskala Hyperaktivität / Impulsivität: $M = 7.53$, $SD = 1.69$ prä, $M = 6.0$,
$SD = 1.81$ follow-up 2, $t = 3.286$, $df = 14$, $p = .003$). Die Effektstärken verdeutlichen diese Ergebnisse. Sie liegen für die Gesamtskala mit $d = 1.47$, für die Subskala Unaufmerksamkeit mit $d = 1.66$ und für die Subskala Hyperaktivität / Impulsivität mit $d = 0.87$ im durchweg hohen Bereich (Sedlmeier & Renkewitz,
2007). Hypothese 2d wird also bestätigt. Für die Gesamtskala der Alltagsbelastung zeigt sich ebenfalls ein Effekt in die erwartete Richtung: Der T-Test für
abhängige Stichproben kann zwischen den Messzeitpunkten prä und follow-up 2
statistisch signifikante Mittelwertunterschiede aufzeigen ($M = 101.71$, $SD =$
18.46 prä, $M = 84.32$, $SD = 19.08$ follow-up 2, $t = 2.879$, $df = 13$, $p = .006$). Die
Stärke des Effekts liegt bei $d = 0.92$ und damit im hohen Bereich. Hypothese 2k
kann damit angenommen werden.

Tabelle 118: T-Tests für abhängige Stichproben zwischen den Messzeitpunkten prä und follow-up 2 für die AVen ADHS-Symptomatik und Alltagsbelastung

$n = 15$	M (SD) prä	M (SD) follow-up 2	t	df	p (einseitig)
Verhaltensmerk- male der ADHS Gesamt	15.67 (2.58)	11.67 (2.85)	5.205	14	>.001 ** $d = 1.47$
Verhaltensmerk- male der ADHS AD	8.13 (1.25)	5.67 (1.68)	5.069	14	>.001 * $d = 1.66$
Verhaltensmerk- male der ADHS H/ Imp.	7.53 (1.69)	6.00 (1.81)	3.286	14	.003 ** $d = 0.87$
Alltagsbelastung Gesamt	101.71 (18.46)	84.43 (19.08)	2.879	13	.006 ** $d = 0.92$

Die weiteren Hypothesen beschäftigen sich mit der Stabilität der Symptomminderung beziehungsweise der verminderten Alltagsbelastung nach Trainingsende im Sinne von Langzeiteffekten. Hypothese 2e und 2l beziehen sich

auf die Messzeitpunkte post (nach der fünften Trainingssitzung) und follow-up 1 (nach der sechsten Trainingssitzung, vier bis sechs Wochen nach der fünften Sitzung). Hierfür werden keine Mittelwertunterschiede in der ADHS-Symptomatik und der Alltagsbelastung erwartet. Tabelle 119 zeigt die Ergebnisse der T-Tests für abhängige Stichproben zwischen den genannten Messzeitpunkten: Es zeigen sich keine signifikanten Mittelwertunterschiede und auch keine beinahe signifikanten Trends. Hypothese 2e und 2l können somit bestätigt werden.

Tabelle 119: T-Tests für abhängige Stichproben zwischen den Messzeitpunkten post und follow-up 1 für die AVen ADHS-Symptomatik und Alltagsbelastung

n = 19	M (SD) post	M (SD) follow-up 1	t	df	p (einseitig)
Verhaltensmerkmale der ADHS Gesamt	11.38 (2.83)	11.94 (3.02)	-1.187	15	.127
Verhaltensmerkmale der ADHS AD	6.35 (1.84)	6.00 (1.97)	1.144	16	.135
Verhaltensmerkmale der ADHS H/ Imp.	6.00 (3.02)	6.21 (2.04)	-0.313	18	.379
Alltagsbelastung Gesamt	97.82 (21.55)	88.35 (28.353)	1.501	16	.076

Hypothese 2f und 2m erwarten, dass es zwischen den Messzeitpunkten post (nach der fünften Trainingssitzung) und follow-up 2 (vier bis sechs Wochen nach der sechsten Trainingssitzung, zwei bis drei Monate nach Trainingsende) keine signifikanten Mittelwertunterschiede für die ADHS-Symptomatik und für die Belastung im Alltag gibt, sondern dass die Effekte des Trainings sich in diesem Zeitraum stabilisieren. Wie in Tabelle 120 dargestellt, können die Hypothese 2f und 2m bestätigt werden: Weder für die Gesamtskala der ADHS-Symptomatik noch für eine der beiden Subskalen Unaufmerksamkeit und Hyperaktivität / Impulsivität noch für die Gesamtskala der Belastung im Alltag lassen sich signifikante Unterschiede in den berechneten T-Tests für abhängige Stichproben finden. Jedoch findet sich ein nicht signifikanter Trend für die Belastung im Alltag ($M = 96.36$, $SD = 18.16$ post, $M = 84.64$, $SD = 19.09$ follow-up 2, $t = 2.107$, $df = 10$, $p = .031$, Effektstärke $d = 0.63$): Die Kursteilnehmer fühlen sich im Durchschnitt unmittelbar nach Trainingsende etwas mehr belastet als zwei bis drei Monate nach Trainingsende, wenn auch dieser Effekt aufgrund des adjustierten α von .0071 keine statistische Signifikanz erreicht.

Tabelle 120: T-Tests für abhängige Stichproben zwischen den Messzeitpunkten post und follow-up 2 für die AVen ADHS-Symptomatik und Alltagsbelastung

n= 11	M (SD) post	M (SD) follow-up 2	t	df	p (einseitig)
Verhaltensmerkmale der ADHS Gesamt	12.73 (3.58)	12.45 (2.88)	0.232	10	.821
Verhaltensmerkmale der ADHS AD	7.10 (1.20)	6.10 (1.85)	1.268	9	.237
Verhaltensmerkmale der ADHS H/ Imp.	7.18 (3.37)	6.36 (1.96)	0.737	10	.478
Alltagsbelastung Gesamt	96.36 (18.16)	84.64 (19.08)	2.107	10	.031 * d =0.63

Schließlich gehen Hypothese 2g und 2n davon aus, dass sich zwischen den beiden Zeitpunkten follow-up 1 und follow-up 2 keine Mittelwertunterschiede feststellen lassen. Es wird vermutet, dass ADHS-Symptomatik und Alltagsbelastung zu diesen Zeitpunkten ein bis drei Monate nach Trainingsende stabil auf einem niedrigeren Niveau als vor Beginn des Trainings bleiben. Wie Tabelle 121 deutlich macht, zeigen sich für keine der hier untersuchten abhängigen Variablen signifikante Mittelwertunterschiede in den berechneten T-Tests für abhängige Stichproben. Sowohl Hypothese 2g als auch Hypothese 2n können demnach angenommen werden.

*Tabelle 121: T-Tests für abhängige Stichproben zwischen den Messzeitpunkten follow up 1
und follow-up 2 für die AVen ADHS-Symptomatik und Alltagsbelastung*

n = 11	M (SD) follow-up 1	M (SD) follow-up 2	t	df	p (einseitig)
Verhaltensmerk-male der ADHS Gesamt	11.89 (2.52)	11.00 (2.87)	1.126	8	.147
Verhaltensmerk-male der ADHS AD	6.00 (1.12)	5.67 (1.73)	0.577	8	.290
Verhaltensmerk-male der ADHS H/ Imp.	6.27 (2.05)	5.55 (1.75)	1.551	10	.076
Alltagsbelastung Gesamt	96.22 (14.07)	85.00 (23.00)	1.336	8	.109

Abbildung 56 stellt die Mittelwerte und Standardabweichungen der ADHS-
Symptomatik insgesamt sowie der beiden Subskalen Unaufmerksamkeit und
Hyperaktivität / Impulsivität grafisch dar. Die oben beschriebene Abnahme der
ADHS-Symptomatik zwischen den Messzeitpunkten prä und post lassen sich
deutlich erkennen. Abbildung 57 zeigt den Verlauf der Alltagsbelastung über die
fünf Messzeitpunkte. Eine leichte Abnahme der Belastung zwischen den Messzeitpunkten prä und post sowie follow-up 1 und follow-up 2 lässt sich erkennen.

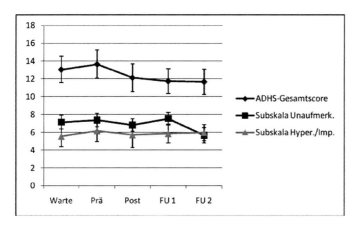

Abbildung 56: Mittelwerte der ADHS-Symptomatik über die fünf Messzeitpunkte

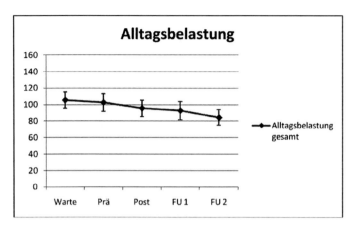

Abbildung 57: Mittelwerte der erlebten Alltagsbelastung über die fünf Messzeitpunkte

Für Studie 2 ist schlussfolgernd festzuhalten: Anhand der Mittelwertver-gleiche zwischen den hier untersuchten fünf Messzeitpunkten ließ sich feststel-len, dass das behaviorale Gruppentraining für Erwachsene mit ADHS nach Lauth & Minsel (2009), wie in den Hypothesen 2a bis 2n angenommen, sowohl einen Rückgang der ADHS-Symptome insgesamt sowie vorwiegend für die Subskala Unaufmerksamkeit bewirkt, als auch eine Minderung der erlebten Be-lastung im Alltag. Diese Effekte bleiben auch nach Trainingsende stabil und las-sen sich zum zweiten Follow-up-Zeitpunkt zwei bis drei Monate nach Ende der Intervention noch nachweisen. Es konnten also erste positive Langzeiteffekte des behavioralen Gruppentrainings für Erwachsene mit ADHS nachgewiesen werden.

4 Diskussion der Ergebnisse

Ziel dieser Arbeit war die Evaluation des behavioralen Gruppentrainings für Erwachsene mit ADHS nach Lauth und Minsel (2009) durch zwei methodisch unterschiedliche Herangehensweisen. Das Gruppentraining basiert auf dem biopsychosozialen Bedingungsmodell der ADHS, dargestellt in Kapitel 2.5.4 (vgl. Abbildung 2). Es setzt an den psychischen Folgen beim Individuum und den daraus entstehenden Alltagsproblemen wie mangelhaft ausgebildeten Kompetenzen im Bereich der exekutiven Funktionen an (Barkley, 1997a, 1997b; Knouse et al., 2007; Mick et al., 2008). Unzureichende Aufmerksamkeit, mangelnde Konzentration, hohe Ablenkbarkeit, eine geringe Selbstkontrolle und unzureichendes Selbstmanagement werden im Training thematisiert. Unangebrachte Verhaltensweisen sollen reduziert und durch angebrachte ersetzt werden und ungünstige Verhaltensbedingungen sollen dauerhaft geändert werden. Biologische und soziale Bedingungsfaktoren, die bei der individuellen Entstehungsgeschichte einer ADHS eine zentrale Rolle spielen (vgl. Barkley 1997a, 1997b; Barkley et al., 2008; Döpfner et al., 2007; Konrad & Gilsbach, 2007; Laucht et al., 2007; Lesch et al., 2008; Monastra et al., 2001; Schimmelmann et al., 2006), stehen dagegen weniger im Fokus der Intervention. Die Ergebnisse der Wirksamkeitsüberprüfung sollen nun vor dem Hintergrund des aktuellen Forschungsstandes diskutiert werden.

Übereinstimmend mit bisherigen Studien, die die Wirksamkeit verhaltenstherapeutisch orientierter Interventionen für Erwachsene mit ADHS nachweisen konnten (Bramham, Young, Bickerdike et al., 2009; Salakari et al., 2010; Stevenson et al., 2002, 2003; Virta et al., 2008; Wiggins et al. 1999), lässt sich aus den Ergebnissen der beiden empirischen Studien dieser Arbeit ableiten, dass das behaviorale Gruppentraining für Erwachsene mit ADHS nach Lauth und Minsel (2009) im Hinblick auf die Reduzierung der Symptome und die Verminderung der erlebten Alltagsbelastung in problembehafteten Anforderungsbereichen weitgehend wirksam ist.

Wie einleitend dargestellt wurde, fordert die American Psychological Association (APA) die Einhaltung folgender Richtlinien für eine gut belegte Wirksamkeit von Therapieformen (Buchkremer & Klingberg, 2001; Hager,

2000): „I. Mindestens zwei Gruppenuntersuchungen, die von verschiedenen Forschern bzw. Forschergruppen durchgeführt wurden und die die Wirksamkeit der Therapie durch mindestens einen der folgenden Nachweise belegen: A Die Therapie ist einer anderen Behandlung oder Placebo-Behandlung überlegen. B In Studien mit adäquater statistischer Teststärke [...] wird die Vergleichbarkeit mit einer bereits als gesichert geltenden Therapieform nachgewiesen." Oder: „II. eine große Anzahl von Einzelfallstudien (> 9), welche die Wirksamkeit der Therapie belegen. Die Studien müssen A einen experimentellen Versuchsplan haben und B die Wirksamkeit der fraglichen Interventionsmethode mit einer anderen Be-handlungsform vergleichen." „III. Die untersuchten Therapien müssen auf Behandlungsmanualen basieren"; „IV. Die Charakteristika der jeweiligen Stichproben müssen klar spezifiziert werden".

Bei der Planung der vorliegenden Arbeit wurde großer Wert auf die Einhaltung dieser Richtlinien gelegt. Dennoch gibt es einige Einschränkungen, die im Folgenden erörtert werden sollen. Diese Einschränkungen sind im Sinne der kontrollierten Praxis (Petermann, 1996) dadurch bedingt, dass es sich um quasi-experimentelle Feldstudien und nicht um Untersuchungen unter Laborbedingungen handelt. Forderung I konnte nicht vollständig erfüllt werden, da es sich hier um eine Gruppenuntersuchung handelt, in der die untersuchte Intervention lediglich mit einer Warte-Kontrollgruppe, nicht aber mit einer anderen Behandlung oder einer Placebo-Behandlung verglichen wurde. Der Grund hierfür liegt in der praktischen Umsetzbarkeit: Da erste Pilotstudien (Lauth & Minsel, 2009; Lauth, Breuer & Minsel, 2010) bereits eine gewissen Wirksamkeit nachweisen konnten, wurde das Training an der Universität zu Köln als kostenfreies Hilfsangebot für Studierende mit ADHS angeboten. Die Teilnehmer beider Studien sind also Studierende, die sich freiwillig zur Teilnahme am Training anmeldeten, da sie sich konkrete Hilfe in ihrem Alltag erhofften. Eine Placebo-Gruppe wäre hierbei ethisch nicht vertretbar gewesen. Der Vergleich des behavioralen Gruppentrainings mit einer anderen als gesichert geltenden Therapieform war aus dem Grunde nicht umsetzbar, da es zum Zeitpunkt der Untersuchungsplanung und -durchführung im deutschsprachigen Raum kein vergleichbares Gruppentraining zur Behandlung von Erwachsenen mit ADHS gab. Forderung II der APA–Richtlinien führt die Alternative an, mehr als neun Einzelfallanalysen anstelle der unter Punkt I geforderten Gruppenuntersuchungen zur Wirksamkeitsüberprüfung heranzuziehen. Dieser Forderung konnte in Studie 1 der vorliegenden Arbeit nicht vollständig entsprochen werden: Lediglich acht der 27 Teilnehmer aus den drei untersuchten Kursen nahmen ausreichend lange an der zwei Mal pro Woche stattfindenden Befragung teil und lieferten damit verwertbare Datensätze. Die engmaschige Befragung über den Zeitraum von mindestens drei Monaten verlangt den Teilnehmern eine hohe Compliance und auch ein gewisses Durchhaltevermögen ab. Wie in Kapitel 2.1 zum Erscheinungsbild der ADHS dargestellt wurde, zeichnen sich Erwachsene mit ADHS häufig durch große Vergesslichkeit, hohe Ablenkbarkeit, ein mangelhaftes Selbstmanagement sowie durch eine geringe Ausdauer bei der Erledigung von Aufgaben aus (Adam et al., 2002; Goodman, 2007; Konrad & Rösler, 2009; Wender, 1995; Weyandt & DuPaul, 2006). Gründe hierfür liegen nach dem biopsychosozialen Bedingungsmodell der ADHS in mangelnden exekutiven Funktionen, die wiederum zumindest teilweise durch genetische, neurobiologische oder neuropsychologische Besonderheiten bedingt sind (vgl. Kapitel 2.5). Das Ausfüllen des immer wieder selben Fragebogens kann schnell als langweilige Routine empfunden werden und damit selbst zu einer Alltagsbelastung werden. Gerade solche Arbeiten werden von Erwachsenen ADHS-Betroffenen häufig entweder bewusst gemieden oder schlichtweg vergessen. So könnte ein Grund für die mangelnde Teilnehmerzahl in Studie 1 im Störungsbild der ADHS selbst begründet liegen. Die vorliegende Arbeit verbindet Forderung I und II der APA miteinander, in dem sie die Wirksamkeit durch zwei methodisch unterschiedliche Zugänge überprüft. So ergänzen sich die spezifischen Ergebnisse der Einzelfallanalysen auf der einen Seite und die weniger detaillierten doch an deutlich größerer Stichprobe ermittelten und daher besser generalisierbaren Ergebnisse der Gruppenuntersuchung auf der anderen Seite gegenseitig.

Die Einzelfallstudien wurden sorgsam geplant und kontrolliert durchgeführt, so dass Forderung II A nach einem experimentellen Versuchsplan erfüllt wurde. Nach der Erhebung der Grundrate wurden die vorher genau definierten unabhängigen Variablen zu einem festgesetzten Zeitpunkt eingesetzt, und deren Einfluss auf die abhängigen Variablen, die erlebte Alltagsbelastung, wurde untersucht. Forderung II B konnte aus demselben Grund wie Forderung I A und I B in Bezug auf die Gruppenuntersuchung nicht erfüllt werden: Eine Placebo- oder Alternativbehandlung wäre im Rahmen der Durchführung der Intervention ethisch nicht vertretbar gewesen. Die dritte Forderung wurde vollständig erfüllt: Bei der Durchführung des behavioralen Gruppentrainings für Erwachsene mit ADHS hielten sich die Trainer eng an das Trainingsmanual von Lauth und Minsel (2009), welches detaillierte Anweisungen für jede der sechs Trainingssitzungen enthält. Die vierte Forderung nach den Charakteristika der Stichprobe wurde dahingehend erfüllt, dass die Teilnehmer sowohl der Einzelfall- als auch der Gruppenuntersuchung genau in ihren demografischen und klinischen Merkmalen beschrieben wurden. Um mögliche systematische Effekte der Drop-Outs aufzudecken, wurden in Studie 2 zusätzliche Voranalysen durchgeführt (Abschnitt 3.5.1.1.2 Voranalyse: Vergleich von Adhärenz- und Dropout-Gruppe), die kaum relevante Gruppenunterschiede aufzeigen konnten. Bei den Teilnehmern beider Untersuchungen handelt es sich um Studierende an Universitäten und Fachhochschulen in Nordrhein-Westfalen, größtenteils aus Köln. Diese Besonderheit der Stichprobe muss bei der Interpretation der Ergebnisse beachtet werden: Bei Studierenden mit ADHS fand bereits eine gewisse Selektion statt, da es sich um diejenigen handelt, die trotz ihres Störungsbildes das Abitur geschafft haben. Wilmshurst, Peele und Wilmshurst (2010) vermuten aufgrund einer Untersuchung über Selbstkonzept und Wohlbefinden von Studierenden mit und ohne ADHS, dass es sich bei Studierenden mit ADHS um eine besonders resiliente Gruppe handelt, da sie trotz ihrer Beeinträchtigung den höchsten Schulabschluss und damit die Qualifikation zum Studieren erreicht hat. Um dieser Vermutung weiter nachzugehen, könnten psychologische Parameter wie Selbstkonzept, Motivation, soziale Unterstützung, Wohlbefinden oder Lebenszufriedenheit in künftigen Untersuchungen zusätzlich mit erhoben werden.

Laut Buchkremer und Klingberg (2001) nennt die APA außer diesen Forderungen, die eine Therapie erfüllen sollte, wenn sie als „gut etabliert" bezeichnet werden soll, noch drei Forderungen in abgemildeter Form, die bei Einhaltung für eine „vermutlich wirksame Therapie" sprechen (Buchkremer & Klingenberg, 2001, S. 25): „I. Zwei Experimente zeigen, dass die Therapie gegenüber einer Wartelisten-Kontrollgruppe effektiver ist, II. eine oder mehrere Studien erfüllen die Kriterien I, III und IV, aber die Studien stammen nicht aus unterschiedlichen Forschergruppen oder III. eine kleine Serie von Einzelfallexperimenten (n > 3), die ansonsten aber die Kriterien für empirisch validierte Therapien von II, III und IV erfüllen".

Diese Forderungen, welche als durch die APA geforderte Mindestanforderungen angesehen werden können, wurden in der vorliegenden Arbeit erfüllt: Studie 1 und 2 belegen beide die Wirksamkeit des behavioralen Gruppentrainings für Erwachsene mit ADHS (Forderung I), diese erfüllen Forderung III nach einem Vorgehen nach Behandlungsmanual sowie Forderung IV nach einer klaren Spezifikation der Stichproben, stammen aber nicht aus unterschiedlichen

Forschergruppen (II) und auch Forderung III nach einer kleinen Serie von Einzelfallexperimenten wurde in Studie 1 dieser Arbeit erfüllt.

Nachdem die Ergebnisse beider Untersuchungen in den Kapiteln 4.1 und 4.2 zunächst getrennt voneinander diskutiert werden, sollen sie in Kapitel 5 gemeinsam betrachtet werden, wobei Implikationen für Forschung und Praxis abgeleitet werden sollen.

4.1   Ergebnisdarstellung und Diskussion Studie 1

Die Hypothesen, die Studie 1 vorangestellt waren, nahmen eine Abnahme der Alltagsbelastung im Verlauf der Intervention an (vgl. Kapitel 2.7, Hypothese 1a und 1b). Die in den Abschnitten 3.4.2.1 bis 3.4.2.8 aufgeführten Einzelfallanalysen zur Überprüfung der Wirksamkeit des behavioralen Gruppentrainings nach Lauth und Minsel (2009) ergeben vier Responder (Teilnehmer A, B, C und E), die deutlich von der Teilnahme am ADHS-Training in Form einer Reduktion ihrer erlebten Belastung im Alltag profitieren konnten, so wie vier Non-Responder (Teilnehmer D,F,G und H), deren Alltagsbelastung sich im Verlauf des Trainings nicht verringerte. Als abhängige Variablen dienten hierbei bei jedem Teilnehmer die drei Anforderungsbereiche, erhoben durch den „Fragebogen zum Funktionsniveau", die während der Grundrate als am stärksten belastend erlebt wurden. Die Entscheidung, ob ein Teilnehmer letztendlich als „Responder" oder „Non-Responder" beurteilt wird, wurde auf Basis der Ergebnislage einerseits durch die visuelle Analyse des Kurvenverlaufs der Alltagsbelastung, andererseits durch die beiden berechneten Kennwerte Prozentsatz-Nichtüberlappender-Daten (PND, vgl. Kern, 1997) und Effektstärke d nach Cohen (1988) getroffen. Hierbei werden jeweils die vor Beginn der Intervention erhobene Grundrate mit der Interventionsphase und Follow-Up-Phase in Beziehung gesetzt. Die Ergebnisse zeigen, dass Hypothese 1a und 1b jeweils bei vier Teilnehmern angenommen werden können und dem gegenüber bei vier Teilnehmern abgelehnt werden müssen.

Zwei methodische Besonderheiten sind zu diskutieren: Wie in Abschnitt 3.4.1.5 bereits angemerkt, sind die Datenreihen einer Person über viele Messzeitpunkte zu Grund- und Interventionsraten möglicherweise seriell voneinander abhängig. Kern bezeichnet die Problematik einer seriellen Abhängigkeit der Daten als „Konfundierung von Interventions- und Reihenfolgeeffekt" (Kern, 1997, S. 195). Stochastische Modelle wie beispielsweise ARIMA, die diese Abhängigkeiten mit berücksichtigen, setzen jedoch Datenreihen von mindestens 50 bis 100 Messzeitpunkten voraus (Petermann, 1996). Diese Voraussetzung konnte aufgrund des quasiexperimentellen Designs der vorliegenden Untersuchung nicht erfüllt werden. Vielmehr handelt es sich um Datenreihen zwischen 17 und 26 Messzeitpunkten, erhoben über einen Zeitraum von drei bis vier Monaten. Der zweite Aspekt ist eine mögliche Reaktivität der Teilnehmer durch die Selbstbeobachtung der eigenen Alltagsbelastung. Inwieweit es Einflüsse der gedanklichen Auseinandersetzung durch die Befragung mittels „Fragebogen zum Funktionsniveau" auf die Beurteilung der Alltagsbelastung geben kann, ist schwer zu beantworten. Einige Schwankungen in der Grundrate lassen sich in Richtung eines Selbstbeobachtungseffektes interpretieren. Die steigenden Grundraten bei Teilnehmer D beispielsweise, welche eine Zunahme der erlebten Alltagsbelastung vor Einsetzen der Intervention ausdrücken, können als ein stärkeres Bewusstwerden der eigenen Problematik gedeutet werden. Auf das Problem der Reaktivität beim Forschungskontakt weist Esser (1975) hin. Dabei ist festzuhalten, dass mögliche reaktive Verhaltensweisen in jeder psychologischen Studie, deren abhängige Variablen mittels Selbstbeobachtung erhoben werden, ein unumgängliches Phänomen darstellen. Im Folgenden sollen die Ergebnisse der acht Einzelfallanalysen vor dem Hintergrund der Gesamtergebnisse diskutiert werden.

Teilnehmer A wird als Responder bezeichnet, da sich seine erlebte Belastung sowohl insgesamt als auch in zwei der drei untersuchten Anforderungsbereichen, Gedächtnis und Planen, im Verlauf des Trainings deutlich verringerte. Ein Zusammenhang zwischen einer Belastungsabnahme und den in den einzelnen Trainingssitzungen behandelten Inhalten lässt sich jedoch bei Betrachtung der Kurvenverläufe nicht erkennen. Die größte Abnahme der erlebten Belastung in den einzelnen Anforderungsbereichen lässt sich zwischen Trainingssitzung eins und zwei beziehungsweise zwei und drei erkennen. Möglicherweise sind Effekte der Psychoedukation zu Beginn des Gruppentrainings in ihrer Auswirkung auf die erlebte Belastung so stark, dass die eigentliche inhaltliche Auseinandersetzung mit den einzelnen als belastend erlebten Anforderungsbereichen sich anschließend nicht mehr deutlich niederschlägt. Ähnliche Kurvenverläufe mit einer frühen Abnahme der erlebten

Belastung lassen sich auch bei den übrigen als Respondern eingeschätzten Teilnehmern B,C und E erkennen. Dies spricht dafür, dass die einzelnen Trainingsbausteine nicht unabhängig voneinander auf jeweils einen spezifischen Anforderungsbereich wirken, sondern dass es Transfereffekte im Sinne von themenübergreifenden Lernstrategien oder Veränderungen in der erlebten Alltagsbelastung durch ein besseres Verständnis für ADHS an sich gibt. Nach Ansicht von D´Amelio, Rösler und Retz (2009) sollte Psychoedukation bei der psychotherapeutischen Behandlung von Erwachsenen mit ADHS eine zentrale Rolle spielen. Neben der reinen Information über die Störung hat sie zum Ziel, Selbstmanagement- und Selbstregulationsfertigkeiten anzuregen und die Compliance für die Behandlung sowie die Interaktion mit anderen Betroffenen zu verbessern (D´Amelio et al., 2009). Möglicherweise hat auch die Gruppe per se einen positiven Einfluss auf die erlebte Alltagsbelastung (Watzke et al., 2004). Im Fragebogen zur Teilnehmerzufriedenheit (Lauth & Minsel, 2009) nennen viele Teilnehmer den Austausch mit anderen von ADHS betroffenen Personen in ähnlichen Lebenssituationen als wesentlichen Aspekt der Intervention.

Bei der Interpretation der Ergebnisse der Einzelfallanalyse von Teilnehmer A sind einige Einschränkungen anzumerken: Zunächst ist die relative Kürze der Datenreihe zu nennen. Mit neun Messzeitpunkten während der Grundrate und acht während der Interventionsrate liegt Teilnehmer A deutlich unter den im Design der Untersuchung geplanten 36 Messzeitpunkten (vgl. Abbildung 4 in Abschnitt 3.4.1.2). Dies führt unmittelbar zu einer weiteren Einschränkung: Teilnehmer A blieb dem ADHS-Training nach der vierten Sitzung fern und beantwortete auch keine Fragebögen mehr. Dadurch können keinerlei Aussagen über mögliche Langzeiteffekte des Trainings gemacht werden. Außerdem fällt bei der Betrachtung aller vier Kurvenverläufe von Teilnehmer A auf, dass es ab Messzeitpunkt 13 keinerlei Variation mehr gibt, die Werte bleiben von Messzeitpunkt 13 bis 17 ohne die geringste Schwankung stabil. Zwei Gründe hierfür können an dieser Stelle diskutiert werden: Entweder die wahrgenommene Belastung von Teilnehmer A blieb ab der dritten Trainingssitzung (ab Messzeitpunkt 13) tatsächlich stabil. Dies lässt sich auch auf den Abbruch des Trainings übertragen: Möglicherweise reduzierte sich die wahrgenommene Belastung im Alltag so weit, dass er eine weitere Teilnahme nicht für nötig hielt. Oder aber Teilnhmer A hat schlichtweg aus mangelnder Compliance immer dieselben Werte im Fragebogen eingetragen. Wenn man diese zweite Erklärung annimmt, könnte man das Fernbleiben nach der vierten Trainingssitzung als tatsächlichen

Trainingsabbruch interpretieren. Letztendlich bleiben diese beiden Erklärungs-
versuche aber im Bereich der Spekulation, da keine weiteren Informationen über
die Gründe des vorzeitigen Ausstiegs vorliegen.

Teilnehmerin B wird ebenfalls als Responder klassifiziert, da sowohl ihre
Gesamtbelastung als auch ihre Belastung in den einzelnen Anforderungsberei-
chen Planen und Gedächtnis im Laufe der Intervention deutlich abnehmen. Der
Anforderungsbereich Anfangen zeigt hingegen kein eindeutiges Ergebnis im
Sinne der postulierten Belastungsabnahme. Ein wichtiger Hinweis auf die
Wirkmechanismen des behavioralen Gruppentrainings für Erwachsene mit
ADHS lässt sich der Auswertung des Fragebogens zur Teilnehmerzufriedenheit
(Lauth & Minsel, 2009) entnehmen. Neben einer generell hohen Zufriedenheit
mit dem Kurs gibt Teilnehmerin B an, dass sich ihr Verhalten nur zu 40% verbessert habe, wohingegen die Veränderung ihres Befindens mit 80% als hoch zu
beurteilen ist. Es scheint sich bei dem hier gezeigten Interventionseffekt also
eher um einen angemessenen Umgang mit der ADHS-Symptomatik und um einen Rückgang der subjektiv erlebten Belastung durch die Störung als um eine
wirkliche Symptomminderung zu handeln. Dies zeigt sich auch im stabilen Verlauf der ADHS-Symptomatik, erhoben durch den Selbstbeurteilungsfragebogen
„Verhaltensmerkmale der ADHS" (Lauth & Minsel, 2009), dargestellt in Abbildung 14. Dies kann als Beleg dafür angesehen werden, dass das Training konkret und alltagsnah auf der Ebene der psychischen Folgen beim Individuum an
den als problematisch erlebten Verhaltensweisen im Alltag ansetzt und diese
positiv verändert (vgl. Kapitel 2.5.4, Abbildung 2). Inwieweit eine verminderte
Belastung im Alltag sich langfristig wiederum auch auf eine Reduktion der
Kernsymptomatik der ADHS, etwa im Bereich der Unaufmerksamkeit auswirkt,
können künftig nur prospektive Längsschnittstudien feststellen.

Auch Teilnehmer C gilt nach den zuvor festgelegten Kriterien als Responder. Da die Grundraten in den Kurvenverläufen jedoch sehr große Schwankungen aufweisen, musste auf die Berechnung des Prozentsatzes-Nichtüberlappender-Daten verzichtet werden. Der Vergleich der Mittelwerte zwischen
Grundrate und Interventionsphase mittels Effektstärken zeigt jedoch deutliche
Abnahmen der erlebten Belastung im Bereich Anfangen und Einteilen sowie
moderate Abnahmen im Bereich Ordnen sowie bei der Gesamtbelastung. Bei
der visuellen Auswertung der Gesamtbelastung fällt neben den großen Schwankungen der Grundrate auf, dass die Belastung nach einer Abnahme zwischen
den ersten beiden Trainingssitzungen wieder deutlich zunimmt und schließlich
nach Ende der fünften Sitzung einen Höhepunkt erreicht, der dem Ausgangsni-

veau entspricht. Im Follow-Up-Zeitraum, den vier Wochen zwischen der fünften und sechsten Trainingssitzung, vermindert sich die erlebte Alltagsbelastung wieder deutlich. Dieser Kurvenverlauf spricht dafür, dass die im Training erlernten Strategien sich erst manifestieren mussten: Erst nach einem gewissen Übungszeitraum konnte Teilnehmer C seine Alltagsschwierigkeiten verringern und fühlt sich infolgedessen auch dann erst weniger belastet. Nicht nur das Erlernen bestimmter Trainingsinhalte, sondern auch vor allem die Umsetzung in den eigenen Alltag spielt eine entscheidende Rolle bei der Belastungsreduktion und damit bei der Wirkweise des Trainings. Wie bereits bei Teilnehmer A erörtert wurde, könnte es sich hier um eine Art positives Gesamtergebnis handeln, dass durch Psychoedukation (D´Amelio et al., 2009), durch positive gruppendynamische Effekte (Watzke et al., 2004) sowie durch die Anwendung der im Training erlernten Strategien entstanden ist.

Interessant zu sehen ist, dass sich bei Teilnehmer C auch die ADHS-Symptomatik im Verlauf des Trainings verringert. Vor der Intervention erfüllt er die Kriterien des unaufmerksamen Subtypus, erhoben mit dem Fragebogen „Verhaltensmerkmale der ADHS", während er nach dem Training nur noch im subklinischen Bereich liegt. Wenn es auch nicht Hauptziel von Studie 1 war, eine Verringerung der ADHS-Symptomatik durch die Teilnahme am behavioralen Gruppentraining für Erwachsene mit ADHS zu belegen, spricht einiges dafür, dass Teilnehmer C insofern von der Teilnahme am Training profitieren konnte, als dass er seine Symptomatik nach Ende der Intervention geringer einschätzt als zuvor.

Teilnehmer D konnte nicht von der Teilnahme am ADHS-Training profitieren und wird daher als Non-Responder bezeichnet. Weder die Gesamtbelastung, noch die Belastung in den drei untersuchten Anforderungsbereichen verminderten sich im Verlauf der Intervention. Die ADHS-Symptomatik, erhoben durch den Selbstbeurteilungsfragebogen „Verhaltensmerkmale der ADHS" nimmt im Verlauf des Trainings im Bereich Hyperaktivität / Impulsivität sogar zu, so dass Teilnehmer D schließlich dem hyperaktiven Subtypus angehört, obwohl er während der Eingangsdiagnostik als unaufmerksamer Subtypus eingeschätzt wurde. Der Verlauf der ADHS-Symptomatik kann als uneinheitlich bezeichnet werden. Hier wäre ein ergänzendes Fremdurteil hilfreich und notwendig, um eine differenzierte Diagnose über den ADHS-Subtypus stellen zu können. Es ist bemerkenswert, dass Teilnehmer D trotz dieser Ergebnisse im Fragebogen „Zufriedenheit mit dem ADHS-Training" (Lauth & Minsel, 2009) angibt, zu hohen Prozentzahlen mit dem Training zufrieden zu sein. Er gibt an, dass sich der Kurs für ihn gelohnt habe und dass er ihn zu 100% einem Freund weiter empfehlen würde. Während der Eingangsdiagnostik erreichte Teilnehmer D hohe Werte auf den Subskalen „ängstlich-depressiv" und „introvertiert" im Young Adult Self Report (Achenbach, 1997). Möglicherweise konnte er aufgrund dieser Komorbiditäten weniger vom Training in der Gruppensituation profitieren, da er das Sprechen vor der Gruppe als belastend empfand. Grundsätzlich ist in den Kurvenverläufen von Teilnehmer D zu erkennen, dass Bewegung in die erlebte Alltagsbelastung kam. Möglicherweise gab es Änderungen bedingt durch die Intervention, die durch den „Fragebogen zum Funktionsniveau" nicht erfasst werden konnten. Da er das Training im Zufriedenheitsfragebogen dennoch als positiv bezeichnet ist es möglich, dass er die ADHS-typischen Alltagsbereiche, die durch den Fragebogen abgefragt werden zwar immer noch als belastend empfindet, dass sich sein Verhalten im Alltag jedoch zu seinen Gunsten geändert hat. Dies muss jedoch eine Vermutung bleiben und kann durch die vorhandenen Daten nicht belegt werden.

Teilnehmerin E kann als Responder bezeichnet werden, da sich die erlebte Belastung sowohl in allen drei untersuchten Anforderungsbereichen Ordnen, Anfangen und Umsetzen als auch in der Gesamtbelastung im Laufe des behavioralen Gruppentrainings verringert hat. Sie erfüllte als einzige der acht Teilnehmer der Einzelfallanalysen die Diagnosekriterien für ADHS erhoben mit dem Selbstbeurteilungsfragebogen „Verhaltensmerkmale der ADHS" (Lauth & Minsel, 2009) nicht vollständig und wird damit als subklinisch bezeichnet. Dennoch schien sie geeignet für die Teilnahme am Gruppentraining zu sein, da sie den kritischen klinischen Wert von sechs Punkten jeweils auf den Subskalen „Unaufmerksamkeit" und „Hyperaktivität/ Impulsivität" um nur einen Punkt verfehlte und da die Alltagsprobleme, die sie im diagnostischen Erstgespräch berichtete den im Training behandelten Themen weitest gehend entsprachen. Mit der geringen Symptomausprägung einhergehend liegt auch die erlebte Alltagsbelastung während der Grundrate eher im niedrigen Bereich, sie schwankt mit einer Ausnahme im unteren Drittel der Skala. Die Ausnahme bildet Messzeitpunkt acht, kurz vor Trainingsbeginn: Hier gibt es einen enormen Anstieg der erlebten Alltagsbelastung, der sich in allen Subskalen widerspiegelt. Möglicherweise handelt es sich hierbei um einen Effekt der Selbstbeobachtung, bei dem der Leidensdruck vor Einsetzen der Behandlung bewusst oder unbewusst besonders hervorgehoben wird. Lutz, Bachmann, Tschitsaz, Smart und Lambert

(2007) bezeichnen Sprünge innerhalb des Therapieverlaufs als Sudden Gains beziehungsweise Sudden Losses. Zufriedenstellende Gründe hierfür zu finden ist trotz engmaschiger Datenerhebung schwer, da es sich meist um nonspezifische Wirkfaktoren handelt, die außerhalb der eigentlichen Therapie liegen (Lutz et al., 2007). Inwieweit solche Faktoren auch schon vor Einsetzen der Intervention während der Grundrate in einem einzelfallanalytischen Design von Bedeutung sind, bleibt zu untersuchen.

Teilnehmer F gilt als Non-Responder, seine erlebte Alltagsbelastung verringerte sich in keinem der untersuchten Anforderungsbereiche im Verlaufe des Trainings. Eine Schwierigkeit bei der Auswertung der Datenreihen ist die kurze Grundrate, die aus nur sechs Messzeitpunkten innerhalb eines dreiwöchigen Zeitraumes besteht. Im Sinne der kontrollierten Praxis nach Petermann (1996), deren Prinzip in Kapitel 3.4.1 dieser Arbeit dargestellt wurde, wurde Teilnehmer F trotz der kurzen Wartezeit vor dem Einsetzen der Intervention in die Studie mit aufgenommen. Der vierte Leitsatz der kontrollierten Praxis fordert eine „minimale zusätzliche Belastung des Patienten durch die Datengewinnung" (Petermann, 1996, S. 56), was nach Ansicht der Autorin auch ein möglichst rasches Einsetzen der Intervention verlangt, sofern dies aufgrund der Termine für das Gruppentraining möglich ist. Trotz der stabil bleibenden Belastung im Alltag zeigt sich Teilnehmer F mit dem Training zufrieden. Wie schon bei Teilnehmer D vermutet wurde, wurden möglicherweise Änderungen im Verhalten und Befinden des Teilnehmers durch das Training erzielt, die nicht durch das eingesetzte Messinstrument erhoben werden konnten.

Teilnehmer G konnte als Non-Responder ebenfalls nicht in der erwarteten Richtung von der Teilnahme am ADHS-Training profitieren. Entgegen der Annahme von Hypothese 1 nimmt seine Belastung im Verlaufe des Trainings sogar leicht zu, wobei die starken Schwankungen der Kurvenverläufe auffallen. Ebenso wie Teilnehmer F gibt er jedoch an, in hohem Maße mit dem Training zufrieden zu sein. Dies legt die Vermutung nahe, dass sich vielleicht nicht die erlebte Alltagsbelastung, sondern beispielsweise der konkrete Umgang mit vorhandenen Schwierigkeiten geändert hat. Teilnehmer G fällt ebenso wie bei Teilnehmer D während der Eingangsdiagnostik durch hohe Werte weit oberhalb des kritischen klinischen Wertes in den Subskalen „ängstlich / depressiv" sowie „introvertiert" auf. Möglicherweise konnte er deshalb nicht wie erwartet von der Teilnahme am Gruppentraining profitieren, weil er die soziale Interaktion mit anderen Betroffenen eher belastend als hilfreich empfand.

Teilnehmer H konnte im Hinblick auf seine Belastung auch nicht vom Gruppentraining profitieren und wird daher ebenfalls als Non-Responder bezeichnet. Weder bei der Gesamtbelastung, erhoben durch den Summenscore des „Fragebogens zum Funktionsniveau" noch in den untersuchten Anforderungsbereichen Ordnen, Anfangen und Planen verringert sich die Belastung im Verlauf der Intervention. Eine Besonderheit im Vergleich mit den übrigen Teilnehmern ist bei Teilnehmer H, dass er bei der retrospektiven Beurteilung seiner ADHS-Symptomatik in der Kindheit mittels WURS-k (Retz-Junginger et al., 2002) weit unterhalb des klinischen Cut-Off-Wertes liegt. Für ein valides Urteil müssten die Eltern hinzugezogen werden. Doch verdeutlicht dieser geringe Wert im Selbsturteil, dass Teilnehmer H bei sich selbst kaum ADHS-Symptome während seiner Kindheit erkannte. Dieses Phänomen ist typisch für den unaufmerksamen Typus der ADHS, dem Teilnehmer H im Erwachsenenalter zuzuordnen ist: Während der Kindheit fällt er im Gegensatz zu Kindern mit starkem hyperaktiv / impulsiven Störungsbild kaum auf, da er sich in der Schule und zu Hause meist ruhig und verträumt verhält. Daher erlebt er sich nicht als auffällig und es wird keine klinische Diagnose gestellt. Erst im jungen Erwachsenenalter, wenn zunehmend mehr Strukturierung und Planung verlangt wird, tritt die Symptomatik in den Vordergrund und wird eher auf der Verhaltensebene bemerkbar. Dieser Sachverhalt wird häufig Mädchen und Frauen mit ADHS zugeschrieben, tritt aber grundsätzlich bei beiden Geschlechtern auf (Lauth & Raven, 2009).

In Kapitel 3.4.4 wurden die demografischen und klinischen Merkmale, die während der Eingangsdiagnostik erhoben wurden, zwischen Respondern und Non-Respondern verglichen, um mögliche systematische Effekte aufzudecken. Diese Ergebnisse könnten wichtige Hinweise geben, für welchen Personenkreis das Training in der verwendeten Form nützlich sein könnte und für wen dagegen Änderungen notwendig wären. Diese Informationen könnten einen wichtigen Beitrag zum Schließen der Versorgungslücke bei der psychotherapeutischen Behandlung von Erwachsenen mit ADHS leisten. Die Ergebnisse der kontrollierten Einzelfallanalysen sollen hier knapp zusammengefasst werden: Beim Vergleich der demografischen Variablen fällt auf, dass die Responder ausschließlich den Trainingskursen mit den Nummern acht (Teilnehmer C und E) und zehn (Teilnehmer A und B) entsprangen, während die Non-Responder aus Kurs sieben (Teilnehmer F, G und H) und acht (Teilnehmer D) kamen. Zwar ergibt sich durch den Chi-Quadrat-Test auf dem Signifikanzniveau von $\alpha = .05$ hier kein statistische bedeutsamer Unterschied, jedoch liefert ein Trend von $p = .069$ Hinweise, dass die Gruppenzugehörigkeit eine Rolle spielen könnte. Möglicherweise spielen gruppendynamische Aspekte wie Gruppenkohäsion oder Lernen durch Feedback eine Rolle (Watzke et al., 2004). Bei Betrachtung des „Fragebogens zur Zufriedenheit mit dem ADHS-Training" (Lauth & Minsel, 2009) lassen sich jedoch keine Hinweise auf eine „schlechte Stimmung" oder mangelnde Gruppenkohäsion als Grund für eine weniger gute Zusammenarbeit in Kurs Nummer sieben verglichen mit den Kursen acht und zehn nachweisen. Alle Teilnehmer äußern sich in hohem Maße zufrieden mit dem Training, der Gruppe und dem Kursleiter.

Als weiteres Merkmal fällt die Geschlechterverteilung zwischen Respondern und Non-Respondern auf: Auch wenn der Chi-Quadrat-Test hier keinen signifikanten Unterschied zwischen Respondern und Non-Respondern feststellen konnte, ist deutlich zu erkennen, dass die Gruppe der vier Responder aus zwei Frauen und zwei Männern bestehen, während es sich bei den Non-Respondern ausschließlich um Männer handelt. Die bisherigen Untersuchungen zur Wirksamkeitsüberprüfung des Trainings einschließlich der vorliegenden Arbeit haben mögliche Geschlechtereffekte noch nicht systematisch untersucht (Lauth & Minsel, 2009; Lauth, Breuer & Minsel, 2010) und die Datenlage der hier dargestellten Einzelfallanalysen erlaubt keine kausalen Schlüsse über Geschlechtszugehörigkeit und Wirksamkeit der Intervention. Dieser Aspekt könnte eine interessante Ausgangslage für künftige Untersuchungen sein.

Beim Vergleich der klinischen Merkmale von Respondern und Non-Respondern zeigt sich ein beinahe signifikanter Trend ($p = .098$) für die Subskala „Unaufmerksamkeit" des Fragebogens „Verhaltensmerkmale der ADHS" (Lauth & Minsel, 2009). Die Responder erreichen hier während der Eingangsdiagnostik niedrigere Werte als die Non-Responder. Möglicherweise können Personen, die störungsbedingt große Schwierigkeiten haben, die Aufmerksamkeit über längere Zeit aufrecht zu erhalten und sich auf ein Thema zu fokussieren, weniger vom Gruppentraining profitieren, da sie weniger Inhalte erfassen und diese folglich auch weniger umsetzen können.

Es zeigt sich außerdem, dass Non-Responder höhere Werte auf der Subskala „ängstlich / depressiv" des Young Adult Self Report (YASR, Achenbach, 1997) erreichen als Responder. Diejenigen, die weniger von der Teilnahme am Gruppentraining profitieren können, schätzen sich also tendenziell ängstlicher /depressiver ein. Dieses Ergebnis kann mit einem weiteren Gruppenunterschied gemeinsam betrachtet werden: Responder erreichen insgesamt deutlich höhere Werte auf der Subskala „aufdringlich". Diese Skala besteht aus Items, die extravertiertes Verhalten beschreiben, beispielsweise „ich gebe an, prahle gern", „ich versuche, viel Aufmerksamkeit und Beachtung zu bekommen", „ich werde oft geärgert", „ich produziere mich gern oder spiele den Clown", „ich rede zu viel", „ich hänsele Andere gern" oder „ich bin lauter als Andere". Diejenigen, die gut von der Teilnahme am ADHS-Training profitieren können, verhalten sich nach eigenen Aussagen also eher nach außen gerichtet und stehen gern im Mittelpunkt. Das Verhalten, das diese Subskala beschreibt, steht gewissermaßen im Gegensatz zu dem, was die Subskala „ängstlich / depressiv" beschreibt. Hier handelt es sich um Items, die beschreiben ängstlich zu sein, ein geringes Selbstvertrauen zu haben und sich wertlos oder unterlegen zu fühlen. Diese Vermutung wird durch die Tatsache gestützt, dass die Non-Responder auch auf der Subskala „introvertiert" des YASR höhere Werte erreichen, wenn sie auch nicht statistisch signifikant sind. Betrachtet man diese drei Ergebnisse zusammen, zeichnet sich recht deutlich das Bild ab, dass das Gruppentraining für Erwachsene mit ADHS vorwiegend für eher extravertierte Personen geeignet ist, die komorbid wenig ängstlich und depressiv sind.

Diese Hinweise auf Wirkmechanismen des Trainings dargestellt in Unterschieden zwischen Respondern und Non-Respondern beziehen sich ausschließlich auf personenbezogene Variablen. Begehen wir eine Art *fundamentalen Attributionsfehler* (vgl. Bierbrauer, 2005), wenn wir Gründe für die Wirksamkeit der Intervention ausschließlich auf der Ebene von Personenmerkmalen suchen? Werden situative Einflüsse und Merkmale der Intervention unterschätzt? Für künftige Untersuchungen könnten Variablen des Gruppentrainings stärker in den Mittelpunkt des Forschungsinteresses gerückt werden: Wie lässt sich die Wirksamkeit des Gruppentrainings durch geeignete didaktische Methoden während der Durchführung noch verbessern? Welche didaktischen Herangehensweisen könnten es Personen mit unterschiedlichen Persönlichkeitseigenschaften gleichermaßen ermöglichen, vom Training zu profitieren?

Bei der Frage nach der differenzierten Wirksamkeit des behavioralen Gruppentrainings für Erwachsene mit ADHS (Lauth & Minsel, 2009) wurden Zusammenhänge zwischen den Trainingsinhalten und den Änderungen im Kurvenverlauf auf Ebene der einzelnen Anforderungsbereiche gesucht. Eine spezifische Wirkung der einzelnen Therapiebausteine auf bestimmte Anforderungsbereiche der erlebten Alltagsbelastung konnte jedoch bei keinem der vier Responder nachgewiesen werden. Daher liegt die Vermutung nahe, dass ein übergeordneter Faktor eine entscheidende Rolle spielen könnte: Möglicherweise trägt die Psychoedukation in der ersten Trainingssitzung dazu bei, dass sich eher globale Lernstrategien herausbilden und im Laufe des Trainings verfestigen, die in unterschiedlichen Alltagsbereichen von praktischem Nutzen sein können und sich so günstig auf die Verminderung der erlebten Alltagsbelastung auswirken (D'Amelio et al., 2009). Um die Wirkmechanismen der Intervention genauer zu ermitteln, könnten in künftigen Untersuchungen Fremdurteile oder Verhaltensbeobachtungen in Alltagssituationen wie am Arbeitsplatz hinzugezogen werden. Damit ließe sich vielleicht erkennen, welche der erlernten Strategien tatsächlich im Alltag verwendet werden, was wiederum Hinweise für eine Weiterentwicklung des Trainings geben könnte.

Schließlich kann nicht vollständig geklärt werden, ob der in Studie 1 eingesetzte „Fragebogen zum Funktionsniveau" auch wirklich die relevanten Änderungen erfasst, die durch die Teilnahme am behavioralen Gruppentraining für Erwachsene mit ADHS erzielt werden. Die Frage nach der Belastung im Alltag ist eine sehr subjektive Frage, die auf das emotionale Erleben abzielt. Die Trainingsinhalte sind jedoch sehr verhaltensnah und eher kognitiv orientiert wie beispielsweise das Festsetzen von Zielen oder die Planung und Strukturierung von Aufgaben. Die in dieser Arbeit dargestellten Einzelfallanalysen ergaben vier Non-Responder, die das Training trotz gleichbleibend erlebter Alltagsbelastung sehr positiv bewerteten. Dies könnte ein Hinweis darauf sein, dass es positive Veränderungen gab, die durch den verwendeten „Fragebogen zum Funktionsniveau" nicht erfasst werden konnten. Weitere Wirksamkeitsüberprüfungen mit abhängigen Variablen auf der Verhaltensebene könnten ergänzende Hinweise zu den genauen Wirkmechanismen des behavioralen Gruppentrainings fürs Erwachsene mit ADHS liefern. Eine Möglichkeit hierzu liefert die Revision des hier verwendeten „Fragebogens zum Funktionsniveau im Alltag", welcher nicht nach der wahrgenommenen Belastung in Alltagssituationen, sondern nach dem Gelingen von bestimmten Alltagssituationen fragt (Minsel & Lauth, 2012, in press).

4.2   Ergebnisdarstellung und Diskussion Studie 2

In Studie 2 konnte die Wirksamkeit des behavioralen Gruppentrainings für Erwachsene mit ADHS nach Lauth und Minsel (2009), wie in den Hypothesen 2a bis 2n postuliert wurde, in weiten Teilen nachgewiesen werden: Im Verlauf des Gruppentrainings ergab sich sowohl eine signifikante Symptomminderung auf der Gesamtskala des Fragebogens „Verhaltensmerkmale der ADHS nach DSM-IV-TR" (Lauth & Minsel, 2009) und dabei vorwiegend für die Subskala „Unaufmerksamkeit", als auch eine Abnahme der erlebten Belastung im Alltag. Diese Effekte bleiben nach Trainingsende stabil und lassen sich auch zwei bis drei Monate nach Ende der Intervention noch nachweisen.

Die ersten beiden Messzeitpunkte warte und prä dienen als Kontrollzeitpunkte, zwischen denen keine Intervention stattfand. Gemäß der Hypothesen 2a und 2h fanden sich für keine der untersuchten abhängen Variablen signifikante Unterschiede zwischen diesen beiden Messzeitpunkten. Es handelt sich nicht um eine Kontrollgruppe im eigentlichen Sinne, die unbehandelt zu allen Messzeitpunkten parallel zur Interventionsgruppe befragt wurde. Eine gänzlich unbehandelte Kontrollgruppe oder auch eine Warte-Kontrollgruppe über den gesamten Untersuchungszeitraum, wie die APA sie in ihren Richtlinien für eine gut belegte Wirksamkeit von Therapieformen fordert (Buchkremer & Klingberg, 2001; Hager, 2000), ließ sich im Rahmen der vorliegenden Untersuchung praktisch nicht umsetzen, da das Training als niederschwelliges Hilfsangebot für Studierende mit ADHS an der Universität zu Köln durchgeführt wurde. Eine lange Wartezeit von drei bis vier Monaten wäre ethisch nicht vertretbar gewesen. Die von Petermann (1996) aufgestellten Richtlinien zur kontrollierten Praxis, die sich zwar auf einzelfallanalytische Untersuchungsdesigns beziehen, fordern als vierten Punkt eine „minimale zusätzliche Belastung des Patienten durch die Datengewinnung" (vgl. Kapitel 3.4.1). In diesem Sinne wurde die Entscheidung für nur einen Warte-Kontroll-Zeitpunkt getroffen.

Das Hauptinteresse dieser Untersuchung lag auf der Veränderung der ADHS-Symptomatik und der Alltagsbelastung zwischen den Messzeitpunkten prä (vor Beginn der ersten Sitzung des ADHS-Trainings) und post (nach der fünften Trainingssitzung): Es wird angenommen, dass die im Gruppentraining erlernten Fähigkeiten zu einer Abnahme der ADHS-Symptomatik sowie der erlebten Belastung im Alltag führen. Gemäß der Annahmen von Hypothese 2b und 2i fanden sich signifikante Unterschiede für die Gesamtskala der ADHS-Symptomatik (d = 0.48) sowie für die Alltagsbelastung (d = 0.34), wenn auch mit geringen Effektstärken. Für die Subskala „Unaufmerksamkeit" zeigte sich aufgrund des bonferroni-adjustierten Alpha-Wertes von α = .0071 ein beinahe signifikanter Trend in die erwartete Richtung (p = .013; d = 0.38). Für die Subskala „Hyperaktivität / Impulsivität" ließ sich dagegen kein signifikanter Effekt zwischen den Messzeitpunkten prä und post finden.

Außerdem wurden die Messzeitpunkte prä und follow-up 1 verglichen, also vor Beginn des Trainings und nach der sechsten Trainingssitzung (vier bis sechs Wochen nach der fünften Sitzung). Im Sinne einer stabilen Verhaltensänderung wurde auch hier eine Abnahme der ADHS-Symptomatik sowie der Belastung im Alltag erwartet (Hypothese 2c und 2j). Der einzige signifikante Unterschied zwischen den Messzeitpunkten prä und follow-up 1 zeigte sich in der Subskala Unaufmerksamkeit (d = 0.91). Für die Gesamtskala der ADHS-Symptomatik lässt sich ein beinahe signifikanter Trend erkennen, welcher durch eine relativ starke Effektstärke von d = 0.80 in seiner Bedeutung untermauert wird. Für die Subskala Hyperaktivität / Impulsivität lässt sich kein signifikanter Unterschied zwischen den Messzeitpunkten prä und follow-up 1 finden. Für die Alltagsbelastung findet sich ebenfalls ein Trend, jedoch mit deutlich schwächerer Ausprägung (Effektstärke d = 0.37).

Des Weiteren wurde in den Hypothesen 2d und 2k angenommen, dass sich die ADHS-Symptomatik zwischen den Messzeitpunkten prä (vor Beginn des Trainings) und follow-up 2 (vier bis sechs Wochen nach der Auffrischungssitzung) signifikant verringert. Diese Hypothese konte sowohl für die ADHS-Gesamtskala als auch für die beiden Subskalen deutlich bestätigt werden (ADHS-Gesamtskala d = 1.47, Subskala Unaufmerksamkeit d = 1.66, Subskala Hyperaktivität / Impulsivität d = 0.87). Für die Gesamtskala der Alltagsbelastung zeigt sich ein beinahe signifikanter Trend in die erwartete Richtung, dessen Bedeusamkeit durch eine hohe Effektstärke von d = 0.92 gestützt wird.

Die darauf folgenden Hypothesen 2e bis 2g sowie 2l bis 2n beziehen sich auf die Stabilität der Symptomminderung beziehungsweise der verminderten Alltagsbelastung nach Trainingsende. Sie können ausnahmslos bestätigt werden. Weder zwischen den Messzeitpunkten post (nach der fünften Trainingssitzung) und follow-up 1(nach der sechsten Trainingssitzung, vier bis sechs Wochen nach der fünften Sitzung), noch zwischen den Messzeitpunkten post (nach der fünften Trainingssitzung) und follow-up 2 (vier bis sechs Wochen nach der sechsten Trainingssitzung, zwei bis drei Monate nach Trainingsende) und auch nicht zwischen den Messzeitpunkten follow-up 1 und follow-up 2 (vier bis sechs Wochen und zwei bis vier Monate nach Ende der Intervention) konnten signifikante Mittelwertunterschiede für die untersuchten abhängigen Variablen gefunden werden. Lediglich ein Trend für die Belastung im Alltag zeigte sich im Vergleich der Messzeitpunkte post und follow-up 2. Hier war die Belastung nach der fünften Trainingssitzung größer als zwei bis vier Monate danach. Dieser kann als Hinweis interpretiert werden, dass sich die im Training erlernten Alltagsfähigkeiten nach Ende des Trainings noch weiter verfestigen und die Belastung daher im Verlauf der Zeit weiter abnimmt.

Die in dieser Untersuchung teilweise geringen Effektstärken trotz signifikanter Ergebnisse sind zu großen Teilen auf die hohen Standardabweichungen zurückzuführen. Diese spiegeln die große Heterogenität im Erscheinungsbild der ADHS und deren unterschiedlichen Subtypen wider (Adam et al., 2002; Barkley et al., 2008; Goodman, 2007; Konrad & Rösler, 2009; Wender, 1995; Weyandt & DuPaul, 2006). Nach Berns (2005) sowie Kern (1997) beträgt die durchschnittliche Effektstärke von Psychotherapie circa $d = 0.85$. Diese Ergebnisse sind jedoch mit Vorsicht vor dem Hintergrund des sogenannten „Publication Bias" zu bewerten, der eine Tendenz in der klinischen Forschung beschreibt, eher signifikante Interventionsstudien zu veröffentlichen und nicht signifikante Ergebnisse eher zu verschweigen (Easterbrook, Gopalan, Berlin & Matthews, 1991).

Die größtenteils hypothesenkonformen Ergebnisse dieser Untersuchung müssen kritisch vor dem Hintergrund der großen Drop-Out-Quote von circa 31% betrachtet werden. Von der ursprünglichen $N = 77$ Teilnehmern beendeten nur $n = 53$ das Training. Zu den einzelnen Messzeitpunkten sind die Stichprobenzahlen noch weit geringer, wie in Tabelle 114 in Abschnitt 3.5.1.1.3 aufgelistet ist. So gehen in die Nacherhebungen zu den Messzeitpunkten follow-up 1 und follow-up 2 nur noch $n = 19$ beziehungsweise $n = 15$ Teilnehmer mit ein. Besonders die positiven Ergebnisse der zweiten Nacherhebung, die ja vier bis sechs Wochen nach der sechsten Trainingssitzung als telefonische Befragung durchgeführt wurde, müssen vor dem Hintergrund interpretiert werden, dass hier möglicherweise eine Selektion stattfand. Vielleicht erklärten sich eher diejenigen zur Nachbefragung bereit, die vom Training profitieren konnten und es daher im Nachhinein positiv bewertet hatten.

In ausführlichen Voranalysen wurden mögliche systematische Effekte zwischen Drop-Out- und Adhärenz-Gruppe untersucht (vgl. Abschnitt 3.5.1.1.2). Hier ergeben sich drei signifikante Gruppenunterschiede: Die Adhä-

renz-Gruppe zeigt erstens signifikant mehr körperliche Beschwerden als die
Dropout-Gruppe. Eine mögliche Erklärung hierfür wäre, dass diejenigen, die
mehr unter körperlichen Beeinträchtigungen leiden, insgesamt im Alltag mehr
beeinträchtigt und daher eher motiviert sind, an einer Intervention teilzunehmen,
wenn sie auch nicht symptomspezifisch auf körperliche Leiden zugeschnitten
ist. Zweitens rauchen die Teilnehmer der Dropout-Gruppe durchschnittlich signifikant mehr und drittens konsumieren sie durchschnittlich mehr Drogen als die
Adhärenz-Gruppe. Der Gruppenunterschied beim Drogenkonsum ist vor allem
durch einen Ausreißerwert bedingt. Der betroffene Teilnehmer konsumierte fast
täglich Marihuana und brach das Training schließlich vorzeitig ab. Durch die
enge Zusammenarbeit mit der Psycho-Sozialen Beratungsstelle des Kölner Studentenwerks wurde er an einen psychologischen Berater mit langjähriger Erfah-
rung in Suchttherapie überwiesen.

Insgesamt sind diese Gruppenunterschiede eher marginal zu bewerten.
Festzuhalten ist, dass sich für keine der untersuchten klinisch relevanten Vari-
ablen wie komorbide Störungen, Stärke der Alltagsbelastung oder Schwere der
ADHS-Symptomatik statistische signifikante Mittelwertunterschiede zwischen
Dropout- und Adhärenz-Gruppe finden ließen. Diese Tatsache stützt die Güte
der Daten und spricht für eine Generalisierung der Ergebnisse der Hauptuntersu-
chung trotz hoher Drop-Out-Quote. Witz (2004) äußert sich folgendermaßen zur
Problematik fehlender Werte:

> Ob die Daten jedoch „zufällig" [...] oder „nicht zufällig" [...] fehlen,
> kann empirisch nicht entschieden werden. Um dies entscheiden zu kön-
> nen, müsste die Ausprägung der fehlenden Daten bekannt sein. Denn nur
> dann könnte geklärt werden, ob die nicht vorliegenden Informationen
> notwendig sind, um den Ausfall der Daten erklären zu können. Die Be-
> antwortung dieser Frage basiert somit vorwiegend auf inhaltlichem Wis-
> sen über den Forschungsgegenstand. In der Regel ist keine eindeutige
> Entscheidung möglich.

(Wirtz, 2004, S. 112)

Möglicherweise liegen die Ursachen für die zahlreichen Drop-Outs im Störungsbild der ADHS selbst: Erwachsene mit ADHS neigen zu Vergesslichkeit, lassen sich leicht ablenken und legen vor allem bei sich wiederholenden Tätigkeiten eine geringe Ausdauer an den Tag, wie in Kapitel 2.1 beschrieben wurde (Adam et al., 2002; Goodman, 2007; Konrad & Rösler, 2009; Lauth & Raven, 2009; Wender, 1995; Weyandt & DuPaul, 2006). Diese Verhaltensmuster lassen sich auch während der Intervention erkennen: Einzelne Teilnehmer kamen häufig zu spät oder ließen einzelne Sitzungen mit der Begründung aus, dass andere Dinge dazwischen gekommen seien. Impulsivität als eines der drei Kardinalkriterien von ADHS (Saß et al., 2003) schlägt sich im Alltag häufig darin nieder, dass etwas Neues zunächst als spannend empfunden wird, sobald sich aber eine gewisse Routine zeigt, wird die Tätigkeit als langweilig empfunden und abgebrochen.

Eine weitere Erklärungsmöglichkeit für die hohe Quote an Teilnehmern, die das Training nicht bis zum Ende besuchten liegt darin, dass es sich möglicherweise bei den sogenannten Drop-Outs gar nicht durchweg um wirkliche Trainingsabbrecher handelt. Tatsächlich werden so all diejenigen bezeichnet, die das Training vorzeitig beendeten, die Gründe hierfür liegen aber nicht vor. Lauth, Breuer und Minsel (2010) konnten in einer Untersuchung an 34 Teilnehmern am behavioralen Gruppentraining für Erwachsene mit ADHS nach Lauth und Minsel (2009) mittels Goal-Attainment-Scaling belegen, angelehnt an das Verfahren von Kiresuk und Sherman (1968, zitiert nach Lauth, Breuer & Minsel, 2010), dass durchschnittlich circa 60% der Teilnehmer ihre selbst besetzten Therapieziele erreichen konnten. Vor allem gut operationalisierte Ziele aus dem Berufs- und Arbeitsbereich gelangten zu positiven Ergebnissen und konnten im Verlaufe des Trainings gut umgesetzt werden. Vor dem Hintergrund dieser Untersuchung kann vermutet werden, dass zumindest einige Teilnehmer, die als „Drop-Outs" bezeichnet wurden, das Training nach Erreichen der eigenen Ziele für sich als beendet ansahen und folglich nicht mehr zu den weiteren Sitzungen erschienen. Die tatsächlichen Gründe des vorzeitigen Abbruchs können letztendlich nur vor dem theoretischen Hintergrund der ADHS-Forschung vermutet werden, da wie Wirtz (2004) ausführt, keine Daten hierzu vorliegen.

5 Abschließende Diskussion und Ausblick

Zur Überprüfung der Wirksamkeit des behavioralen Gruppentrainings für Erwachsene mit ADHS nach Lauth und Minsel (2009) wurden in Studie 1 acht Einzelfallanalysen durchgeführt, welche vier Responder und vier Non-Responder hinsichtlich der erlebten Abnahme der Belastung im Alltag ergaben. Des Weiteren wurden in Studie 2 Mittelwertvergleiche zwischen fünf Messzeitpunkten vor, während und nach der Intervention durchgeführt, die die Wirksamkeit sowohl im Hinblick auf die Abnahme der erlebten Alltagsbelastung als auch die Verminderung der ADHS-Symptomatik im Verlauf der Intervention belegen können. Eine differenzierte Darstellung und Diskussion der Ergebnisse findet sich in den Kapiteln 3.4.3 und 4.1 für Studie 1 sowie 3.5.2 und 4.2 für Studie 2.

Die Ergebnisse der beiden Untersuchungen hinsichtlich der Wirksamkeit der Intervention ergänzen sich gegenseitig: Die spezifischen personenbezogenen Ergebnisse auf Einzelfallebene in Studie 1 können durch die weniger spezifischen dafür aber besser generalisierbaren Ergebnisse der Gruppenvergleiche in Studie 2 weiter gestützt werden. Am Beispiel der während der Eingangsdiagnostik mittels Young Adult Self Report (YASR, Achenbach, 1997) erhobenen komorbiden Störungen soll gezeigt werden, was mit Informationen erhoben auf Einzelebene versus auf Gruppenebene geschehen kann: Tabelle 6 in Abschnitt 3.4.1.1 zur Stichprobencharakteristik zeigt die klinischen Merkmale als Subskalen des YASR für die acht Teilnehmer der Einzelfallanalysen. Jede der acht Personen liegt in mindestens einem Bereich außer „Aufmerksamkeitsstörungen" oberhalb des kritischen klinischen Wertes. Betrachtet man dagegen die Mittelwerte der Ursprungsstichprobe in Studie 2 hinsichtlich ihrer klinischen Merkmale (Abschnitt 3.5.1.1.1, Abbildung 53), zeigt sich, dass sie nur im Bereich „Aufmerksamkeitsprobleme" oberhalb des kritischen klinischen Wertes liegt. Hierbei wird ein entscheidender Vorteil von Analysen auf Einzelebene deutlich: Es können auch solche Informationen miteinbezogen werden, die sich bei Gruppenvergleichen gegenseitig aufheben würden, die aber möglicherweise wichtige Hinweise für die Interpretation der Ergebnisse wie hier für die spezifische Wirksamkeit der Intervention bei bestimmten klinischen Merkmalen liefern können. So konnte Studie 1 Hinweise geben, dass sich Responder von Non-Respondern durch niedrigere Werte im Bereich „Ängstlichkeit / Depression" sowie niedri-

gere Werte im Bereich „Unaufmerksamkeit" und höhere Werte im Bereich
„aufdringliches Verhalten" unterscheiden, wenn sich der zuletzt genannte Unterschied auch nur als nicht-signifikanter Trend niederschlägt.

Die Vermutung liegt nahe, dass sich auch in Studie 2 einige Non-Responder
in der Stichprobe befinden, die aber nur als abweichende Werte von den untersuchten Mittelwerten zu erkennen sind. Dies kann neben der generellen Heterogenität im Erscheinungsbild der ADHS bei Erwachsenen (Adam et al., 2002;
Barkley et al., 2008, Goodman, 2007; Konrad & Rösler, 2009; Wender, 1995;
Weyandt & DuPaul, 2006) als Erklärung für die teilweise hohen Standardabweichungen und dadurch bedingten recht geringen Effektstärken trotz signifikanter
Ergebnisse in Studie 2 angenommen werden. Für die differentielle Wirksamkeitsüberprüfung einer Intervention bieten Einzelfallanalysen also entscheidende
Vorteile, die dem Nachteil der Voraussetzung einer hohen Compliance der Teil-
nehmer gegenüberstehen. Petermann spricht sich daher für das Prinzip der
„Kontrollierten Praxis" aus (Petermann, 1996, S. 7): „Kontrollierte Praxis bedeutet Mut zu haben, wissenschaftliche Exaktheitsansprüche und praktische
Umsetzbarkeit einander anzunähern". Die vorliegende Arbeit wurde nach diesem Prinzip konzipiert (vgl. Kapitel 3.4.1).

Dennoch müssen die Ergebnisse der vorliegenden Arbeit kritisch vor dem
Hintergrund möglicherweise selektiver Stichprobeneffekten interpretiert werden.
Wie in jeder klinischen Feldstudie kann die freiwillige Teilnahme an einer Studie zur Evaluation und Weiterentwicklung der Intervention an sich bereits ein
Selektionskriterium darstellen. Da es sich bei der durchgeführten Intervention
um ein niederschwelliges Angebot handelt, welches Studierenden in Zusammenarbeit mit der Psycho-Sozialen-Beratungsstelle der Kölner Studentenwerks
angeboten wurde, wurde bei der Teilnehmerauswahl der Spezifität ein höheres
Gewicht als der Sensitivität beigemessen. So gehören einige Teilnehmer der Untersuchungsstichprobe an, die nach den bisherigen Empfehlungen zu klinischen
Leitlinien (Baud et al., 2007; Bundesärztekammer, 2005; Ebert et al., 2003;
Lauth & Minsel, 2009) nicht alle diagnostischen Kriterien für ADHS erfüllen,
wie zum Beispiel die retrospektive Symptomatik in der Kindheit, die aber dennoch aufgrund ihrer aktuellen Problemlage von der Teilnahme am ADHS-
Training profitieren konnten. Ein Beispiel hierfür stellt Teilnehmerin E aus Studie 1 dar. Bell (2011) weist darauf hin, dass die bisherigen diagnostischen Kriterien des DSM-IV-TR, auf denen auch die Auswahl der Stichprobe dieser Arbeit
basiert, die Symptome im Erwachsenenalter nicht ausreichend abbilden können.
Sie verweist auf das baldige Erscheinen des DSM-V, welches eigene diagnosti-

sche Kriterien für ADHS im Erwachsenenalter vorsieht (American Psychiatric Association, 2011).

Zudem ist zu vermuten, dass engagierte und interessierte Kursteilnehmer, die den Kursleiter / die Kursleiterin grundsätzlich sympathisch finden, sich eher dazu bereit erklären, an der zweimal wöchentlich stattfindenden Befragung teilzunehmen als weniger engagierte Teilnehmer, die die Datenerhebung eher als zusätzliche Belastung erleben könnten. Dieser Effekt lässt sich aber gerade bei einzelfallanalytischen Designs kaum vermeiden, da die engmaschige und häufig stattfindende Datenerhebung eine hohe Compliance auf Seiten der Teilnehmer voraussetzt.

Damit im Zusammenhang stehend, müssen auch die interne und externe Validität der Einzelfallanalysen kritisch betrachtet werden. Die interne Validität meint das Ausmaß, zu dem die Effekte der abhängigen Variablen der Intervention und nicht anderen externen Einflüssen zugeschrieben werden können. Störeffekte auf Ebene des Versuchsleiters, der Teilnehmer oder der situativen Bedingungen können diese beeinträchtigen (Kern, 1997). Bei der Untersuchung der Wirkmechanismen des behavioralen Gruppentrainings für Erwachsene mit ADHS kann die Frage nach einem kausalen Zusammenhang zwischen Symptomreduktion beziehungsweise Abnahme der erlebten Alltagsbelastung und der Teilnahme am ADHS-Training nur annähernd geklärt werden. Gollwitzer und Jäger (2007) unterscheiden bei der Frage nach ursächlichen Zusammenhängen bei der Wirkung einer Interventionsmaßnahme in Anlehnung an Hager und Hasselhorn (2000) zwischen „maßnahmespezifischen Wirkungen", „Neben- und Folgewirkungen", „maßnahmeunspezifischen Effekten" sowie „externen Effekten". Nur ein guter Versuchsplan könne helfen, Fehlinterpretationen zu verhindern. Daher sollte viel Wert auf ein adäquates Untersuchungsdesign gelegt werden. Wie in Abschnitt 3.4.1.4 dargestellt, wurde bei der Versuchsplanung und -durchführung versucht, mögliche Einflüsse von Störvariablen durch Konstanthaltung so gering wie möglich zu halten. Die Versuchsleitermerkmale wurden durch sorgfältige Schulungen der Trainer reduziert. Sie erhielten die Vorgabe, sich eng an das Trainingshandbuch zu halten. Die Personenmerkmale der Teilnehmer konnten aufgrund des quasi-experimentellen Designs nicht weiter reduziert werden. Sie wurden lediglich gebeten, falls sie aufgrund ihrer ADHS Medikation erhalten, diese für die Dauer des Trainings stabil zu halten. Situationsmerkmale konnten ebenfalls schwer kontrolliert werden, da es sich um ein reales therapeutisches Setting handelt und die Teilnehmer neben den Sitzungen im

Gruppentraining ihrem gewohnten Alltag nachgehen.

„Eine gesicherte interne Validität ist eine notwendige, jedoch nicht hinreichende Voraussetzung für externe Validität" (Kern, 1997, S. 12). Diese von Gollwitzer und Jäger (2007) auch als Robustheit bezeichnete Generalisierbarkeit der Ergebnisse einer Evaluationsstudie wurde in dieser Arbeit vor allem durch die multimethodale Herangehensweise, die Kombination von Einzelfall- und Gruppenanalysen entgegengekommen. So zeigte sich in zwei Untersuchungen mit insgesamt drei unterschiedlichen Kursleitern und einer Datensammlung über den Zeitraum von fast zwei Jahren (vgl. Anhang A Projektverlauf), dass das behaviorale Gruppentraining für Erwachsene mit ADHS sich – mit den in Kapitel 4.1 und 4.2 genannten Einschränkungen - positiv auf die erlebte Alltagsbelastung und die ADHS-Symptomatik auswirkt.

Die patientenorientierte Verlaufsforschung beschäftigt sich zunehmend mit dem Phänomen der plötzlichen Gewinne und Verluste im Therapieverlauf („sudden gains" und „sudden losses") und deren Einfluss auf die Wirksamkeit einer Therapie. So konnten Lutz et al. (2007) zeigen, dass plötzliche Gewinne zu Beginn der Therapie, das heißt vor der fünften Sitzung, eher mit einem positiven Therapieergebnis einhergehen. In einer groß angelegten Studie (N = 434) derselben Arbeitsgruppe (Lutz & Tschitsaz, 2007) konnte gezeigt werden, dass plötzliche Gewinne und Verluste in Form von Veränderungssprüngen bei depressiven und Angstpatienten bei über 26% der Fälle und damit recht häufig auftraten. Es konnte gezeigt werden, dass die Gewinne eher früh im Therapieverlauf auftreten und dann in ihrer Häufigkeit stetig abnehmen, wohingegen sich bei den plötzlichen Verlusten ein umgekehrtes Bild abzeichnet. Interessant ist hierbei die Art der Datenerhebung: Der Therapieverlauf wurde nicht wie üblich auf Symptomebene abgefragt, sondern die Patienten beurteilen ihren subjektiv erlebten Fortschritt in jeder Therapiesitzung. Hier zeigen sich gewisse Parallelen zu Studie 1 der vorliegenden Arbeit, in der auf Einzelfallebene die erlebte Alltagsbelastung erfragt wird. Auch in einigen Kurvenverläufen der Einzelfallanalysen dieser Arbeit können Sprünge in eine positive Richtung, das heißt in Richtung einer plötzlichen Abnahme der erlebten Belastung beobachtet werden. Als Beispiele sind hier die Kurven „Anfangen" und „Einteilen" von Teilnehmer C zu nennen (siehe Abbildung 18 und 19). Künftige Untersuchungen müssten die Phänomene eines plötzlichen Gewinnes oder Verlustes beim behavioralen Gruppentraining für Erwachsene mit ADHS nach Lauth und Minsel (2009) genauer definieren (Lutz schlägt beispielsweise eine Veränderung von mindestens 25% des Skalenwertes der vorherigen Messung vor) und könnten dann überprüfen, wann im Verlauf des Trainings diese Phänomene vorwiegend auftreten und inwieweit sie im Zusammenhang mit der Wirksamkeit stehen.

Im Sinne der Überprüfung der Langzeiteffekte des hier untersuchten Gruppentrainings sollten künftige Untersuchungen verstärkt Langzeit-Follow-Up-Messungen mit einbeziehen. Buchkremer und Klingenberg (2001) betonen die Zeitabhängigkeit der Wirksamkeit von psychologischen Interventionen und sprechen sich daher für Follow-Up-Studien nach zwei bis zehn Jahren aus.

Das Thema der adäquaten Behandlung von ADHS im Erwachsenenalter wird Forschung und Praxis in den kommenden Jahren weiterhin intensiv beschäftigen. Im Sinne der empfohlenen multimodalen Behandlung der ADHS (Barkley et al., 2008; Lauth & Raven, 2009; Ramsay & Rostain, 2007; Bundesärztekammer, 2005) kann das behaviorale Gruppentraining für Erwachsene mit ADHS nach Lauth und Minsel (2009) auch parallel zu einer medikamentösen Behandlung oder als Ergänzung zu einer psychotherapeutischen Intervention im Einzelsetting eingesetzt werden.

Abschließend kann festgehalten werden, dass die Wirksamkeit des in dieser Arbeit untersuchten Gruppentrainings trotz der genannten Einschränkungen bestätigt werden konnte und damit ein wichtiger Beitrag im Hinblick auf die Schließung der bestehenden Versorgungslücke bei der psychotherapeutischen Behandlung erwachsener ADHS-Patienten geleistet wurde.

6 Literaturverzeichnis

Achenbach, T. M. (1997). *Manual for the young adult self-report and young adult behavior checklist.* Burlington, VT: University of Vermont Dept. of Psychiatry.

Adam, C., Döpfner, M. & Lehmkuhl, G. (2002). Der Verlauf von Aufmerksamkeitsdefizit-/ Hyperaktivitätsstörungen (ADHS) im Jugend- und Erwachsenenalter. *Kindheit und Entwicklung,* 11(2), 73–81. doi: 10.1026//0942-5403.11.2.73

American Psychiatric Association. (2011). *DSM-V Development A 10 Attention Deficit/Hyperactivity Disorder.* Retrieved August 24, 2011, from http://www.dsm5.org/ProposedRevision/Pages/proposedrevision.aspx?rid=38 3

Babcock, Q. & Byrne, T. (2000). Student Perceptions of Methylphenidate Abuse at a Public Liberal Arts College. *Journal of American College Health,* 49(3), 143–145. doi:10.1080/07448480009596296

Baltensperger, C. & Grawe, K. (2001). Psychotherapie unter gesundheitsökonomischem Aspekt. *Zeitschrift für Klinische Psychologie und Psychotherapie,* 30(1), 10–21. doi:10.1026//1616-3443.30.1.10

Barkley, R. A., Fischer, M. Edelbrock, C. & Smallish, L. (1990). The Adolescent Outcome of Hyperactive Children Diagnosed by Research Criteria. *Journal of the American Academy of Child and Adolescent Psychiatry,* 29(4), 546–587. doi:10.1097/00004583-199007000-00007

Barkley, R. A., Fischer, M., Edelbrock, C. & Smallish, L. (1991). The Adolescent Outcome of Hyperactive Children Diagnosed By Research CriteriaIII. Mother Child Interactions, Family Conflicts and Maternal Psychopathology. *Journal of Child Psychology and Psychiatry,* 32(2), 233–255. doi: 10.1111/j.1469-7610.1991.tb00304.x

Barkley, R. A. (1997a). *ADHD and the nature of self-control.* New York, NY: Guilford Press.

Barkley, R. A. (1997b). Behavioral inhibition, sustained attention, and executive functions: Constructing a unifying theory of ADHD. *Psychological Bulletin*, 121(1), 65–94. doi:10.1037/0033-2909.121.1.65

Barkley, R.A. Cook, E.H., Dulcan M., Campbell S., Prior M., Atkins M., Gillberg C. et al. (2002). International Consensus Statement on ADHD. *Clinical Child and Family Psychology Review*, 5(2), 89–111.

Barkley, R. A., Murphy, K. R. & Fischer, M. (2008). *ADHD in adults: What the science says*. New York: Guilford Press.

Baud P., Eich-Höchli, D., Hofecker Fallahpor, M., Kasper, J., Ryffel-Rawak, D., Stieglitz, R.-D. & Wächli A. (2007). Empfehlungen zur Diagnostik und Therapie der Aufmerksamkeltsdefizit -Hyperaktivitätsstörung (ADHS) im Erwachsenenalter. *Schweizer Archiv für Neurologie und Psychiatrie*, (158), 217–224.

Bell, A. S. (2011). A Critical Review of ADHD Diagnostic Criteria: What to Address in the DSM-V. *Journal of Attention Disorders*, 15(1), 3–10. doi:10.1177/1087054710365982

Berns, U. (2006). Psychotherapieausbildung im Licht empirischer Psychotherapieforschung. *Psychotherapeut*, 51(1), 26–34.

Biederman, J., Faraone, S. V., Keenan, K., Knee, D. & Tsuang, M. T. (1990). Family-Genetic and Psychosocial Risk Factors in DSM-III Attention Deficit Disorder. *Journal of the American Academy of Child & Adolescent Psychiatry*, 29(4), 526–533. doi:10.1097/00004583-199007000-00004

Biederman, J. Faraone S. V. Monuteaux M. C. Bober M. & Cadogen E. (2004). Gender effects on Attention-Deficit/Hyperactivity disorder in adults, revisited. *Biological Psychiatry*, 55(7), 692–700. doi:10.1016/j.biopsych.2003.-12.003

Biederman, J., Faraone S. V., Taylor A., Sienna M., Williamson S. and Fine C. (1998). Diagnostic Continuity Between Child and Adolescent ADHS: Findings from a Longitudinal Clinical Sample. *Journal of the American Academy of Child and Adolescent Psychiatry*, 37(3), 305–313.

Bierbrauer, G. (2005). *Sozialpsychologie*. Kohlhammer-Urban-Taschenbücher: Vol. 564. Stuttgart: Kohlhammer.

Bramham, J., Susan Young, Bickerdike, A., Spain, D., McCartan, D. & Xenitidis, K. (2009). Evaluation of Group Cognitive Behavioral Therapy for Adults With ADHD. *Journal of Attention Disorders*, 12(5), 434–441. doi:10.1177/1087054708314596

Brezing, H. (2000). Die Bedeutung von Evaluationsstandards und von Effektivitätskriterien für die Praxis. In W. Hager, J.-L. Patry & H. Brezing (Eds.), *Evaluation psychologischer Interventionsmaßnahmen. Standards und Kriterien: ein Handbuch* (1st ed., pp. 8–18). Bern: Huber.

Brown, T. E., Holdnack, J., Saylor, K., Adler, L., Spencer, T., Williams, D. W., et al. (2011). Effect of Atomoxetine on Executive Function Impairments in Adults With ADHD. *Journal of Attention Disorders*, 15(2), 130–138. doi:10.1177/1087054709356165

Buchkremer, G. & Klingberg, S. (2001). Was ist wissenschaftlich fundierte Psychotherapie? *Der Nervenarzt*, 72(1), 20–30.

Bundesärztekammer. (2005). *Stellungnahme der Bundesärztekammer zur Aufmerksamkeitsdefizit-/ Hyperaktivitätsstörung (ADHS) - Langfassung*. Retrieved May 5, 2011, from http://www.bundesaerztekammer.de/page.asp?his=0.7.47.3161.3163

Bundesinstitut für Arzenimittel und Medizinprodukte. (2011). *Methylphenidat auch für Erwachsene: BfArM erweitert Zulassung*. Retrieved August 17, 2011, from http://www.bfarm.de/DE/BfArM/Presse/mitteil2011/pm022011.html

Castellanos, F. X., Lee, P.P., Sharp W., Jeffries N. O, Greenstein, D. K., Clasen, L. F. et al. (2002). Developmental Trajectories of Brain Volume Abnormalities in Children and Adolescents with Attention-Deficit/Hyperactivity Disorder. *The Journal of the American Medical Association*, 288(14), 1740–1748. doi:10.1001/jama.288.14.1740

Cohen, J. (1988). *Statistical power analysis for the behavioral sciences*. New York, Psychology Press.

D´Amelio, Rösler W. & Retz M. (2009). Psychoedukation bei ADHS im Erwachsenenalter. *ADHS Report*, 10(34), 4–7.

Davidson, M. A. (2007). Literature Review: ADHD in Adults: A Review of the Literature. *Journal of Attention Disorders*, 11(6), 628–641. doi:10.1177/-1087054707310878

Dilling, H. & Schulte-Markwort, E. (2010). *Internationale Klassifikation psychischer Störungen: ICD-10 Kapitel V (F) ; klinisch-diagnostische Leitlinien* (7., überarb. Aufl.). Bern: Huber.

Döpfner, M., Frölich, J. & Lehmkuhl, G. (2000). Hyperkinetische Störungen. In F. Petermann (Edt.) *Leitfaden Kinder- und Jugendpsychotherapie*. pp 151-186.Göttingen: Hogrefe.

Döpfner, M., Schürmann, S. & Frölich, J. (2007). *Therapieprogramm für Kinder mit hyperkinetischem und oppositionellem Problemverhalten: THOP*. Materialien für die klinische PraxisPraxismaterial. Weinheim: Beltz PVU.

Durston, S. & Konrad, K. (2007). Integrating genetic, psychopharmacological and neuroimaging studies: A converging methods approach to understanding the neurobiology of ADHD. *Developmental Review*, 27(3), 374–395. doi:10.1016/j.dr.2007.05.001

Durston, S., Thomas, K. M., Yang, Y., Ulug, A. M., Zimmerman, R. D. & Casey, B. (2002). A neural basis for the development of inhibitory control. *Developmental Science*, 5(4), F9.

Easterbrook, P., Gopalan, R., Berlin, J. & Matthews, D. (1991). Publication bias in clinical research. *The Lancet*, 337(8746), 867–872. doi:10.1016/0140-6736(91)90201-Y

Ebert, D., Krause J. & Roth-Sackenheim C. (2003). ADHS im Erwachsenenalter - Leitlinien auf der Basis eines Expertenkonsensus mit Unterstützung der DGPPN. *Der Nervenarzt*, (10), 939–946.

Eichhammer, P., Laufkoetter, R., Sand, P., Frank, E., Stoertebecker, P., Langguth, B. & Hajak, G. (2007). Variabilität der Dopamin-D4-Rezeptor-Gen(DRD4)-Promotorvariante bei Erwachsenen mit ADHD. *Psychiatrische Praxis*, 34(S 1), 6–7.

Esser, H. (1975). Differenzierung und Integration sozialer Systeme als Voraussetzung der Umfrageforschung. *Zeitschrift für Soziologie*, 4(4), 316–334.

Faraone, S. (2004). Genetics of adult attention-deficit/hyperactivity disorder. *Psychiatric Clinics of North America*, 27(2), 303–321. doi:10.1016/S0193-953X(03)00090-X

Faraone, S. & Biederman J. (1998). Neurobiology of attention-deficit hyperactivity disorder. *Biological Psychiatry*, 44(10), 951–958. doi:10.1016/S0006-3223(98)00240-6

Faraone, S. V., Biederman, J. & Mick, E. (2006). The age-dependent decline of attention deficit hyperactivity disorder: a meta-analysis of follow-up studies. *Psychological Medicine*, 36(02), 159. doi:10.1017/S003329170500471X

Faraone, S., Spencer, T., Aleardi, M., Pagano, C. & Biederman, J. (2004). Meta-Analysis of the Efficacy of Methylphenidate for Treating Adult Attention-Deficit/Hyperactivity Disorder. *Journal of Clinical Psychopharmacology*, (24), 24–29.

Fayyad, J., Graf, R., Alonso, J., Angermeyer, M., Demyttenaere, K., Girolamo, G. et al. (2007). Cross-national prevalence and correlates of adult attention-deficit hyperactivity disorder. *British Journal of Psychiatry*, (190), 402–409.

Fritze, J. & Schmauß, M. (2003). Off-Label-Use: Der Fall Methylphenidat. *psychoneuro*, 29(6), 302–304. doi:10.1055/s-2003-40491

Gershon, J. (2002). A Meta-Analytic Review of Gender Differences in ADHD. *Journal of Attention Disorders*, 5(3), 143–154. doi:10.1177/108705470200-500302

Gollwitzer, M. & Jäger, R. S. (2007). *Evaluation: Workbook*. Weinheim: Beltz PVU.

Goodman, D. W. (2007). The Consequences of Attention-Deficit/Hyperactivity Disorder in Adults. *Journal of Psychiatric Practice*, 13(5), 318–327. doi:10.1097/01.pra.0000290670.87236.18

Goodman, R. & Stevenson, J. (1989a). A Twin Study of Hyperactivity I. An Examination of Hyperactivity Scores and Categories Derived from Rutter Teacher and Parent Questionnaires. *Journal of Child Psychology and Psychiatry*, 30(5), 671–689.

Goodman, R. & Stevenson, J. (1989b). A Twin Study of Hyperactivity II. The Aetiological Role of Genes, Family Relationships and Perinatal Adversity. *Journal of Child Psychology and Psychiatry*, 30(5), 691–709.

Grawe, K., Donati, R. & Bernauer, F. (2001). *Psychotherapie im Wandel: Von der Konfession zur Profession*. Göttingen: Hogrefe.

Hager, W. (2000). Zur Wirksamkeit von Interventionsprogrammen: Allgemeine Kriterien der Wirksamkeit von Programmen in einzelnen Untersuchungen. In W. Hager, J.-L. Patry & H. Brezing (Eds.) *Evaluation psychologischer Interventionsmaßnahmen. Standards und Kriterien: ein Handbuch*, pp. 153–166. Bern: Huber.

Hager, W. & Hasselhorn, M. (2000). Psychologische Interventionsmaßnahmen: Was sollen sie bewirken können? In W. Hager, J.-L. Patry & H. Brezing (Eds.), *Evaluation psychologischer Interventionsmaßnahmen. Standards und Kriterien: ein Handbuch*, pp. 41–84. Bern: Huber.

Halperin, J. M. & Schulz, K. P. (2006). Revisiting the Role of the Prefrontal Cortex in the Pathophysiology of Attention-Deficit/Hyperactivity Disorder. *Psychological Bulletin*, 132(4), 560–581. doi:10.1037/0033-2909.132.4.560

Hampel, P. & Desman, C. (2006). Stressverarbeitung und Lebensqualität bei Kindern und Jugendlichen mit Aufmerksamkeitsdefizit-/ Hyperaktivitätsstörung. *Praxis der Kinderpsychologie und Kinderpsychiatrie*, (55), 425–443.

Hampel, P. & Mohr, B. (2006). Exekutive Funktionen bei Jungen mit Aufmerksamkeitsdefizit-/Hyperaktivitätsstörung. *Zeitschrift für Neuropsychologie*, 17(3), 155–166. doi:10.1024/1016-264X.17.3.155

Heiligenstein, E., Conyers, L., Berns, A. & Smith, M. (1998). Preliminary Normative Data on DSM-IV Attention Deficit Hyperactivity Disorder in College Students. *Journal of American College Health*, 46(4), 185–188. doi: 10.1080/07448489809595609

Heiligenstein, E., Guenther, G., Levy, A., Savino, F. & Fulwiler, J. (1999). Psychological and Academic Functioning in College Students With Attention Deficit Hyperactivity Disorder. *Journal of American College Health*, 47(4), 181–185. doi:10.1080/07448489909595644

Heinen, A. (2008). *Coaching für junge Erwachsene mit ADHS - Beschreibung und formative Evaluation des Kölner Pilotprojektes*. Unveröffentlichte Diplomarbeit, Universität zu Köln.

Hervey, A. S., Epstein, J. N. & Curry, J. F. (2004). Neuropsychology of Adults With Attention-Deficit/Hyperactivity Disorder: A Meta-Analytic Review. *Neuropsychology*, 18(3), 485–503.

Hesslinger, B.,·van Elst, L.,·.Nyberg, E. & Dykierek, P. (2002). Psychotherapy of attention deficit hyperactivity disorder in adults. *European Archieves of Psychiatry and Clinical Neuroscience*, (252), 177–184. doi:10.1007/s00406-002-0379-0

Hesslinger, B., Philipsen, A., Richter, H. & Ebert, D. (2004). *Psychotherapie der ADHS im Erwachsenenalter: Ein Arbeitsbuch*. Göttingen: Hogrefe.

Ingram, S., Hechtman, L. & Morgenstern, G. (1999). Outcome issues in ADHD: adolescent and adult long-term outcome. *Mental Retardation and Developmental Disabilities*, (5), 243–250.

Janusis, G. M. & Weyandt, L. L. (2010). An Exploratory Study of Substance Use and Misuse Among College Students With and Without ADHD and Other Disabilities. *Journal of Attention Disorders*, 14(3), 205–215.

Julius, H., Schlosser, R. W. & Goetze, H. (2000). *Kontrollierte Einzelfallstudien. Eine Alternative für die sonderpädagogische und klinische Forschung.* Göttingen: Hogrefe.

Kern, H. J. (1997). *Einzelfallforschung: Eine Einführung für Studierende und Praktiker.* Weinheim: Beltz.

Kessler, R., Adler, L., Barkley, R., Biederman, J., Conners, C., Faraone, S. et al. (2005). Patterns and Predictors of Attention-Deficit/Hyperactivity Disorder Persistence into Adulthood: Results from the National Comorbidity Survey Replication. *Biological Psychiatry*, 57(11), 1442–1451. doi:10.1016/j.biopsych.2005.04.001

Knouse, L. E., Mitchell, J. T., Brown, L. H., Silvia, P. J., Kane, M. J., Myin-Germeys, I. et al. (2007). The Expression of Adult ADHD Symptoms in Daily Life: An Application of Experience Sampling Methodology. *Journal of Attention Disorders*, 11(6), 652–663.

Kollins, S. H. (2007). ADHD, Substance Use Disorders, and Psychostimulant Treatment: Current Literature and Treatment Guidelines. *Journal of Attention Disorders*, 12(2), 115–125. doi:10.1177/1087054707311654

Konrad, K. & Gilsbach, S. (2007). Aufmerksamkeitsstörungen im Kindesalter. *Kindheit und Entwicklung*, 16(1), 7–15.

Konrad, K. & Rösler, M. (2009). Aufmerksamkeitsdefizit-/Hyperak-tivitätssyndrom in der Lebensspanne. *Der Nervenarzt*, 80(11), 1302–1311. doi:10.1007/s00115-009-2810-5

Kooij, S., Boonstra, M. A., Swinkels, S., Bekker, E. M., Noord, I. & Buitelaar, J. K. (2008). Reliability, Validity, and Utility of Instruments for Self-Report and Informant Report Concerning Symptoms of ADHD in Adult Patients. *Journal of Attention Disorders*, 11(4), 445–458. doi:10.1177/1087054707299367

Kubik, J. A. (2010). Efficacy of ADHD Coaching for Adults With ADHD. *Journal of Attention Disorders*, 13(5), 442–453.

Lambert, N. M. (1988). Adolescent outcomes for hyperactive children: Perspectives on general and specific patterns of childhood risk for adolescent educational, social, and mental health problems. *American Psychologist*, 43(10), 786–799. doi:10.1037/0003-066X.43.10.786

Lara, C., Fayyad, J., Graaf, R. de, Kessler, R., Aguilar-Gaxiola, S., Aangermeyer, M. et al. (2009). Childhood Predictors of Adult Attention-Deficit/Hyperactivity Disorder: Results from the World Health Organization World Mental Health Survey Initiative. *Biological Psychiatry*, 65(1), 46–54. doi:10.1016/j.biopsych.2008.10.005

Latimer, W. W., August, G. J., Newcomb, M. D., Realmuto, G. M., Hektner, J. M. & Mathy, R. M. (2003). Child and familial pathways to academic achievement and behavioral adjustment: A prospective six-year study of children with and without ADHD. *Journal of Attention Disorders*, 7(2), 101–116.

Laucht, M:, Skowronek, M. H., Becker, H., Schmidt, M. H., Esser, G., Schulze, T. G. & Rietschel, M. (2007). Interacting Effects of the Dopamine Transporter Gene and Psychosocial Adversity on Attention-Deficit/Hyperactivity Disorder Symptoms Among 15-Year-Olds From a High-Risk Community Sample. *Archchieves of general psychiatry*, (64), 585–590.

Laufkötter, R., Langguth, B., Johann, M., Eichhammer, P. & Hajak, G. (2005). ADHS des Erwachsenenalters und Komorbiditäten. *psychoneuro*, 31 (11), 563–568.

Lauth, G. W. & Minsel, W.-R. (2009). *ADHS bei Erwachsenen: Diagnostik und Behandlung von Aufmerksamkeits-/Hyperaktivitätsstörungen; Therapeutische Praxis.* Göttingen: Hogrefe.

Lauth, G. W. & Raven, H. (2009). Aufmerksamkeitsdefizit-/Hyperak-tivitäts-störungen (ADHS) im Erwachsenenalter. Ein Review. *Psychotherapeuten-journal*, (1), 17–30.

Lauth, G. W., Breuer, J. & Minsel, W.-R. (2010). Goal Attainment Scaling in der Ermittlung der Behandlungswirksamkeit bei der behavioralen Therapie von Erwachsenen mit ADHS. *Zeitschrift für Psychiatrie, Psychologie und Psychotherapie*, 58(1), 45–53.

Lesch, K.-P., Timmesfeld, N., Renner, T. J., Halperin, R., Röser, C., Nguyen, T. T. et al. (2008). Molecular genetics of adult ADHD: converging evidence from genome-wide association and extended pedigree linkage studies. *Journal of Neural Transmission*, 115(11), 1573–1585. doi:10.1007/s00702-008-0119-3

Leupold, H., Hein, J. & Huss, M. (2006). Methylphenidat und Suchtentwicklung. *SUCHT - Zeitschrift für Wissenschaft und Praxis / Journal of Addiction Research and Practice*, 52(6), 395–403. doi:10.1024/2006.06.06

Levy, F. & Swanson, J. M. (2001). Timing, space and ADHD: the dopamine theory revisited. *Australian and New Zealand Journal of Psychiatry*, 35(4), 504–511.

Lutz, W,. Bachmann, F., Tschitsaz, A., Smart, D. & Lambert, M. J. (2007). Zeitliche und sequenzielle Muster von nonlinearen Veränderungen im Thera-pieverlauf: Das Phänomen der Sudden Gains und Sudden Losses in ihrem Kontext. *Zeitschrift für Klinische Psychologie und Psychotherapie*, 36 (4), 261–269.

Lutz, W. & Tschitsaz. A. (2007). Plötzliche Gewinne und Verluste im Behand-lungsverlauf von Angststörungen, depressiven und komorbiden Störungen. *Zeitschrift für Klinische Psychologie und Psychotherapie*, 36 (4), 298–308. doi:10.1026/1616-3443.36.4.298

Lynam, D. R. (1996). Early identification of chronic offenders: Who is the fledgling psychopath? *Psychological Bulletin*, 120(2), 209–234. doi:10.1037/0033-2909.120.2.209

Makris, N., Seidman, L. J., Valera, E. M., Biederman, J., Monuteaux, M. C., Kennedy, D. N. et al. (2009). Anterior Cingulate Volumetric Alterations in Treatment-Naive Adults With ADHD: A Pilot Study. *Journal of Attention Disorders*, 13(4), 407–413.

Mannuzza, S., Castellanos, F. X., Roizen, E. R., Hutchison, J. A., Lashua, E. C. & Klein, R. G. (2011). Impact of the Impairment Criterion in the Diagnosis of Adult ADHD: 33-Year Follow-Up Study of Boys With ADHD. *Journal of Attention Disorders*, 15(2), 122–129. doi:10.1177/1087054709359907

Mannuzza, S. & Klein, R. G. & Moulton, J. L. (2008). Lifetime criminality among boays with attention deficit hyperactivity disorder: A prospective follow-up study into adulthood using official arrest records. *Psychiatric Research*, (160), 237–246.

Mannuzza, S., Klein, R. & Abikoff, H. & Moulton, J. L. (2004). Significance of Childhood Conduct Problems to Later Development of Conduct Disorder Among Children With ADHD: A Prospective Follow-Up Study. *Journal of Abnormal Child Psychology*, 32(5), 565–573.

Mannuzza, S., Klein, R., Bessler, A. & Malloy, P. & LaPadula, M. (1998). Adult psychiatric status of hyperactice boys grown up. *American Journal of Psychiatry*, (155), 493–498.

Mash, E. J. & Johnston, C. (1983). Parental Perceptions of Child Behavior Problems, Parenting Self-Esteem, and Mothers' Reported Stress in Younger and Older Hyperactive and Normal Children. *Journal of Consulting and Clinical Psychology*, (51: 1), 86–99.

Mick, E., Faraone, S. V., Spencer, T., Zhang, H. F. & Biederman, J. (2008). Assessing the Validity of the Quality of Life Enjoyment and Satisfaction Questionnaire Short Form in Adults With ADHD. *Journal of Attention Disorders*, 11(4), 504–509. doi:10.1177/1087054707308468

Miller, C. J., Flory, J. D., Miller, S. R., Harty, S. C., Newcorn, J. H. & Halperin, J. M. (2008). Childhood Attention-Deficit/Hyperactivity Disorder and the Emergence of Personality Disorders in Adolescence : A Prospective Follow-Up Study. *Journal of Clinical Psychiatry*, 9(69), 1477–1484.

Miller, T. W., Nigg, J. T. & Faraone, S. V. (2007). Axis I and II comorbidity in adults with ADHD. *Journal of Abnormal Psychology*, 116(3), 519–528. doi:10.1037/0021-843X.116.3.519

Minsel, W.-R. & Lauth, G. (2012). *Kölner Aufmerksamkeitstest für Erwachsene KATE*. Göttingen: Hogrefe. in press.

Mittag, W. & Hager, W. (2000). Ein Rahmenkonzept zur Evaluation psychologischer Interventionsmaßnahmen. In W. Hager, J.-L. Patry & H. Brezing (Eds.), *Evaluation psychologischer Interventionsmaßnahmen. Standards und Kriterien: ein Handbuch*. Bern: Huber.

Monastra, V. J., Lubar, J. F. & Linden, M. (2001). The development of a quantitative electroencephalographic scanning process for attention deficit-hyperactivity disorder: Reliability and validity studies. *Neuropsychology*, 15(1), 136–144. doi:10.1037//0894-4105.15.1.136

Mrug, S., Hoza, B., Gerdes, A. C., Hinshaw, S., Arnold, L. E., Hechtman, L. & Pelham, W. E. (2008). Discriminating Between Children With ADHD and Classmates Using Peer Variables. *Journal of Attention Disorders*, 12(4), 372–380. doi:10.1177/1087054708314602

Nieoullon, A. & Coquerell, A. (2003). Dopamine: a key regulator to adapt action, amotion, motivation and cognition. *Current opinion in neurology*, 16 (2), 3–9.

Nyberg, E. & Stieglitz, R.-D. (2006). Psychotherapie der Aufmerksamkeitsdefizit-/Hyperaktivitätsstörung (ADHS) im Erwachsenenalter. *Zeitschrift für Psychiatrie, Psychologie und Psychotherapie*, 54(2), 111–121. doi:10.1024/1661-4747.54.2.111

Ohlmeier, M., Peters, K., Buddensiek, N., Seifert, J., te Wildt, B., Emrich, H. M. & Schneider, U. (2005). ADHS und Sucht. *psychoneuro*, 31(11), 554–562.

Oord, E. J., Boomsma, D. I. & Verhulst, F. C. (1994). A study of problem be-
haviors in 10- to 15-year-old biologically related and unrelated international
adoptees. *Behavior Genetics*, 24(3), 193–205.

Overbey, G. A., Snell, W. E. & Callis, K. E. (2010). Subclinical ADHD, Stress,
and Coping in Romantic Relationships of University Students. *Journal of Attention Disorders*, 15(1), 67–78. doi:10.1177/1087054709347257

Patry, J.-L. & Perrez, M. (2000). Theorie-Praxis-Probleme und die Evaluation
von Interventionsprogrammen. In W. Hager, J.-L. Patry & H. Brezing (Eds.),
*Evaluation psychologischer Interventionsmaßnahmen. Standards und Krite-
rien: ein Handbuch*, pp. 19–38. Bern: Huber.

Pennington, B. F. & Ozonoff, S. (1996). Executive Functions and Developmental Psychopathology. *Journal of Child Psychology and Psychiatry*, 37(1), 51–
87. doi:10.1111/j.1469-7610.1996.tb01380.x

Petermann, F. (1996). *Einzelfallanalyse*. München: Oldenbourg.

Petermann, F. & Hehl, F.-J. (1979). *Einzelfallanalyse. Fortschritte der klinischen Psychologie: Vol. 18*. München: Urban & Schwarzenberg.

Philipsen, A. & Hesslinger, B. (2007). Psychotherapie der ADHS - Warum im
Erwachsenenalter? *psychoneuro*, 33(10), 396–402. doi:10.1055/s-2007-
993822

Pliszka, S. R., Glahn, D. C., Semrud-Clikeman, M., Franklin, C., Perez, R.,
Xiong, J., et al. (2006). Neuroimaging of Inhibitory Control Areas in Children
With Attention Deficit Hyperactivity Disorder Who Were Treatment Naive or
in Long-Term Treatment. *American Journal of Psychiatry*, 163(6), 1052–
1060.

Quay, H. C. (1997). Inhibition and Attention Deficit Hyperactivity Disorder.
Journal of Abnormal Child Psychology, 25(1), 7–13.

Ramsay, J. R. & Rostain, A. L. (2007). Psychosocial treatments for attention-
deficit/hyperactivity disorder in adults: Current evidence and future direc-
tions. Professional Psychology: *Research and Practice*, 38(4), 338–346.
doi:10.1037/0735-7028.38.4.338

Rasmussen, K. & Levander, S. (2008). Untreated ADHD in Adults: Are There Sex Differences in Symptoms, Comorbidity, and Impairment? *Journal of Attention Disorders*, 12(4), 353–360. doi:10.1177/1087054708314621

Retz, W., Pajonk, F.-G. & Rösler, M. (2003). Die Aufmerksamkeitsdefizit-/ Hyperaktivitätsstörung (ADHS) im Erwachsenenalter. *psychoneuro*, 29 (11), 527—531.

Retz-Junginger, P., Retz, W., Blocher, D., Stieglitz, R.-D., Georg, T., Supprian, T. et al. (2003). Reliabilität und Validität der Wender-Utah-Rating-Scale-Kurzform. *Der Nervenarzt*, 74(11), 987–993. doi:10.1007/s00115-002-1447-4

Retz-Junginger, P., Retz, W., Blocher, D., Weijers, H.-G., Trott, G.-E., Wender, P. & Rösler, M. (2002). Wender Utah Rating Scale (WURS-k). *Der Nervenarzt*, 73(9), 830–838.

Rostain, A. L. & Ramsay, J. R (2006)A Combined Treatment Approach for Adults With ADHD - Results of an Open Study. *Journal of Attention Disorders*, 10(2), 150–159.

Rucklidge, J. J. & Tannock, R. (2001). Psychiatric, psychosocial and cognitive functioning of female adolescents with ADHD. *Journal of the American Academy of Child and Adolescent Psychiatry*, 40, 530-540.

Safren, S. A. (2005). *Mastering your adult ADHD: A cognitive-behavioral treatment program therapist guide. Treatments that work.* New York: Oxford University Press.

Safren, S. A., Duran, P., Yovel, I., Perlman, C. A. & Sprich, S. (2007). Medication Adherence in Psychopharmacologically Treated Adults With ADHD. *Journal of Attention Disorders*, 10(3), 257–260.

Safren, S., Otto, M., Sprich, S., Winett, C., Wilens, T. & Biederman, J. (2005). Cognitive-behavioral therapy for ADHD in medication-treated adults with continued symptoms. *Behaviour Research and Therapy*, 43(7), 831–842. doi:10.1016/j.brat.2004.07.001

Safren, S. A., Sprich, S. E., Cooper-Vince, C., Knouse, L. E. & Lerner, J. A. (2010). Life Impairments in Adults With Medication-Treated ADHD. *Journal of Attention Disorders*, 13(5), 524–531.

Salakari, A., Virta, M., Gronroos, N., Chydenius, E., Partinen, M., Vataja, R., et al. (2010). Cognitive-Behaviorally-Oriented Group Rehabilitation of Adults With ADHD: Results of a 6-Month Follow-Up. *Journal of Attention Disorders*, 13(5), 516–523.

Saß, H., Wittchen, H.-U., Zaudig, M. & Houben, I. (2003). *Diagnostische Kriterien des Diagnostischen und Statistischen Manuals psychischer Störungen DSM-IV-TR.* Göttingen: Hogrefe.

Satterfield, J. H. & Schell, A. (1997). A Prospective Study of Hyperactive Boys With Conduct Problems and Normal Boys: Adolescent and Adult Criminality. *Journal of the American Academie of Child and Adolescent Psychiatry*, 36(12), 1726–1734.

Scheffler, R. M., Hinshaw, S. P., Modrek, S. & Levine, P. (2007). The Global Market For ADHD Medications. *Health Affairs*, 26(2), 450–457.

Schilling, V., Petermann, F. & Hampel, P. (2006). Psychosoziale Situation bei Familien von Kindern mit ADHS. *Zeitschrift für Psychiatrie, Psychologie und Psychotherapie*, 54(4), 293–301. doi:10.1024/1661-4747.54.4.293

Schimmelmann, B. G., Friedel, S., Christiansen, H., Dempfle, A., Hinney, A. & Hebebrand, J. (2006). Genetische Befunde bei der Aufmerksamkeitsdefizit- und Hyperaktivitätsstörung (ADHS). *Zeitschrift für Kinder- und Jugendpsychiatrie und Psychotherapie*, 34(6), 425–433.

Schmidt, M. H., Esser, G. & Moll, G. H. (1991). Der Verlauf hyperkinetischer Syndrome in klinischen und Feldstichproben. *Zeitschrift für Kinder- und Jugendpsychiatrie und Psychotherapie*, (19), 240–247.

Schmidt, S., Waldmann, H.-C., Petermann, F. & Brähler, E. (2010). Wie stark sind Erwachsene mit ADHS und komorbiden Störungen in ihrer gesundheitsbezogenen Lebensqualität beeinträchtigt? *Zeitschrift für Psychiatrie, Psychologie und Psychotherapie*, 58(1), 9–21. doi:10.1024/1661-4747.a000002

Schnoebelen, S., Semrud-Clikeman, M. & Pliszka, S. R. (2010). Corpus Callosum Anatomy in Chronically Treated and Stimulant Naive ADHD. *Journal of Attention Disorders*, 14(3), 256–266.

Schulz von Thun, F. (2010). *Störungen und Klärungen: Allgemeine Psychologie der Kommunikation* (48. Aufl., Orig.-Ausg.). Reinbek bei Hamburg: Rowohlt-Taschenbuch-Verlag.

Secnik, K., Swensen, A. & Lage, M. J. (2006). Comorbidities and consts of adult patients diagnosed with Attention-Deficit Hyperactivity Disorder. *Pharmacoeconomics*, 23 (1), 93–102.

Sedlmeier, P. & Renkewitz, F. (2008). *Forschungsmethoden und Statistik in der Psychologie*. München: Pearson Studium.

Shifrin, J. G., Proctor, B. E. & Prevatt, F. F. (2010). Work Performance Differences Between College Students With and Without ADHD. *Journal of Attention Disorders,* 13(5), 489–496.

Silberg, J., Rutter, M., Meyer, J., Maes, H., Hewitt, J., Simonoff, E. et al.(1996). Genetic and Environmental Influences on the Covariation Between Hyperactivity and Conduct Disturbance in Juvenile Twins. *Journal of Child Psychology and Psychiatry,* 37(7), 803–816. doi:10.1111/j.1469-7610.1996.tb01476.x

Slomkowski, C., Klein, R. G. & Mannuzza, S. (1995). Is self-esteem an important outcome in hyperactive children? *Journal of Abnormal Child Psychology*, 23(3), 303–315.

Smidt, J., Heiser, A., Dempfle, K., Konrad, K., Hemminger, U., Kathöfer et al. (2003). Formalgenetische Befunde zur Aufmerksamkeitsdefizit-/Hyperaktivitätsstörung. *Fortschritte der Neurologie - Psychiatrie*, 71(7), 366–377.

Smith, A. B., Taylor, E., Brammer, M., Toone, B. & Rubia, K. (2006). Task-Specific Hypoactivation in Prefrontal and Temporoparietal Brain Regions During Motor Inhibition and Task Switching in Medication-Naive Children and Adolescents With Attention Deficit Hyperactivity Disorder. *American Journal of Psychiatry,* 163(6), 1044–1051.

Sobanski, E. & Alm, B. (2004). Aufmerksamkeitsdefizit- / Hyperaktivi-tätsstörung (ADHS) bei Erwachsenen. Ein Überblick. *Der Nervenarzt*, (75), 697–716.

Sonuga-Barke, E. J., Auerbach, J., Campbell, S. B., Daley, D. & Thompson, M. (2005). Varieties of preschool hyperactivity: multiple pathways from risk to disorder. *Developmental Science*, (8:2), 141–159.

Spencer, T., Adler, L., McGough, J., Muniz, R., Jiang, H. & Pestreich, L. (2007). Efficacy and Safety of Dexmethylphenidate Extended-Release Capsules in Adults with Attention-Deficit/Hyperactivity Disorder. *Biological Psychiatry*, 61(12), 1380–1387.

Sprafkin, J., Gadow, K. D., Weiss, M. D., Schneider, J. & Nolan, E. E. (2007). Psychiatric Comorbidity in ADHD Symptom Subtypes in Clinic and Community Adults. *Journal of Attention Disorders*, 11(2), 114–124. doi:10.1177/-1087054707299402

Sroufe, L. A. (1997). Psychopathology as an outcome of development. *Development and Psychopathology*, 9(02).

Stevenson, C. S., Stevenson, R. J. & Whitmont, S. (2003). A self-directed psychosocial intervention with minimal therapist contact for adults with attention deficit hyperactivity disorder. *Clinical Psychology & Psychotherapy*, 10(2), 93–101.

Stevenson, C. S., Whitmont, S., Bornholt, L., Livesey, D. & Stevenson, R. J. (2002). A cognitive remediation programme for adults with Attention Deficit Hyperactivity Disorder. *Australian and New Zealand Journal of Psychiatry*, 36(5), 610–616.

Stieglitz, R.-D. & Rösler, M. (2006). Diagnostik der Aufmerksamkeitsdefizit-/Hyperaktivitätsstörung (ADHS) im Erwachsenenalter. Zeitschrift für Psychiatrie, *Psychologie und Psychotherapie*, 54(2), 87–98. doi:10.1024/1661-4747.54.2.87

Tannock, R. (1998). Attention deficit hyperactivity disorder: advances in cognitive, neurobiological, and genetic research. *Journal of Child Psychology and Psychiatry*, 39 (1), 65–99.

Thapar, A., Langley, K., Asherson, P. & Gill, M. (2007). Gene-environment interplay in attention-deficit hyperactivity disorder and the importance of a developmental perspectiveThapar, A., Langley, K., Asherson, P. & Gill, M. *British Journal of Psychiatry*, (190), 1–3.

Torgersen, T., Gjervan, B. & Rasmussen, K. (2006). ADHD in adults: A study of clinical characteristics, impairment and comorbidity. *Nordic Journal of Psychiatry*, (60), 38–43.

Vaidya, C.J., Austin, G., Kirkorian, G., Ridlehuber, H.W., Desmond, J.E., Glover, G.H et al. (1998). Selective effects of methylphenidate in attention deficit hyperactivity disorder: A functional magnetic resonance study. *Proceedings of the Nationale Academy of Science of the United States of America*, (95).

van Voorhees, E. E., Hardy, K. K. & Kollins, S. H. (2011). Reliability and Validity of Self- and Other-Ratings of Symptoms of ADHD in Adults. *Journal of Attention Disorders*, 15(3), 224–234. doi:10.1177/1087054709356163

Virta, M., Vedenpaa, A., Gronroos, N., Chydenius, E., Partinen, M., Vataja, R. et al. (2008). Adults With ADHD Benefit From Cognitive-Behaviorally Oriented Group Rehabilitation: A Study of 29 Participants. *Journal of Attention Disorders*, 12(3), 218–226.

Volkow, N., Wang G., Fowler, J. & Ding, Y. (2005). Imaging the Effects of Methylphenidate on Brain Dopamine: New Model on Its Therapeutic Actions for Attention-Deficit/Hyperactivity Disorder. *Biological Psychiatry*, 57(11), 1410–1415. doi:10.1016/j.biopsych.2004.11.006

Waldman, I., Rowe, D., Abramowitz, A., Kozel, S., Mohr, J., Sherman, S. et al. (1998). Association and Linkage of the Dopamine Transporter Gene and Attention-Deficit Hyperactivity Disorder in Children: Heterogeneity owing to Diagnostic Subtype and Severity. *The American Journal of Human Genetics*, 63(6), 1767–1776. doi:10.1086/302132

Watzke, B., Scheel, S., Bauer, C., Rüddel, H., Jürgensen, R., Andreas, S. et al. (2004). Differenzielle Gruppenerfahrungen in psychoanalytisch und verhaltenstherapeutisch begründeten Gruppenpsychotherapien. *Psychotherapie Psychosomatik Medizinische Psychologie*, 54(9/10), 348–357. doi:10.1055/s-2004-828297

Weiss, G. & Hechtman, L. T. (1993). *Hyperactive children grown up: ADHD in children, adolescents, and adults.* New York: Guilford Press.

Weiss, M., Safren, S. A., Solanto, M. V., Hechtman, L., Rostain, A. L., Ramsay, J. R. et al. (2007). Research Forum on Psychological Treatment of Adults With ADHD. *Journal of Attention Disorders*, 11(6), 642–651.

Wender, P. H. (2000). *ADHD: Attention-deficit hyperactivity disorder in children and adults.* Oxford, New York: Oxford University Press.

Weyandt, L. L. (2009). Executive Functions and Attention Deficit Hyperactivity Disorder. *The ADHD Report*, 17(6), 1–7.

Weyandt, L. L. & DuPaul, G. (2006). ADHD in College Students. *Journal of Attention Disorders*, 10(1), 9–19.

Wiggins, D., Singh, K., Hutchins, D. E. & Getz, H. G. (1999). Effect of Brief Group Intervention for Adults with Attention Deficit/Hyperactivity Disorder. *Journal of Mental Health Counseling*, 21 (1), 82–92.

Wilens, T. E., Biederman, J. & Spencer, T. (2002). Attention deficit/ hyperactivity disorder across the lifespan. *Annual Review of Medicine*, (53), 113–131.

Wilmshurst, L. & Peele, M. W. L. (2010). Resilience and Well-being in College Students With and Without a Diagnosis of ADHD. *Journal of Attention Disorders*, 15(1), 11–17. doi:10.1177/1087054709347261

Wirtz, M. (2004). Über das Problem fehlender Werte: Wie der Einfluss fehlender Informationen auf Analyseergebnisse entdeckt und reduziert werden kann. *Die Rehabilitation*, 43(2), 109–115. doi:10.1055/s-2003-814839

WHO (2003). *Screening-Test mit Selbstbeurteilungs-Skala V1.1 für Erwachsene mit ADHS (ASRS-V1.1).* Retrieved August 25, 2011, from http://www.hcp.-med.harvard.edu/ncs/ftpdir/adhd/6Q-German.pdf

Wolraich, M. L., McGuinn, L. & Doffing, M. (2007). Treatment of Attention Deficit Hyperactivity Disorder in Children and Adolescents: Safety Considerations. *Drug Safety*, 30, 17–26.

Zylowska, L., Ackerman, D. L., Yang, M. H., Futrell, J. L., Horton, N. L., Hale, T. S. et al. (2007). Mindfulness Meditation Training in Adults and Adolescents With ADHD: A Feasibility Study. *Journal of Attention Disorders*, 11(6), 737–746. doi:10.1177/1087054707308502

7 Tabellenverzeichnis

8 Abbildungsverzeichnis

9 Anhang

Projektverlauf „ADHS im Erwachsenenalter" Februar 2007 bis Mai 2009 des Departments Psychologie der Universität zu Köln

Februar 2007	Entstehung der Arbeitsgruppe (Prof. Dr. G. Lauth, Prof. Dr. W.-R. Minsel, Dipl.-Psych. H. Raven, sowie Studentische Hilfskräfte und Diplomanden) Erste Entwicklung eines Gruppentrainings
	Entwicklung der diagnostischen Fragebögen Verhaltensmerkmale der ADHS nach DSM-IV-TR, Fragebogen zum Funktionsniveau Artikel Universitätszeitschrift zur Teilnehmerrekrutierung
April 2007	Start 1. Training: (Blockveranstaltung plus Follow-up-Sitzung)
	neue Konzeption: 5 wöchentliche Sitzungen plus Follow-up-Sitzung
Mai 2007	Start 2. Training
Juni 2007	Start 3. Training
	Revision des Fragebogens „Funktionsfähigkeit im Alltag"
August 2007	Start Training 4
September 2007	Radiointerview „Campus Radio" zur Teilnehmerrekrutierung
Oktober 2007	Start Training 5
Dezember 2007	Erstes Symposium „ADS im Erwachsenenalter – Forschung und Klinik" in Köln
Februar 2008	Start Training 6
April 2008	Start Training 7
Mai 2008	Start Training 8
Juni 2008	Zweites Symposium „ADS im Erwachsenenalter – Forschung und Klinik" in Köln
September 2008	Start Training 9
	Eingliederung des ADHS-Gruppentrainings in die Psycho-Soziale-Beratungsstelle des Kölner Studentenwerks
Oktober 2008	Start Training 10
Dezember 2008	Drittes Symposium „ADS im Erwachsenenalter – Forschung und Klinik" in Köln
Januar 2009	Start Training 11
März 2009	Start Training 12
Mai 2009	Veröffentlichung des Trainingsmanuals „ADHS im Erwachsenenalter – Diagnostik und Behandlung" im Hogrefe-Verlag (Lauth & Minsel, 2009)
Seit Juni 2009	Durchführung weiterer ADHS-Kurse, Weiterbildungen für Trainer

Um die folgenden Fragebögen anonym auswerten zu können, benötigen wir einen Code.
Bitte tragen sie in das Feld die Anfangsbuchstaben des Vornamens ihres Vaters und ihrer Mutter sowie Tag und Monat des Geburtstags ihrer Mutter ein.
Ein Beispiel: Ihr Vater heißt Hans und ihre Mutter Inge, sie ist am 3.4.1946 geboren.
Der Code würde demnach HI0304 lauten.

CODE:

Dieses Deckblatt wird getrennt von den ausgefüllten Fragebögen aufbewahrt, so dass eine Zuordnung vom Code zu ihrer Person später nicht mehr möglich ist. Ihr Name wird auf keinem der Fragebögen erscheinen.

Name:

Alter: Jahre

Geschlecht: männlich ☐ weiblich ☐

Telefon (für Nachfragen):

Datum:

Leitfaden: Verhaltensanalyse über die Verhaltensschwierigkeiten junger ADS Erwachsener
(© Lauth, 2007)

Beschreibung des Problemverhaltens
Veranlassen Sie Ihr Gegenüber anhand der nachstehenden Fragen zu einer verhaltensnahen Beschreibung des Problemverhaltens und zur Schilderung konkreter *Verhaltensabläufe!*

Sie leiden unter einem Verhalten, das Sie als typisch für ADS sehen. Welche Dinge fallen ihnen an sich auf?

_____
_____
_____

Können Sie mir sagen, wann Sie zuletzt unter Problemen litten, die sie hierher führen?

_____
_____

Wie haben sie sich da verhalten? Was hat sich da *konkret* abgespielt?

_____
_____

Worum ging es (etwa Hausarbeit, Gespräch, Familienbesuch)?

_____
_____

Welche Bedingungen lagen in dieser Situation vor (z.B. Personen, Inhaltsbereich, Zeit)?

_____
_____

Wie äußerte sich das Problemverhalten (z.B. Trotzverhalten, vorschnelle Reaktionen, Meidung der Anforderung, Aufsässigkeit, Aggression)?

_____
_____

Differenzierung des Problemverhaltens
Äußert sich das Problemverhalten immer in dieser Weise? Wie kann es sonst noch aussehen?

_____
_____

Tritt das Problemverhalten gleich auf oder ist es verschieden?
Entsprechende Abläufe schildern lassen!

_____
_____

Tritt das Problemverhalten jeweils in ähnlicher *Intensität* auf?

_____
_____

Wann sind die Probleme *weniger* oder gar nicht da? Welche Bedingungen liegen dann vor?

_____
_____

Diagnose auf ADS

Seit wann werden die beschriebenen Probleme beobachtet?

_____

_____

Lagen damals besondere _Bedingungen_ vor (z.B. familiäre Konflikte, Umzug, Schulwechsel, Krankheit)?

_____

_____

Wurde bei ihnen ADS festgestellt! Von wem? Wann?

_____

_____

Was wurde bei der Diagnose damals unternommen?

_____

_____

Wie hat sich das Problemverhalten seither entwickelt (z.B. verstärkt, vermindert)?

_____

_____

Was wurde bisher unternommen, um mit dem Problemverhalten umzugehen (z.B. Besprechung des Problems mit Freunden, Medikation)?

_____

_____

Welche Wirkung hatten diese Maßnahmen?

_____

_____

Welche Schlussfolgerungen wurden daraus gezogen (z. B. Schulwahl, Studienwahl, Berufswahl, Selbstbild)?

_____

_____

Aktuell weitere Probleme

Gibt es aktuell noch andere Probleme außer ADS (Partnerschaftskonflikte, Strafverfolgung, Studienschwierigkeiten)?

_____

_____

Nehmen Sie Medikamente ein, die sich auf das Verhalten auswirken (z.B. Ritalin, Neuroleptika, Antidepressiva)? Wenn ja, seit wann? Wie wirkt sich die Einnahme aus (z. B. beruhigt, verlangsamtes Verhalten, bessere Stimmung, keine Auswirkung)?

_____

_____

Trinken Sie übermäßig Alkohol? Nehmen sie Drogen ein?

_____

_____

Bereiche unproblematischen Verhaltens
Gibt es Bereiche, in denen es keine Probleme gibt?

_____
_____

Wie verhalten sie sich dann?

_____
_____

Was ist in diesen Situationen anders als in Bereichen, in denen das Problemverhalten ansonsten beobachtet wird (z.B. Selbstbestimmung, Anerkennung, Können, Zeit)?

_____
_____

Welche besonderen Stärken haben sie (musisches Können, sportliche Neigungen, Lieblingsfächer)?

_____
_____

Folgen der Verhaltensprobleme
Wie reagiert ihre Umwelt auf Ihr Verhalten (z.B. schlechte Bewertung, Tadel, Strafe, Schulverweis)?

_____
_____

Wie reagiert ihre Familie (z.B. Eltern, Großeltern, Verwandte und Geschwister)?

_____
_____

Welche „natürlichen" Folgen treten ein (z.B. Beziehungskonflikte, Ärger und Disharmonie in der Familie, Streit der Teilnehmer)?

_____
_____

Hat Ihnen dieses ADS Verhalten Nachteile gebracht? Wenn ja, welche?

_____
_____

Entwicklung des jungen Erwachsenen
Wie ist Ihre Entwicklung als Kleinkind und Kind verlaufen?

_____
_____

Bitte einzeln fragen nach bisherigen Komplikationen, Krankheiten, Unfälle, Gehirntraumen, neurologischen Beeinträchtigungen, Epilepsie, Sinnesbeeinträchtigungen etc.

_____
_____

Wie sind Sie als Kind aufgewachsen (Erziehung, Kindergartenbesuch, Einschulung, Geschwister)? Schildern Sie die wichtigsten Stationen!

_____
_____

Leiden Ihre Geschwister unter ähnlichen Schwierigkeiten?

_____
_____

Motivationsstruktur
Welche Interessen, Hobbys, Vorlieben haben Sie?

Welche Inhalte werden gemieden?

Wie beurteilen Sie Ihre derzeitige Situation (etwa Zufriedenheit, Wasser steht bis zum Halse)?

Normen und Regeln
Wie beeinflussen sich die Mitglieder Ihrer Familie untereinander?

Welche Belohnungen oder Bestrafungen werden eingesetzt?

Welche Regeln bestehen?

Wie hat sich Ihre Familie entwickelt?

Allgemeine Einschätzungen
Was möchten sie beim Coaching erreichen?

Haben sie momentan weitere Probleme? Wenn ja welche (etwa finanzielle Sorgen, Konflikte mit Nachbarn oder Verwandten, Strafverfahren, Alkohol)?

Gab es in der Vergangenheit besondere Belastungen? Wenn ja, welche?

Sonstige Bemerkungen

Bitte geben sie an, wie belastend sie folgende Situationen erleben:

Code: Datum:

Situation	Wie belastend?
	wenig sehr

1. Ordnen
Wenn ich zwischen verschiedenen Möglichkeiten entscheiden muss
☐☐☐☐☐☐☐☐☐☐
1 2 3 4 5 6 7 8 9 10

Wenn viele Dinge gleichzeitig zu tun sind
☐☐☐☐☐☐☐☐☐☐
1 2 3 4 5 6 7 8 9 10

2. Anfangen
Wenn ein längerfristiges Vorhaben begonnen werden soll
☐☐☐☐☐☐☐☐☐☐
1 2 3 4 5 6 7 8 9 10

Wenn der erste Schritt bei einer Arbeit / Projekt gemacht werden soll
☐☐☐☐☐☐☐☐☐☐
1 2 3 4 5 6 7 8 9 10

3. Umsetzen
Wenn eine Aufgabe pünktlich und wie verabredet erledigt werden soll
☐☐☐☐☐☐☐☐☐☐
1 2 3 4 5 6 7 8 9 10

Wenn Alltagsroutinen erledigt werden sollen (Zimmer aufräumen, Besorgung machen)
☐☐☐☐☐☐☐☐☐☐
1 2 3 4 5 6 7 8 9 10

4. Einteilen
Wenn es um Geld geht (z. B. Einteilen)
☐☐☐☐☐☐☐☐☐☐
1 2 3 4 5 6 7 8 9 10

Wenn es um den Tagesablauf und Arbeitszeit geht
☐☐☐☐☐☐☐☐☐☐
1 2 3 4 5 6 7 8 9 10

5. Planen
Wenn etwas im Voraus geplant werden soll
☐☐☐☐☐☐☐☐☐☐
1 2 3 4 5 6 7 8 9 10

Wenn ein Vorgehen Schritt für Schritt notwendig ist
☐☐☐☐☐☐☐☐☐☐
1 2 3 4 5 6 7 8 9 10

6. Erkennen / Entnehmen
Wenn ich länger zuhören und das Wesentliche verstehen will (z. B. bei einem Vortrag, Im Gespräch)
☐☐☐☐☐☐☐☐☐☐
1 2 3 4 5 6 7 8 9 10

Wenn ich mich in einer Stadt oder Gesellschaft, in Schule oder Beruf orientieren muss
☐☐☐☐☐☐☐☐☐☐
1 2 3 4 5 6 7 8 9 10

7. Gedächtnis
Wenn ich mir etwas merken will (Name, Zahlen, Termine)
☐☐☐☐☐☐☐☐☐☐
1 2 3 4 5 6 7 8 9 10

Wenn ich mich an etwas erinnern soll (Termin, Absprache, Aufgaben)
☐☐☐☐☐☐☐☐☐☐
1 2 3 4 5 6 7 8 9 10

8. Soziales
Wenn ich in einer Gruppe bin (Freunde, Arbeitsgruppe)
☐☐☐☐☐☐☐☐☐☐
1 2 3 4 5 6 7 8 9 10

Wenn andere nicht mit mir übereinstimmen (eine andere Meinung haben)
☐☐☐☐☐☐☐☐☐☐
1 2 3 4 5 6 7 8 9 10

9. Sonstiges
wenn
(bitte ergänzen)
☐☐☐☐☐☐☐☐☐☐
1 2 3 4 5 6 7 8 9 10

Wenn
(bitte ergänzen)
☐☐☐☐☐☐☐☐☐☐
1 2 3 4 5 6 7 8 9 10

Nach Lauth & Minsel (2009)

Aus unserem Verlagsprogramm:

Marc Worbach
Vorhersage des Erfolgs von Patientenschulungen
in der stationären medizinischen Rehabilitation
Eine Sekundäranalyse multipel imputierter Datensätze zur Prädiktion
von postrehabilitativen Lebensqualitätsparametern durch
psychologische Bedingungen zu Beginn der Patientenschulung
Hamburg 2011 / 380 Seiten / ISBN 978-3-8300-5786-4

Martina Holtgräwe
Posttraumatisches Wachstum, Krankheitsverarbeitung und
Lebensqualität von Frauen mit Brustkrebs im perioperativen Verlauf
Hamburg 2011 / 186 Seiten / ISBN 978-3-8300-5477-1

Christoph Piesbergen
Blutdrucksenkung ohne Nebenwirkungen
Diagnostik und Therapie von Hypertonie
durch hochfrequentes Biofeedback
Hamburg 2010 / 182 Seiten / ISBN 978-3-8300-5208-1

Mira Peters
Schmerzverarbeitung bei Patientinnen mit einer Migräne
Hamburg 2010 / 254 Seiten / ISBN 978-3-8300-4989-0

Constantin Bornowski
Verhaltensmuster von adoleszenten Patienten mit
Antisozialer Persönlichkeitsstruktur im Maßregelvollzug
Multimodaler Messansatz zur Eruierung spezifischer psychosozial-
psychiatrischer Verhaltensmuster (ASPS; ICD-10: F60.2)
Hamburg 2010 / 106 Seiten / ISBN 978-3-8300-4305-8

Madiha Massadiq
Krankheitsverarbeitung von Schlaganfallpatienten
im interkulturellen Vergleich
Kompetenzen, Defizite und Ressourcen
Hamburg 2009 / 230 Seiten / ISBN 978-3-8300-4530-4

Martin Neumeyer
Die sozialmedizinische psychiatrisch-psychologische Begutachtung
des erwerbsbezogenen Leistungsvermögens
Eine retrospektive Gutachtenanalyse unter Einbeziehung
der juristischen Entscheidungen
Hamburg 2009 / 308 Seiten / ISBN 978-3-8300-4187-0

Uta Görges
Prävention von Übelkeit und Erbrechen
Bei krebskranken Kindern und Jugendlichen
Overshadowing als Prävention antzipatorischer Nausea
und Emesis in der Chemotherapie
Hamburg 2009 / 348 Seiten / ISBN 978-3-8300-4160-3

VERLAG DR. KOVAČ

FACHVERLAG FÜR WISSENSCHAFTLICHE LITERATUR

Postfach 57 01 42 · 22770 Hamburg · www.verlagdrkovac.de · info@verlagdrkovac.de